紅星照耀斯諾

——從新聞作家到天命信差的跨文化轉變

斯諾再怎麼四海一家，再怎麼濟弱扶傾，也解決不了他在民主人權理念上自相矛盾的窘境。本書將有第一手解答！

張其羽 著

此書出版

謹獻給

我最親愛的媽媽

張蔡明珠 女士

（1944~1995）

致 謝 辭

　　這本論文絕非僅憑一己之力所能完成。蒐集資料和蘊釀論點的過程，長達四年。最應該感謝的是筆者的妻子素蘭，她在懷著四個多月的身孕的情況下隨筆者前往美國蒐集資料，照料筆者的起居，並且充當學術訪談時的助手，筆者的感激和愧疚之情無法單單以文字表達。然而若無恩師前淡江大學國際研究學院院長、現淡江大學國際問題與國家安全研究中心主任李教授本京的原始構想及悉心指導，筆者甚至不可能想到要以斯諾（Edgar Snow）這個國內鮮為人知且充滿爭議性的歷史人物作為論文主題，遑論進一步完成撰寫的工作。

　　淡江大學美國研究所陳所長一新和崔教授馬吉不憚其煩評閱本論文的提綱，使筆者感動萬分；論文口試委員文化大學文學院孫院長同勛、文化大學美國研究所陳所長毓鈞、中央研究院歐美研究所魏博士良才和前陸委會主委、現中華歐亞教育基金會董事長張教授京育在詰問答辯時的嚴謹態度和一絲不苟的精神，令人感佩。上述諸師厚實的學術威望無疑乃奠基於數十年紮實的治學生涯，他們的批評和鼓勵使筆者儘可能避免犯下的研究方法上的嚴重錯誤。

　　旅居瑞士的斯諾遺孀洛伊斯（Lois Wheeler Snow）曾在美國波士頓接受筆者專訪，著實為本論文打了一劑強心針。她針對筆者的提問，耐心回答，全力幫助我完成一份能夠用來增添論文權威性和說服力的口述歷史。稍早，研究斯諾多年的密蘇里大學英文系退休名譽教授方思吾（Dr. Robert M. Farnsworth）

亦欣然接受訪談，使筆者對於斯諾的生平有了更深一層的認識。洛伊斯和方氏夫婦濃厚的人情味令筆者受寵若驚。

下列美國學術機構在提供筆者史料和文獻的查閱上給予了極大的便利性，筆者在此表達無盡的謝忱：包括堪薩斯市密蘇里大學的文獻館——該館主任布托斯先生（David Boutros）、資深文獻專員柏林根（Marilyn S. Burlingame）女士和助理小姐邦妮（Bonnie）等的鼎力配合是筆者在美國其他研究機構所僅見的。尤其是柏林根女士主動關切和解決筆者「一家三口」的食宿問題，更是令我們感受到了有如祖母對兒孫般呵護的溫暖。華府國會圖書館——由於該館資深館員歐女士（Charlotte Ou，淡江大學校友）的指點，使得筆者在查找資料方面更有效率。哈佛大學費正清東亞研究中心圖書室——該室助理小姐雖似乎不甚友善，但畢竟仍惠賜筆者一窺該中心文獻堂奧之機會。亞利桑那州立大學海頓圖書館——負責管理文獻與手稿的館員蒙森（Roann Monson）女士，她的友善和細心令筆者印象深刻。加州史丹福大學胡佛研究所——該所資深研究員馬若孟博士（Dr. Ramon H. Myers）除了接受筆者的訪談之外，並指示該所文獻館館員盡力協助筆者的研究。筆者訪問國會圖書館和史丹福大學期間，於生活上受施兄純嘉賢伉儷和賴村雄老師之助頗多，他們與筆者妻子任教的中學淵源極深。在此一併申謝。

最後，為蒐羅中國大陸方面有關斯諾研究的資料，筆者兩度前往北京、延安等地從事學術考察。為親自體驗並追想斯諾一九三六年密訪陝北的情境，筆者亦曾「風塵僕僕」地走訪陝北諸縣，足跡遠達志丹縣境（昔保安）。在北京期間，

6

承蒙前北京大學副校長（現台灣研究中心主任）梁柱教授、北京大學經濟系（現台灣研究中心常務副主任）徐雅民教授、北京大學歷史系張注洪教授、北京大學國際關係學院資料室潘京初副主任、前寧波大學前副校長裘克安教授、前中國國際友人研究會副秘書長舒暲、秘書長汪大鈞、俞志忠先生，以及前中共大使凌青先生等師之助，筆者除了和他們進行學術訪談，並且蒐集了許多寶貴的研究資料。他們的學術威望和圓融的處世態度令筆者仰慕不已。透過舒前副秘書長的介紹，筆者亦同中國大陸執導電影《毛澤東與斯諾》的國家一級導演王學新先生分享和交流了許多研究斯諾的心得，在此深表謝意。

張其羽

中華民國九十年六月

　　加記：本書能夠順利付梓，筆者很感謝秀威公司以其魄力和遠見，不計成本鼓勵學術出版，及出版部協理李坤城兄的幫忙。

～2005.8.1～

出版前言

斯諾是個美國人。作為一名記者，他將自己的理想和情愫投射在中國共產黨以及她所代表的中國人民身上。他為此採取了行動，鼓動了風潮，更造成了影響。

於是，一直以來，「斯諾」這個名字幾乎等同於「親共」二字。

如今，斯諾墓木已拱。我們與其藉由言人人殊的的史觀或者所謂的政治正確性來評價他的事功，不如跳脫出來，換個角度，直接透過美國文化的信念與迷思來檢視這位「不小心踏入國際政治叢林的小白兔」。

本書出版之時（2005 年），適逢斯諾百年冥誕。該是還給歷史一個公道的時候了！

延安革命紀念館内的展示。左上角為斯諾一九三六年訪問毛澤東時所攝；左邊中間那張則是當時斯諾頭戴「紅星帽」的獨照。

一張廣為流傳的歷史照片——〈毛澤東在保安〉，於一九三六年為斯諾所攝；毛澤東頭上的紅星帽亦為斯諾所有。

位於北京大學未名湖畔的斯諾墓碑。

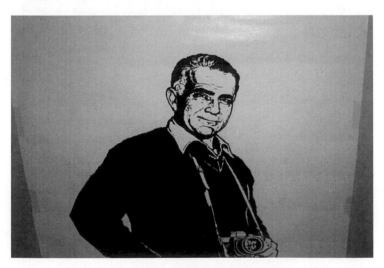

由「中國國際友人研究會」輾轉相贈的素描畫作，畫中人物正
是中年以後的斯諾。

與斯諾遺孀洛伊斯（Lois Wheeler Snow）合影於美國波士頓（Boston）。

與博士論文（本書前身）口試委員合影於淡江大學城區部。右起依序為指導教授李本京博士、文化大學美國研究所所長陳毓鈞教授、文化大學文學院院長孫同勛教授、前陸委會主委張京育教授以及中央研究院歐美所研究員魏良才博士。

11

與方思吾教授（Dr. Robert M. Farnsworth）夫婦合影於美國堪薩斯市（Kansas City, Missouri）。左起依序為方夫人、筆者妻子、方教授和筆者。

與堪薩斯市密蘇里大學（UMKC）文獻館成員合影於館內斯諾研究室。中間往右依序為館主任布托斯（David Boutros）、助理邦妮（Bonnie）和資深專員柏林根女士（Marilyn S. Burlingame）。

與史丹福大學胡佛研究所資深研究員馬若孟博士（Dr. Ramon H. Myers）合影於所內研究室。

與海峽對岸的斯諾專家合影於北京。左一是「中國國際友人研究會」前副祕書長舒暲；右二是前中共大使凌青；右一是國家一級導演王學新。

與北京大學歷史系張注洪教授合影於他的書房。

與北京大學前副校長梁柱教授（時任「台灣研究中心」主任）
合影於北大校內。

目　錄

致謝辭 5

出版前言 8

第一章　緒論 17

　　第一節　研究主旨與目的 18

　　第二節　研究範圍與方法 25

　　第三節　資料來源與文獻分析 33

第二章　斯諾性格與思想的形成背景，一九二八年以前 47

　　第一節　成長經驗和學習教育的影響 47

　　第二節　遠遊的動機——性格與工作經驗的影響 60

第三章　山雨欲來前的冒險犯難與直諫，一九二八至一九四九年 . 65

　　第一節　斯諾訪華初期的時空背景和意義，一九三〇年以前 ... 66

　　第二節　交流的序曲——與國、共兩黨的互動與認知 70

　　第四節　嚴以律「國」的「天命」特質 139

第四章　雙重理想的失落與調適，一九四九至一九七二年 155

　　第一節　共產中國時期訪華的時空背景和意義 156

　　第二節　變調與壓抑——扭曲的天命 164

第三節　孤掌難鳴的信差 200

第四節　寬以待「共」的「天命」特質 214

第五章　報導作品中所反映的內心世界，一九四九年前後 225

第一節　《西行漫記》的群英形象 226

第二節　《大河彼岸》的今是昨非 244

第三節　《漫長革命》的共產天堂 249

第四節　「天命」的投射與退縮 255

第六章　不同陣營對斯諾的定位或評價 261

第一節　國、共兩黨對斯諾的評價比較 262

第二節　折翼的天命信差 267

第三節　天賦使命的昇華或妥協 269

第七章　結論 277

附錄　斯諾生平大事年表 295

參考書目 303

第一章　緒論

　　《美國外交事務》（*Foreign Affairs*）季刊於慶祝創刊七十五週年的一九九七年九月、十月號中列舉了近七十五年來「最具重大意義」（most significant）的書籍。埃德加·斯諾（Edgar Snow，一九〇五－一九七二）所著的《紅星照耀中國》亦列名其中。[1] 斯諾從事新聞採訪及寫作多年，留下許多報導作品。《紅星照耀中國》是他早期的代表作品，也是他的成名之作。[2] 該書根據一九三六年六月至十月間他在中國陝北的親身訪談經驗，記載了當時鮮為人知的中國共產黨及其軍隊在陝北蘇

---

[1]　《外交事務》季刊編者群強調，他們這次所選出來的書，兼具品質與重要性。這些書依照不同的學科領域和地理區域依次分為「政治與法學」、「經濟、社會與環境」、「軍事、科學與技術」、「美國」、「西歐」、「西半球」、「蘇聯與東歐」、「中東」、「亞太地區」、「非洲」等十項。斯諾的《紅星照耀中國》（*RED STAR OVER CHINA*）名列「亞太地區」十本書之一，其他九本書中，韋伯（Max Weber）與費正清（John K. Fairbank）所著各佔兩本。因此《紅星照耀中國》的重要性不言可喻。參見 Donald Zagoria, "Significant Books of the Last 75 Years: Asia and the Pacific," *Foreign Affairs* （September / October 1997） 213, 233-35.

[2]　該書曾經出現過多種版本的中文譯本（包括節譯本及抽印本），書名包括《西行漫記》、《外國記者西北印象記》、《西北印象記》、《一個美國人的塞上進》、《西北散記》、《中國的新西北》、《西北新社會》、《二萬五千里長征》、《光芒萬丈的中國新戰士》等，其中以《西行漫記》之別名最為通行。參見蔣建農、王本前，《斯諾與中國》（哈爾濱：黑龍江人民出版社，一九九三年）頁三一七至三二一。

區的內幕，發表了中共領袖對海內外局勢的看法，預測了中國政局的發展走勢，也揭示了中、美兩國關係的前景。[3]事實上，斯諾在許多著作當中均反映出下列共同的特色──獨家性高，新聞性強，筆法生動，態度同情，預言性強。然而他所揭露的事實以及他所預判的時勢，一向不為反共陣營所樂見。一旦預判成真，他遂以其「親共」的背景和作品，順理成章地被指控為造成中國赤化的間諜與幫凶，[4]以致在美國抑鬱地度過了反共氣氛最烈的五〇年代，最後遷居瑞士，病逝異鄉。本論文基於上述歷史認知，試圖超越「親共」和「反共」的態度或觀點，以便深入探究斯諾與中國的特殊淵源及其安身立命的根基。

第一節　研究主旨與目的

壹、研究主旨

　　本研究經檢索及歸納第一手文獻之後發現，以《紅星照耀中國》一書聞名的美國記者埃德加‧斯諾在中、美兩國之間扮演了一種類似於彌賽亞信差或使者的橋樑角色。[5]他的救

---

[3]　為求行文簡潔，本論文所謂「中」、「華」或「中國」，皆指中國大陸及其政權而言。若為中共建政以前，則指國民政府（南京政府與重慶政府）；若為一九四九年以後，則指中共政權。

[4]　Stephen R. MacKinnon and Oris Friesen, *China Reporting: An Oral History of American Journalism in the 1930s and 1940s* （Berkeley: University of California Press, 1987）ix.

[5]　台灣常將斯諾譯為史諾。然而 Edgar Snow 的通用譯名是「埃德

世主光環來自他對於包括中國人民在內的世界各受壓迫民族的同情心和同理心。雖然他既不是共產黨員，也不信奉馬列共產思想，但是他理解共產主義，關懷中國人民，並且堅信中國共產黨的本質迥異於蘇聯的共產黨。[6]對中國而言，他本是個懷抱美國政治文化價值的理念鼓吹者。對美國而言，他是個傳播大洋彼岸信息的真相發掘者。對斯諾自己而言，他是個從事濟弱扶傾使命的自我實現者。

　　斯諾與中國的關係，有如救贖者和被救贖者之間的關係。他好比是個來自文明社會的拓荒者，為著實現自己的理想而奮鬥不懈。[7]揆諸斯諾在中國的歷程，這種關係的精神並非基於所謂的「白人負擔」，而是自由、平等的博愛胸懷。[8]他

加・斯諾」，本論文從之。斯諾早年在中國曾為自己起了一個中文名字「施樂」，似取其樂善好施之意，但是由於《紅星照耀中國》一書的風行，反倒讓讀者對「斯諾」這個作者譯名留下了深刻的印象，因而沿用至今。北京大學未名湖畔斯諾的墓碑即作「埃德加・斯諾之墓」。此外，本論文所提及之西方人士，有另取中文姓名者，從中文姓名；無另取中文姓名者，若為本地學者所熟知者，從台灣習用之中文譯名，若為本地學者所鮮究者，從中國大陸通用之中文譯名。

[6]　John Maxwell Hamilton, *Edgar Snow: A Biography* (Bloomington: Indiana University Press, 1988) 6-8.

[7]　斯諾在一九二八年十月十日的《密勒氏評論報》(The China Weekly Review) 上撰文介紹美國的開拓精神，並希望這種精神能夠「把中國從泥濘中解救出來」。參見蔣建農、王本前，《斯諾與中國》(哈爾濱：黑龍江人民出版社，一九九三年) 頁二九七。

[8]　根據淡江大學「國際問題與國家安全研究中心」主任李本京教授的看法，美國人的「白人負擔」(white man's burden) 與其說是一種「負擔」，不如說是一種「使命」(mission)。使命感有源自

用美國的政治文化標準來衡量「訓政」時期以前的國民黨政權，並且給予毫不留情的批判，儼然以嚴格的導師自居；但是針對建政以後的中共政權，在同樣的一套價值信念之下，他卻彷彿變成了謙卑的使者，只是不斷地給予中國當局無限的包容與期待。

斯諾自從一九二八年抵華擔任上海《密勒氏評論報》記者以來，[9]基於對新聞專業的執著，無時無刻不密切關注中國的情勢，不僅主動爭取第一手報導的機會，甚至親身參與其所報導的事件。[10]中共建政以前，他的報導作品經常能夠切中

於「野心」（ambition）者，亦有來自於「自我滿足」（satisfaction）者。依本論文演證，斯諾的使命層次顯然較接近後者。

9　上海《密勒氏評論報》（原名 *Millard's Review of the Far East*）由美國人密勒（Thomas F. F. Millard）創辦於一九一七年。兩年後，鮑威爾（John Benjamin Powell）接辦該報，將英文報名改為 The *China Weekly Review*，但仍保留原中文報名。《密勒氏評論報》是當時中國各大城中最重要的一份英文刊物。

10　斯諾同時也陸續為多家知名報刊撰稿，包括《芝加哥論壇報》（the *Chicago Tribune*）、《紐約先驅論壇報》（the *New York Herald-Tribune*）、《美國水星報》（the *American Mercury*）、《紐約太陽報》（the *New York Sun*）、《芝加哥日報》（the *Chicago Daily News*）、《倫敦每日先驅報》（the *Daily Herald* of London）、《美國報業聯社》（the *Consolidated Press Association*）、《星期六晚郵報》（Saturday Evening Post）等。參見 Elizabeth Lill, "Journalist Snow Achieves Success: Son of Former Winfieldian Makes Mark In Orient," *Winfield Independent-Record* (1933): 1, 4; Folder 553; KC:19/1/4, The Edgar Snow Papers; University of Missouri-Kansas City Archives. 亦參見 *The Armed Forces Radio Network: By Line* (January 29, 1946): 5; This is the draft of a talk between Paul Freye and Edgar Snow; Folder 554; KC:19/1/4, The

時弊，如實反映出三〇年代中國基層人民的苦痛和在野勢力「山雨欲來」的政治氣氛。當時就他尊重中國人民的選擇以及他親近中國在野異議人士這兩件事情來說，可以看出他對中國未來的發展懷有一種熱切的期待。在五〇年代一片反共的撻伐聲中，儘管斯諾忠於自己，言行一貫，還是不能見容於美國當道。令人感到諷刺的是，因為冷戰的緣故，中共當局曾一度排拒斯諾，蘇聯政府也不怎麼歡迎他，而他在母國則被質疑為赤色份子。即便如此，他對中國的關心未嘗因此間斷。自中共建政以來，斯諾就一直希望能有機會親自一睹「新中國」的發展實況。[11]六〇年代至七〇年代初，他在美國當局並不樂見的情形下，三度爭取到了訪問中國的機會，重新滿足他發掘真相的渴望。然而或許由於遊歷路線不夠全面、採訪時間不夠長久，也或許因為這三次的訪華之旅，和從前中國的殘破景象相較，使他得到一個「確有進步」的印象，讓他找到了一個為共產中國辯護的出發點。讀者很容易便能發現他在報導中共治下的中國時，筆法敦厚，態度樂觀，縱有批判，也是點到為止。

　　經過初步的分析，本研究發現，作為一個備受爭議的歷史人物，斯諾的矛盾呈現在：一，他的利他（altruistic）情操似乎多少只問付出，不問是非價值；二，他對於民主理念的堅持似有前後不一之處。斯諾的利他情操經常反映在他積極

Edgar Snow Papers; University of Missouri-Kansas City Archives. 筆者按：《星期六晚郵報》為中國大陸習見的譯法。

[11] 所謂「新中國」指一九四九年中共建政以後的中國，亦即通稱的「共產中國」。

參與改良和幫助中國行動的熱情上，例如三〇年代中期的「一二・九運動」、[12]三〇年代末期的「工業合作社運動」、[13]二次大戰前有關美國政府應該中止對日貿易的呼籲、戰後對於希望美國和世界各國接納新成立的中共政權的訴求、對於中共取得聯合國席位的支持，以及對於中共政權治下中國大陸近況的介紹等等。斯諾民主「天命」的不一則反映在他與中國共產黨人間的患難情誼，而這種信賴和友誼並未因為彼此意識型態上的差異，也並未因為中共執政以來不良的人權紀錄而使得彼此漸行漸遠。所以雖然斯諾本身並不迷信教條（包括意識型態與宗教），他還是維持自己一貫的信念，把中共政權視為中國未來民主繁榮希望之所繫。斯諾這種性格和情感上的矛盾，不免構成了他的悲劇性。從國際現實角度來看，他一向抓得緊，看得遠，因此其報導作品往往具有高度的預

---

[12] 一九三五年十二月九日，約五千名北京的學生（核心成員是來自瀋陽淪陷區的東北大學學生）標舉「打倒日本帝國主義」、「反對華北自治」、「全國武裝起來保護華北」等口號，在酷寒中舉行示威遊行。國民黨方面的宋哲元將軍動員軍警制止，多名學生受傷或被捕。十六日，一萬多名學生再度發起示威遊行，與軍警爆發嚴重衝突。這場運動造成了後續廣大的迴響，各界咸呼籲「停止內戰，一致抗日」。

[13] 「工業合作運動」由斯諾夫婦等人於一九三七年底在中國發動，目的在解決勞工失業問題和強化抗日工業力量。翌年四月，他們在上海成立第一個「工業合作社促進委員會」，由宋慶齡（孫中山遺孀）擔任名譽主席；八月，「中國工業合作社協會」在武漢成立。中共方面一向十分支持「工業合作運動」，多次派員參加了該運動的早期會議。國民政府起初也同意試辦此一運動。

言性。[14]然而從世俗利害的角度來看，斯諾的一生過得並不平順：前半生離鄉背景，四海為家，尤其在國府治下的中國度過了漫長而顛沛的十三年；後半生衣錦榮歸，卻好景不常，受到美國反共主流勢力的長期壓制，以致名譽受損，生計不保。即便到了七〇年代初期，美中關係出現轉機，他也因病魔纏身，蒙主寵召，始終未得享受到平反之後所帶來的尊榮。總的來看，斯諾可說是求仁得仁。他與中國互動的歷程，其實未嘗不是一個從挾藏「天賦使命」（Manifest Destiny）、[15]堅持「獨立自主、報導真相」的新聞記者，逐漸轉變成為一個兼具「傳布（民主自由等）福音」特質的天命信差的歷程，雖然他的「天命」到了後期，在理論基礎和實行策略上，已經有所妥協。

---

[14] Peng Deng, *China's Crisis and Revolution through American Lenses 1944-1949*（Lanham: University Press of America, 1994）37.

[15] 「天賦使命」相對於十八世紀末保守集權的歐洲而言，在廣義上指的是上帝指派美國人為選民，要他們建立一個講求民主、自由模範的社會；狹義上則指一八四〇年代美國欲將疆域從大西洋擴張到太平洋的意圖。過去「天命說」曾被利用來為美國兼併德克薩斯（Texas）、新墨西哥（New Mexico）、加利福尼亞（California）、阿拉斯加（Alaska）、夏威夷（Hawaii）等州以及干涉古巴和菲律賓等行徑辯護。美國開國元勳如傑佛遜（Thomas Jefferson）將「天賦使命」和帝國主義作風撇清，認為美國在不斷擴張的「領地」當中「帶去美國的恩澤」。參見 Albert K. Weinberg, *Manifest Destiny: A Study of Nationalist Expansionism in American History*（Chicago: Quadrangle Books, 1963）17-19, 100-01, 111-13；亦參見 James Oliver Robertson, *American Myth, American Reality*（New York: Hill & Wang, 1980）74-75.

貳、研究目的

　　本論文雖欲借「天賦使命」作為主要的詮釋概念，但不擬將這種概念當作一種先入為主的理論框架，而是要靠史實和第一手史料來作為佐證的依據，以研究斯諾與中國之間的特殊淵源及其所扮演的多重角色，希望從超越國家利益和意識型態的角度來觀察斯諾這位長期以來在台灣被忽視的美國親共記者，藉以釐清他安身立命和行事作風的本源。是以筆者一方面嘗試以天賦使命概念的主要原則透視斯諾的思想和信念，另一方面則試圖從斯諾的生平行誼歸納出其獨具的「天命信差」（messianic messenger）特質。

　　因此，本文嘗試探討並解答下列問題：首先，斯諾的性格與思想是如何養成的？哪些人物和事件對他的性格與思想起了強化的作用？哪些遭遇使得他產生了思想的重大轉折？斯諾在中國的具體成就為何？這些成就在中國產生了什麼影響？他與中國知識分子的關係如何？斯諾在中共領導人眼中的角色及其可能發揮的影響為何？國府與中共對待斯諾的態度有何不同？原因何在？斯諾的報導作品和他的內心世界有何關聯？斯諾對中共、國府、美國三方朝野的影響力呈現在哪些方面？其影響力依不同時期有何消長？他在不同陣營之間的評價或定位為何？

　　總之，筆者欲超脫政治意識型態的約化觀點，依照史實和第一手史料歸納出斯諾的角色扮演和理念特質的內在轉變，並指出斯諾與中國的互動案例對於日後中、美交流的啟示。

第二節　研究範圍與方法

壹、研究範圍

　　本論文將斯諾的畢生行誼分成四個時期，但主要以他一九二八年首度抵華之後與中國結下不解之緣的歲月作為研究的重點，茲細分如下：

一、 性格養成與思想源起（一九〇五年至一九二八年）：此部分將以斯諾在美國成長、求學以及工作的經歷為探討軸心。斯諾的性格、思想、興趣、專業和交友是這段時期特別值得注意的面向。

二、 美國記者在中國（一九二八年至一九四一年）：此部分將以一九三六年六月至一九三七年七月這一年的時間作為分水嶺（即斯諾往訪陝北蘇區並寫成《紅星照耀中國》的這段期間），前面八年（一九二八～一九三六）可視為斯諾天賦使命的醞釀期，後面五年（一九三七～一九四一）起可視為其天賦使命的發揚期。

三、 中國專家在美國（一九四一年至一九五九年）：此時斯諾的影響力主要還是來自於他的報導、著作和講演。除了羅斯福總統（Franklin D. Roosevelt）當政（一九三三至一九四五）的年代，斯諾對美國政府外交決策的影響力可說是微乎其微，所以他只能消極扮演一個向美國各界宣傳中國見聞與中國觀點的訊息傳遞者或「信差」（messenger），而非積極的策士或說客。因此本部分將以斯諾「天賦使命」作風的延續性作為探討的重心。

四、 三訪中國大陸（一九六〇年至一九七二年）：斯諾在中共
建政後分別於一九六〇年下半年、一九六四年底至一九
六五年初，以及一九七〇下半年至一九七一年初，一共
三次訪問中國大陸。尤其最後一次的訪華，更是具體凸
顯了他的「信差」身份，雖然這個信差並未得到美國當
局的支持或鼓勵。然而斯諾並非處於被動的地位。本著
與中共領導人的友誼和對中國人民的愛護，他一向積極
而主動地爭取發掘「新中國」真相的機會，並在美國和
世界各地為中共政權說話。

貳、研究限制

雖然斯諾的新聞專業與人道關懷不只侷限在中、美兩
國，尚包括蘇聯和廣大的第三世界國家，然而鑑於斯諾在各
國採訪的過程中，以在中國停留的時間最長，對於中國基層
民眾苦痛的瞭解最深，與中共領導人的交往最具傳奇性，涉
入中國內部事務的經驗也最多，因此本論文將把探討的面向
限定在斯諾與中國的特殊淵源，探究斯諾為何以及如何演變
成為一位頗具「天命信差」特質的記者。由於本論文的屬性，
是以斯諾為主的案例研究（case study），而非多重對象的比較
研究（comparative study），因此與斯諾同時期甚或與斯諾具
有類似特質、風格或事蹟的記者並不包括在本文的探討主
軸，以免偏離研究主旨。然而，一些與斯諾交往關係密切或
理念相當的人物也是不能不提及的，如親共色彩頗濃的記者

兼作家安格妮・史沫特萊（Agnes Smedley）、[16]安娜・露易・斯特朗（Anna Louise Strong）、[17]充當羅斯福總統在華眼線的埃文斯・卡爾遜（Evans F. Carlson）上校、[18]曾伴隨斯諾深入陝北的馬海德醫生（George Hatem），[19]以及關係友好且理念

---

[16] 史沫特萊（一八九二－一九五〇）出生於密蘇里州（Missouri），自小生活貧苦，先後在亞利桑那州（Arizona）鳳凰城（Phoenix）、加州和紐約等地半工半讀，早年關心並支持女權和印度獨立運動，曾因此被捕入獄；一九一九年離美赴歐，於旅居歐洲期間完成了自傳體小說《大地的女兒》（*DAUGHTER OF EARTH*）；一九二八年以《法蘭克福日報》特派記者身份抵華，與魯迅、宋慶齡等人相善；一九三六年以英國《曼徹斯特衛報》（the *Manchester Guardian*）駐華記者的身份報導了西安事變；隔年訪問延安，專訪朱德，並促成外界對蘇區的醫療援助；一九三八至四〇年間隨鄂豫「新四軍」轉戰各地；一九四一年離華返美，八年後被美國軍方指控為蘇聯間諜，雖然立即獲得澄清，但生活已陷入困境，遂遷居英國倫敦；翌年病逝，骨灰葬於北京八寶山公墓。

[17] 斯特朗（一八八五－一九七〇）出生於美國內布拉斯加州（Nebraska），早年關心並投入婦女和勞工運動，宣揚反戰思想；自一九二〇年首度訪問蘇聯起，莫斯科成為她往後二十多年經常居住的地方；曾先後六次（一九二五、二七、三七、四〇、四六和五八年）到中國訪問，同情中國共產革命，和中共黨人友好；一九四九年遭蘇聯指控為「特務」並驅逐出境，返美定居，繼續從事有關中國報導的寫作；最後一次訪問中國時，在周恩來總理的邀請下定居北京；一九七〇年三月二十九日去世，骨灰亦葬於北京八寶山革命烈士公墓。

[18] 卡爾遜（一八九六－一九四七），出身美國公理會家庭，一九三三至三五年間擔任美軍駐華情報官期間即和斯諾互動密切；一九三七年以後成為羅斯福總統的中國策士之一；一九三八年五月首度訪問延安。

[19] 馬海德（一九一〇－一九八八）為黎巴嫩裔美國人，日內瓦醫

相近的費正清教授（John King Fairbank）[20]等人。這些這些人物雖然在理念和作法上或多或少與斯諾相互呼應，但是由於他們親共的動機和程度不盡相同，與其說他們之間彼此相互影響，不如說他們是因為志同道合或理念近似才有所接觸或交往。

此外，報導作品究竟不是歷史著作，雖然二者同以求實求真為圭臬，但是均難免受到客觀環境或個人觀點、偏好等因素的影響。因此本論文並不著重在批判或辯護斯諾報導作品當中可能令反共者叫好、親共者反感的內容、立場或觀點，而主要是藉由其獨特的報導風格、寫作理念和行誼事蹟來彰顯斯諾作為一個美國記者兼新聞作家的特殊性，以瞭解其安身立命的本源、動機，和影響。

科大學博士，一九三三年到中國上海從事醫療工作，因同情中國人民的窮苦窘迫，開始接觸馬克思主義與中共黨人；一九三六年和斯諾一起進入陝北蘇區訪問；一九三七年加入中國共產黨；中共建政後繼續留在中國，成為第一位取得中國國籍的外國人士，致力於疾病防治工作；文化大革命結束後，往返美、加、印度、紐西蘭、澳大利亞等國從事國際交流活動。雖然「George Hatem」是他的本名，馬海德是他另取的中文姓名，但是中國大陸偶亦以漢語拼音「Ma Haide」稱之。

[20] 費正清（一九〇七－一九九一）於一九三二年抵達中國，在北京學習漢語，翌年在清華大學任教；與胡適、梁思成（梁啟超長子）、林徽因、蔣廷黻等中國學者相善；一九三六年以研究中國海關之畢業論文，自英國牛津大學取得博士學位；一九五五至一九七三年間擔任哈佛大學東亞研究中心主任，被認為是中國問題研究的美國泰斗。

參、研究方法

　　本論文採「歷史研究法」，著重在重新檢視第一手文獻，[21]
並參考次要資料補強本文論據。所引用的文獻種類羅列如
下：一、斯諾在報刊雜誌上所發表的文章、經集結而出版的
報導作品（包括他的自傳）、與親朋之間的書信、私人手稿、
日記；二、斯諾的講演內容稿本；三、斯諾前後兩任妻子的
書信和著作；四、斯諾友人書信和著作中對斯諾的看法以及
有關他們對斯諾的回憶；五、有關斯諾作品的書評；六、有
關斯諾的傳記或文章；七、有關斯諾研究的學術性論文；八、
斯諾遺孀的口述歷史；九、筆者與中國大陸和美國的斯諾研
究專家之學術訪談內容；以及美國官方的外交文獻紀錄等。

　　其次，充分資料顯示，斯諾的生平行誼與「天賦使命」
和邊疆開拓等概念若合符節。類似概念的論證方式，在社會
科學中，只有政治心理學的研究途徑有類似的處理方式。正
如文化大學文學院院長孫同勛教授所論，歷史研究者「要想
對他研究的對象獲得正確的了解，除了與研究題目有關的專
門知識之外，還需要其他相關學科的知識作協助。」[22]因此筆
者在相關歷史文獻資料的處理上將兼採二者之研究途徑，以
完成本研究的目的。再者，本論文初步發現斯諾個人的性格
特質與思想信念、中共領導階層（尤其毛澤東與周恩來）的

---

[21]　杜維運，《史學方法論》，第十三版（台北：三民書局，一九九
　　　五年）頁六十五至六十八和頁七十八。

[22]　孫同勛，〈心理學理論在美國史研究上的應用及其得失〉，《美
　　　國研究》，第十九卷第三期（一九八九年九月）：頁一。

文宣和外交動機，與美國的國家利益等，是形成斯諾與中國之間特殊關係的主要變數，從而使他因緣際會得以成為近現代中美關係發展過程中最具爭議性的人物之一。因此筆者選定「斯諾性格、信念的醞釀與轉變」做為研究的主軸。不論外界對斯諾的行事及報導作風有何看法，斯諾的一言一行確有其一貫的原則。在其最著名的《紅星照耀中國》一書首章中，讀者不難看出斯諾的執著與初衷。其執著在於披露真相；其初衷在於平衡報導。因此與其膚淺地視斯諾在中國的探索之旅為親共之舉，不如將它看做是一種檢證及實現他個人理念的過程——即從「反法西斯」理念所一路沿伸下來的平等、正義思維。[23]雖然這些利他情操和歷史因緣使得他和中國左派知識份子及中共黨人過從甚密，甚至有遭人利用之嫌，吾人卻不能因此而否定他的主見與初衷。隨著時間的推移，斯諾的理念及其所扮演的角色固然是昇華了，然而在他並未對美式價值絕望，也並未接受共產主義思想的情形下，他對中國的信念和期待卻有了漸趨妥協和自相矛盾的現象。

---

[23] 法西斯主義（fascism）一詞原意為用來代表羅馬（Rome）帝國權威的斧柄，象徵著社會和政治上的統一。一九二二年，這個詞彙開始被套用在墨索里尼（Benito Mussolini，一八八三－一九四五，統治義大利逾二十年，二次大戰戰敗後被國人處死）身上，從此被廣泛引申為具有下列意涵：重視國家主義（nationalism）、反民主（hostility to democracy）、講平等（egalitarianism）、崇拜領袖 （the cult of the leader）、講求劃一和紀律、集體重於個人等等。德國的納粹主義（Nazism）即被視為法西斯主義的一種。參見 Roger Scruton, *A Dictionary of Political Thought* （Pan Books, 1983） 169.

肆、詮釋架構

斯諾的主見與蘊底，其根源即在於他強烈的使命感。當他早期在中國開始從事新聞採訪工作時，便曾發表文章透露願以美國的開拓精神來拯中國於泥淖之中。[24]這個開拓精神，指的便是美國邊疆精神的一環，亦即美國向西擴展疆域的冒險與開創精神。柯烈哲（Kurt Glaser）教授認為這種精神來自現實與理想兩個層面——分立，但相互揉雜。[25]現實層面指的是源於人性自私傾向的領域擴張傾向；理想層面指的是一種彌賽亞（救世主）式的烏托邦主義，希望將盎格魯・薩克遜族裔的憲政民主價值廣被至世界每一個角落。[26]學者耶朗（Myra Jehlen）亦指出，這種「典範式的意識型態」（ideology of incarnation）曾經被認為是放諸四海皆準的（universal），並且和個人主義脫不了干係。[27]正如透納（Frederick Jackson Turner）教授所論，美國傳統思想當中有兩個基本理想源自邊疆開拓時期，一是個人賴以爭取土地天然資源的自由競爭方式，二是民有、民治、民享的民主政治；二者均是為了謀取個體最大的福祉。[28]歷史學者畢林頓（Ray Allen Billington）

---

[24] 蔣建農、王本前，前揭書。

[25] 柯教授曾任教淡江大學美國研究所。

[26] Kurt Glaser, *A Philosophy of American Foreign Policy*（Taipei: Graduate Institute of American Studies at Tamkang University, 1990 ）157.

[27] Myra Jehlen, *American Incarnation*（Cambridge, Mass.: Harvard University Press, 1986）235.

[28] Frederick Jackson Turner, *Frontier and Section* （Englewood Cliffs:

則沿續透納的說法，指出開拓精神除了用來爭取資源之外，尚且代表一種將蠻荒（wilderness）轉化為文明（civilization）的過程（process），反映出美國信條（American Creed）當中樂觀進取、對未來抱持希望的信念。[29]美國政治思想學者史基摩爾（Max J. Skidmore）則將「天賦使命」概念評述為「上帝交付給美國的一項特殊使命」，一方面取得領土擴張，另一方面傳播美式文明，教化次等種族。[30]值得注意的是，斯諾有別於一般講「白人負擔」的英美人士，特別反對種族歧視和侵略主義；他總是能夠站在對方的立場思考，因而能夠將心比心，贏得友誼，也因此能夠以德服人，真正發揮其長遠的影響力。[31]揆諸史實，斯諾應該不是那種假「天賦使命」以壓迫異族就範的短線投機客，而是真正明瞭美國傳統價值深意的長期經營者，雖然這終究造成了他對國、共兩黨交往態度上的矛盾。

　　總之，「天賦使命」概念原有理想與現實之雙重意涵。斯

Prentice-Hall, 1961）161. 美國在十九世紀末曾有許多知識份子假類似學說來潤飾美國對外擴張領域的行徑，如史壯（Josiah Strong）牧師的基督使命觀、哈佛大學菲斯克（John Fiske）教授的「天賦使命」觀等；亦參見陳毓鈞，《戰爭與和平：解析美國對華政策》（台北：環宇出版社，一九九七年）頁十二。

[29]　Ray Allen Billington, *The American Frontier*（Washington, D.C.: AHA, 1971）19, 43.

[30]　Max J. Skidmore, *Legacy to World: A Study of America's Political Ideas*（New York: Peter Lang, 1998）135, 169.

[31]　斯諾常能站在對方的立場論事，尤其是那些與自己意識型態和文化背景迥然不同者；參見 Edgar Snow, *Stalin Must Have Peace*（New York: Random House, 1947）32.

諾的利他、救世特質明顯屬於理想層面的意涵；而他在中共建政以後屢屢就國際現勢利害論事，則應該屬於現實層面的意涵。本文即試圖以「天賦使命」概念作為主要的詮釋策略（為經），透過史實及第一手文獻資料（為緯），用來分析斯諾所具備的「天命信差」特質，並探討這種特質對於斯諾所交往、報導的對象有何意義及影響。換言之，「天命信差」或可視為本論文歸納導出的一種「理想型」（ideal type）人物。這種人物往往在中、美兩國人民的交流互動當中扮演著影響深遠的角色，或許亦可作為日後相關研究的參考型模（model）。

第三節　資料來源與文獻分析

壹、文獻探討

因為本地十分缺乏斯諾研究的相關文獻，所以筆者曾先後前往美國及中國大陸蒐集第一、二手資料，並進行多次學術訪談。本論文的參考文獻來源主要來自：一、美國：堪薩斯城密蘇里大學文獻館（University Archives, University of Missouri-Kansas City）中藏有斯諾的私人日記、手稿、書信、照片等原始第一手資料的斯諾研究室（Edgar Snow Research Room）、[32]哈佛大學費正清東亞研究中心圖書館（The Fairbank

---

[32] 該館由「斯諾紀念基金會」（Edgar Snow Memorial Fund）所贊助。基金會由斯諾生前友人戴蒙德夫婦（Dr. E. Grey Dimond 和 Mary Clark Dimond）創立於一九七四年，與中國大陸研究「國

Center Library, Harvard University)、華盛頓特區國會圖書館
（Library of Congress, Washington, D.C.）、藏有史沫特萊檔案
的亞利桑那州立大學海頓圖書館（Hayden Library, Arizona
State University），以及藏有斯諾首任妻子寧謨私人手稿、書信
的史丹福大學胡佛研究所（Hoover Institution, Stanford
University）檔案館等；[33]二、中國大陸：北京國家圖書館、北
京大學圖書館（中心館）、北京大學國際關係學院資料室、北
京大學「斯諾研究中心」、[34]北京「中國國際友人研究會」，[35]以

際友人」的學術單位互動密切。

[33] 寧謨本名海倫·福斯持（Helen Foster，一九〇七－一九九七），
出生於美國猶他州（Utah），有志成為一個知名作家，於一九三
一年來到中國，自始就是個斯諾迷，先是出任美國駐上海總領
事館社交祕書，不久又為《密勒氏評論報》工作，於一九三二
年底與斯諾在日本結婚。她與斯諾結合的主要原因，是基於共
同的寫作興趣。他們後來因彼此個性不合，於一九四〇年代起
便聚少離多，直到一九四九年才正式離婚。寧謨從一九四〇年
十二月起離華返美，獨居在康乃狄克州（Connecticut）；五〇年
代期間亦受麥卡錫主義波及，生活窮困潦倒，健康亦不佳，於
一九七二年重訪中國大陸，晚景淒涼。她的親友常以「佩格」
（Peg）暱稱之。「Nym Wales」是她給自己取的筆名，漢名「寧
謨」顯然依此而起，本論文從之。參見 Farnsworth, *From
Vagabond to Journalist: Edgar Snow in Asia, 1928-1941*
（Columbia: University of Missouri Press, 1996）138-40；亦參見
劉炳章等譯，《重返中國》，Helen Foster Snow 原著，*Return to
China*（北京：中國發展出版社，一九九五年）頁四。

[34] 該中心全名為「中國埃德加·斯諾研究中心」，設立於北京大
學校內，乃「中國國際友人研究會」的下屬機構，由黃華擔任
名譽主任，王學珍擔任主任。

[35] 本會前身為設立於一九八五年的「中國史沫特萊、斯特朗、斯
諾研究會」，簡稱「中國三S研究會」，自一九九一年三月起擴

及延安革命紀念館等地；三、台灣：中央研究院（社科所、歐美所、近史所）圖書館、國家圖書館、台灣大學總圖書館，政治大學國關中心圖書館等。

　　美國研究斯諾的學者主要有三：一為現任路易斯安那州立大學大眾傳播學院（Manship School of Mass Communication, Louisiana State University）院長的漢密爾頓（John Maxwell Hamilton）博士。[36]他除了在期刊上發表過數篇有關斯諾報導作品的書評外，還以自己的博士論文為基礎，擴充發展成一本專書，名為《埃德加·斯諾傳》。[37]該書一方面從斯諾的成長背景、家庭環境入手，認為他同時承襲了父親的懷疑態度與母親的慈愛精神，並受家中長久的文學薰陶，造就了後來

大改組為目前的名稱，總部設於北京。改組成立之日，中共總書記江澤民和國家主席楊尚昆均提辭祝賀，周恩來遺孀鄧穎超（一九〇四－一九九二）擔任名譽會長，與斯諾有師生之誼的黃華（本名王汝梅，一九三二年至一九三六年間就讀燕京大學經濟系，是北平「一二·九」運動的學生領袖之一，長期在中共外交系統服務，一九七〇年升任中共外交部長）則擔任會長。該會旨在研究和介紹「國際友人」的精神、生平和著作，以促進國際間的友誼和瞭解，其主要任務包括舉辦研討和展覽活動，收集相關著作和文獻，成立編輯委員會以出版有關學術論著或翻譯作品，進行國際交流等。

[36] 漢密爾頓曾於卡特（Jimmy Carter）政府期間任職於美國「國際開發總署」（Agency for International Development），並先後任職於眾議院外交事務委員會（the House Foreign Affairs Committee）和世界銀行（the World Bank）；後來亦擔任駐外記者，足跡遍及亞、非、中東、拉丁美洲等地。他所撰寫的碩、博士論文均以斯諾為探討重點。

[37] 此書英文名稱為 *EDGAR SNOW: A BIOGRAPHY*，也是自斯諾逝世以來僅見的一本直接以斯諾為主題的博士論文。

的斯諾，因而斯諾總是以求實求真的獨立自主心態來觀察事物，甚至同情和幫助他所接觸、報導的對象；漢氏另一方面則從美國的國家利益著眼，強調不是斯諾誤導了美國人民，而是美國人民不聽從斯諾的忠告，以致錯失及早與中共交往的良機。[38]二是密西根州羅徹斯特奧克蘭大學（Oakland University, Rochester, Michigan）歷史學退休名譽教授（Professor Emeritus of History）托瑪斯（S. Bernard Thomas）。[39]他特別指出斯諾內在有一種自我追尋（soul-searching）的衝動，這種衝動的根源與自由主義、人道主義，和個人主義的理念密不可分；這種看法和斯諾的獨立思考傾向和強烈的責任感是互相吻合的。[40]三是堪薩斯城密蘇里大學英文系退休名譽教授（Professor of English, Emeritus, at the University of Missouri-Kansas City）方思吾（Robert M. Farnsworth）。[41]方教授的作品主要是描述斯諾在亞洲的遊歷過程，並且指出斯諾

---

[38] Hamilton, *op. cit.*, 3-8.

[39] 托瑪斯專精於中國革命史，曾以傅爾布萊特學者（Fulbright Scholar）身份在東亞從事學術研究，自一九八〇年起，五度前往中國大陸，陸續完成《勞工與中國革命》（*LABOR AND THE CHINESE REVOLUTION*，一九八三年出版）和斯諾傳記《冒險的歲月》（詳後注）等兩本鉅著。

[40] S. Bernard Thomas, *Season of High Adventure: Edgar Snow in China* （Berkeley: University of California Press, 1996）5-7.

[41] 方思吾教授本為研究美國黑人文學的專家，自一九八四年開始研究斯諾的文學與生平，曾以美國文學傅爾布萊特講師（a Fulbright lecturer in American Literature）身份赴中國大陸從事斯諾研究，訪問過一些當時仍在世的斯諾中外友人，也參加過許多相關的研討會。方教授在斯諾早年的私生活部分著墨不少，但多點到為止。

個人曾因一段病痛的經驗而產生同理心,加上其見義勇為的
個性,使得斯諾在亞洲(尤其中國)的探訪經歷昇華成為一
段同情之旅。[42]方教授因而大膽假定,並且說明,斯諾來到東
方之後的歷程其實具有一種承襲自美國向西開拓經驗的特
質;[43]這種論點和本論文的觀點最為近似。上述三位學者的研
究有下列共通之處:一、均屬傳記性質;二、均大量倚賴美
國堪薩斯城密蘇里大學文獻館的第一手資料;三、均指出斯
諾性格及思想的主要特質為探險癖好及個人主義。由於上述
三位作者旨在就斯諾於特定時期或特定地點的行誼和心路歷
程作出全面和龐雜的揭露,但在有關斯諾的角色和理念特質
的討論上,也僅只是起個開端,並未加以深入探究。筆者於
是興起欲進一步討論相關子題的動機。

　　台灣目前除了旅美資深記者林博文見諸報章有關斯諾生
平的幾則簡介文章之外,並無學者專門從事斯諾研究。所幸
斯諾主要的報導作品(不包括單篇報導文章)和中文譯本大
多可從前述國內主要的圖書館中蒐集齊備。相對於台灣,中

---

[42] 一九三〇年九月二十五日,斯諾離開中國上海從事旅遊和採
　　訪。他乘船經東海和南海,先後抵達台灣(福爾摩沙)、越南
　　(印度支那),然後經陸路前往雲南、緬甸;一九三一年四月
　　訪問印度,七月份回到上海。他在這趟長達十個月的東南亞和
　　南亞之旅期間,大小病痛不斷,包括瘧疾、膝蓋發炎(遭騾子
　　踢傷)、發燒、慢性鼻竇炎、感冒等,甚至才一回到上海就又
　　犯了瘧疾。參見 Robert M. Farnsworth, *From Vagabond to
　　Journalist: Edgar Snow in Asia, 1928-41* (Columbia: University of
　　Missouri Press, 1996) 113-14;亦參見 Thomas, *op. cit.*, 72, 78-79.
[43] Farnsworth, *op. cit.*, 5.

國大陸對於斯諾的探討似乎頗為熱衷，然而多侷限在記述與歌頌斯諾的生平。不過中方資料的重要性亦不容忽視：一來許多文章均是由曾經與斯諾熟識的中、美友人所發表，可作為第一手文獻的重要參考；[44]二來由於這些文章的定調特性，不僅確實反映了中方對於斯諾的認知與觀點，並且點出了斯諾思想和行為某些值得注意的特色。

擔任「中國國際友人研究會」理事，且從事斯諾研究多年的張注洪教授曾針對斯諾理念上的特點和其寫作報導的風格發表過幾篇專題，[45]其中尤以「斯諾精神與中美人民友誼」一篇最具代表性。張教授對照斯諾的生平、著作和家書總結歸納出四項斯諾的基本精神：一是「痛恨壓迫，同情勞動人民」，二是「堅持真理，獻身人類進步事業」，三是「正直勇敢，努力開拓進取」，四是「深入調查，寫作態度嚴謹求實」。[46]這些斯諾精神正可作為筆者分析斯諾性格養成與轉變之參考。張教授在兩度接受筆者訪談的過程當中，不厭其煩地列舉史實，說明斯諾精神的來由，強調斯諾一生的「覺醒點」發生在一九二九年夏季的中國鐵路之旅，因為斯諾在這次旅途當中，尤其是在中國西北，看見了有別於上海歌舞昇平的

---

[44] 以劉力群主編之《紀念埃德加·斯諾》（重慶：新華出版社，一九八四年）一書最具代表性。

[45] 張教授專精於中國現代史，為北京大學歷史系資深教授，同時也是北京大學「斯諾研究中心」副主任之一。

[46] 張注洪，〈斯諾精神與中美人民友誼〉，《中國現代史論稿》（北京：北京圖書館出版社，一九九七年）頁二九八至三〇一。

旱災和飢荒景象，這種經驗給他帶來了刺激和反思。[47]　　中國大陸其他研究斯諾的專家如武際良，著有《斯諾傳奇》，大體上是記錄斯諾在中國生平最完整的一本著作。[48]蔣建農、王本前所合著的《斯諾與中國》以及尹均生、安危所合著的《斯諾》二書，亦都是在記述斯諾在中國的事蹟。[49]除了張注洪教授的文章以外，上述著作有三個共同點：第一，均是傳記，旨在介紹斯諾與中國的特殊淵源；第二，均在強調斯諾浪漫的冒險性格、利他的博愛情操、求實的報導風格，以及他對抗戰、中美友誼和「中國共產革命」的貢獻；第三，主要均參考自漢密爾頓博士的斯諾傳記、前後任斯諾夫人的著作，以及斯諾主要的報導作品和部分書信。

　　筆者在第二度造訪北京期間亦專訪了中國大陸另一位資深的斯諾研究學者——寧波大學前副校長裘克安教授。[50]裘教授坦言斯諾在六〇年代期間的中國報導，確實受到了當時政治氣候和採訪侷限等不利因素的影響，但和其他與中共友好的記者相較之下，他的批評還算是比較多的，甚至事後看來，這些批評也都極為中肯。[51]訪談結束後，筆者獲裘教授慨贈其編著

47　張其羽，〈張注洪教授訪談〉，北京：二〇〇〇年十一月七日和二〇〇一年二月十二日。

48　武際良為「中國國際友人研究會」理事，出生於一九三二年，在學生時代讀了斯諾的《紅星照耀中國》之後受到啟發，投身「中國共產革命」，歷任中國人民解放軍宣傳部副部長、總政治部辦公廳研究員等職。

49　尹均生亦是「中國國際友人研究會」理事。

50　裘教授是「中國國際友人研究會」常務理事之一。

51　張其羽，〈裘克安教授訪談〉，北京：二〇〇一年二月十五日。

之《斯諾在中國》一書。該書精選了數十篇斯諾歷來報導作品的片段以及斯諾友人的感言與回憶，是大陸當地近二十年從事斯諾研究的學者最常徵引的著作之一。另一本最常被引用的著作是劉力群先生根據「紀念斯諾誕辰八十週年學術討論會」所編輯的《斯諾在內蒙古》一書，該書主要收錄了各界，尤其是曾與斯諾熟稔的耆宿，所發表的感言、紀念和學術文章，其參考價值與地位不亞於《斯諾在中國》。此書和《斯諾在中國》一樣，即便在中國大陸亦不易蒐得，幸蒙「中國國際友人研究會」前副秘書長舒暲透過中國大陸國家一級導演王學新去歲訪台期間轉贈一本。[52]舒前副秘書長在筆者今年年初第二度造訪北京時，除了給予蒐集文獻資料上的便利之外，並且居間促成筆者和與斯諾有過接觸的前中共大使凌青會面。[53]凌前大使謙沖為懷，並不多言，但對筆者的研究努力則大致肯定。

筆者在二〇〇〇年暑期美國之行期間，極其榮幸爭取到了和斯諾遺孀洛伊斯‧惠勒‧斯諾（Lois Wheeler Snow）女士訪談的機會。[54]當時七十九歲高齡的洛伊斯正患著風寒，咳嗽

北京大學「斯諾研究中心」副主任高梁亦認為，斯諾雖然對文革的瞭解有限，但對文革還是有所批評的。他並且暗示，因為斯諾總能平心靜氣地體察共產中國的現實，所以不致墮入愛恨極端的情緒；亦參見 Gao Liang, "The Legacy of Edgar Snow," *Beijing Review* 33‧45（November 5, 1990）: 31.

52 由長春、九江長江和江西三家製片廠合力拍攝，宋江波和王學新執導，於二〇〇〇年下半年殺青的《毛澤東與斯諾》一片，曾獲准角逐大陸電影獎項最高榮譽之一的金鹿獎，也曾引起斯諾遺孀洛伊斯的不悅和訴訟喧擾。

53 凌青是「中國國際友人研究會」副會長之一。

54 斯諾在一九四九年五月同寧謨離婚，一週後隨即和美國女演員

嚴重，卻能在接受訪談錄音時強忍喉嚨的不適，完全止住咳聲，令人感佩。她在說明「是否中共利用了斯諾的友誼」時提供了相當獨到的見解。她認為當今掌權的這一批中共領導人與斯諾並不熟稔，而且相較之下，現今的中共政權似乎更為獨裁與不講民主──六四事件便是明證。[55]她假定即使斯諾仍然在世，也必然會對中共政權類似的暴行提出嚴厲的批評，因為斯諾所看重是自由、民主的理念，而非蠻橫、不重視人權的政權。[56]筆者在訪美期間亦同斯諾專家之一方思吾教授進行了一段學術訪談。方教授專精於斯諾二〇、三〇年代間在東亞的歷程。他指出了斯諾一些平凡的面向，比如斯諾年輕時當然也喜好玩樂，如同二〇年代一般美國青年，但在工作和事業方面卻頗為進取──顯然斯諾的冒險和進取精神與當時美國處處充滿機會的社會及時代背景有著密不可分的關聯。[57]有關洛伊斯和方思吾的訪談內容，筆者業已製成錄音帶及書面備份，並徵得受訪者同意，分別拷貝了一份寄送給

洛伊斯結婚。洛伊斯和斯諾育有一女（名為西安 Sian）一子（名為克里斯多夫 Christopher）。

[55] 二〇〇〇年四月一日，洛伊斯曾試圖會見中國八九年「六四」受難者家屬代表丁子霖教授，打算將外界的人道捐款轉交給她，但因遭到北京大學校警阻攔而未能如願；參見鄭漢良，「斯諾遺孀欲會丁子霖遭阻攔」，《中國時報》，二〇〇〇年四月二日，第十四版。

[56] "An Interview with Mrs. Lois Wheeler Snow," conducted by Chi-yu Chang（July 20, 2000）at Harbor Towers, Boston.

[57] "An Interview with Dr. Robert M. Farnsworth," conducted by Chi-yu Chang（July 14, 2000）at Dr. Robert Farnsworth's house, Kansas City, MO.

密蘇里大學文獻館作為典藏。另外，筆者在北京時亦訪問了北京大學台灣研究中心主任（北京大學前副校長）梁柱教授和台灣研究中心常務副主任徐雅民教授。兩位教授對於提供與斯諾有關的研究經驗及洽通相關文獻資料的蒐集渠道有著關鍵性的影響。筆者亦保留了兩次往訪大陸期間和張注洪、裘克安兩位教授的訪談內容底稿。這些「口述歷史」都將作為本論文的重要參考依據。

貳、內容概述

本章為緒論，旨在揭示本文研究動機、目的、範圍、方法、資料來源，與文獻分析。「美國左派作家與中美關係」研究在本地長期受到忽視，鮮見相關學術性文章論及諸如斯諾、斯特朗或史沫特萊等人與中國的深厚淵源及其對中、美兩國交流的影響。本文的目的即在藉由史料和第一手文獻，歸納出斯諾所具備的「天命信差」特質，最後得出斯諾在「天賦使命」概念的正面意涵下所呈現的多重角色和理念特性，及其與中國的特殊關係，並檢視他所發揮的影響力，希望能為本地的「斯諾研究」拋磚引玉，並為日後中美交流尋得某種程度的啟示。本文的研究範圍以斯諾的一生為限，尤其以他一九二八年首度來華並擔任美國海外記者之後的歲月為主軸。文獻分析則將以探討美國及中國大陸迄今主要的斯諾研究學者和論著為主。

第二章旨在探討斯諾性格與思想的形成背景。首先從他的家庭出身和少年經驗著手，指出父母、師長、朋友、閱讀經驗，和特定事件對他的思想和行事風格所可能產生的啟蒙

和催化；其次針對斯諾進入密蘇里大學新聞學院前後的學業表現、社團參與、人際互動，和新聞專業潛力加以評析，並點出他性格與思想發展上的特質；最後就他首度抵華前夕在工作上的表現、自我認知、理想憧憬、興趣癖好，和人脈交往情形歸結出斯諾離開美國前往遠東的心路歷程、思想準備，以及他對中國的初步認知。

　　第三章旨在檢視中共建政前斯諾對中國的認知及言行。斯諾除了於一九二八年至一九四一年間在中國有較為全面的遊歷和報導之外，他在一九四一年因披露皖南事變（新四軍事件）被迫離華後，[58] 還曾在四二和四三年以不同名義兩度回到中國（重慶）從事短期訪問。本章即首先分析這段時期斯諾訪華的時空背景和意義；其次探討他與中、美朝野人士的互動情形和影響，以及他對中國時局和中美關係的認知；然後評析他個人涉入中國內部事務的程度及影響；最後則審視斯諾如何及為何用較為嚴格的標準來評判國民黨政府。

---

[58] 一九四〇年十月，國民政府致電朱德、彭德懷、葉挺等人，要求新四軍於十一月底前開赴黃河以北作戰。隔年一月，國軍以新四軍未依令北移且意圖進犯京滬地帶為由，與後者展開激戰，造成新四軍人員死傷過半。國府因而取消新四軍番號，並將其指揮官葉挺送交軍法審判。毛澤東等中共高層反對取消番號，要求懲辦釀成「皖南事變」的國軍將領，並以拒絕參加即將在三月召開的第一屆國民參政會作為抗議手段。此舉引起了美國官方的注意。國、共兩黨貌合神離的「統一戰線」合作關係，由於新四軍事爆發，使得雙方的決裂浮上檯面。參見林立樹，〈司徒雷登調解國共衝突之理念與實踐〉，淡江大學博士論文，一九九二年，頁五十八至五十九；亦參見陳永發，《延安的陰影》（台北：中央研究院近代史研究所，一九九〇年）頁九。

　　第四章旨在檢視中共建政後斯諾對中國的認知及言行。斯諾在這段時期因為中美關係惡化和中共內部局勢等因素，無法像三〇年代前後那樣地長期待在中國從事觀察和報導，但他還是設法在美、中關係隔絕十年之後，三度回到中國大陸各地從事旅遊訪問及相關報導。本章首先即分析斯諾在這段期間訪華的時空背景和意義；其次探討他與中共領導人和美國朝野人士之間的互動情形和影響，以及他對中國時局和中美關係的認知；然後評析他個人涉入中、美外交事務的程度及影響；最後則審視斯諾如何及為何用較為寬厚的標準來評判中共政權。

　　第五章旨在探討斯諾在他主要的報導作品當中所反映出來的個人理念特質。首先探究《紅星照耀中國》（初版於一九三七年）裡中共紅軍領導者與戰士既崇高又平易的形象和斯諾「天命」特質的關聯性；[59]其次探討《大河彼岸》（初版於一九六二年）裡「新中國」的新氣象如何滿足和扭曲了斯諾的「天命」；[60]然後評析《漫長的革命》（初版於一九七二年）裡中國的文革形勢與斯諾的理念特質落差；[61]最後則縱觀斯諾

---

[59] 此書由倫敦的維克多‧格蘭茨公司（Victor Gollancz Ltd., London）於一九三七年十月發行英國版，由紐約的藍燈書屋（Random House, New York）於翌年一月發行美國版。

[60] 此書最早由藍燈書屋出版，標題即為《大河彼岸》（*THE OTHER SIDE OF THE RIVER*）。陸續再版後，才加進《今日紅色中國》（*RED CHINA TODAY*）等字作為主標題，原標題則變成副標題。今從中國大陸習譯之原始標題——《大河彼岸》。

[61] 斯諾生前未能親見此書付梓。該書經洛伊斯整理後，由藍燈書屋出版。

在這三部主要作品當中所反映出來的進取或退縮的「天命」投射現象。

　　第六章旨在勾勒出美、中各陣營對斯諾的主流印象和評價，以襯托，補強，並總結本文觀點——即說明斯諾從新聞記者逐漸轉變成為一個具有「天命信差」特質人物的昇華和妥協歷程。本文以為，斯諾在中美關係上所扮演的角色有三：一是中國苦難與進步的「見證者」暨「參與者」，二是反獨裁、反霸權、反歧視理念的「宣揚者」暨「實踐者」，三是作為外交觸媒的「獻策者」暨「傳話者」。總之，斯諾的「天賦使命」主要展現在他對於下列理念的堅持：一是四海一家之兄弟情操（brotherhood），二是濟弱扶傾之利他精神（altruism），三是自由民主之人權理念。其中最具矛盾與爭議性的正是第三點。筆者在佐證第一手資料之後發現，斯諾自有其一套從未明講的，可以用來說服自己的，並且以為可以用來說服別人的邏輯。

　　第七章為結論，旨在歸納前面各章的分析，並綜合解答本文所提出的問題。

第二章　斯諾性格與思想的形成背景，一九二八年以前

斯諾回憶起童年時代在堪薩斯城開洗衣店的一個中國人：「我們這些孩子們總愛……激怒那個可憐的傢伙，看著他後腦勺甩著長辮子滿肚子火地衝出來，對我們破口大罵，我們就會感到很大的滿足。」[1]後來這個中國人不再搭理他們，這群美國孩子們也就自討沒趣了。這是斯諾和中國人初次接觸的印象。這個印象很浮面，也沒在他心中興起多大的漣漪。但是隨著年歲的增長，他對中國的情誼卻愈來愈深。吾人不禁要問，造成這種情誼的源頭和動力何在？

第一節　成長經驗和學習教育的影響

影響一個人的性格與思想，其變數是萬端的。其中牽涉到客觀因素，如環境、庭訓和學校教育等，也涉及到個人意志的主觀因素。因此本文雖不欲自限於歷史決定論或宿命論的窠臼，[2]仍不免要重新檢視斯諾的出身、成長和教育背景等

---

[1]　Edgar Snow, *Journey to the Beginning*（New York: Random House, 1958）28.

[2]　決定論（determinism）這個概念通常與自由意志（freewill）相對。簡言之，它指所有事情均為註定，包括人類的所作所為。由於這兩個概念經常陷入神學，甚或更為複雜而難有定

客觀變數，以期儘可能找出有利於形成他安身立命根源的主導要素——而這些主導要素在經過個人經驗和意志的催化之後，才有可能結合成決定性的因素。

壹、環境的影響

一九〇五年七月十九日，斯諾排行老三，誕生於密蘇里州堪薩斯城（Kansas City, Missouri）。該城約略位於美國地理位置中心，自十九世紀中葉起逐漸以農業和交通要衝發跡。由於地理和歷史上的背景因素，當地居民十分重視自主與開創的精神，並且有著濃厚的個人主義。[3]與此相互輝映的精神是「眼見為憑」——密蘇里人的箴言「Show Me」正好反映了當地農民勤奮務實的特有性格。[4]獨立自主和眼見為實這兩種精神無疑是記者在專業性格上所必備的成份。論者多以為斯諾在密蘇里州和堪薩斯城人文及環境背景的影響之下，逐漸養成了獨立自主、喜愛冒險的精神。[5]

論的哲學辯證，故本文不擬就此多加贅述。相似的概念是宿命論，指事情該發生的總會發生，所以我們不管阻止或不阻止，都是無力回天。決定論與宿命論最大的差別，就在於前者講求因果關係，後者則否。參見 Jennifer Speake, ed., *A Dictionary of Philosophy*（London: Pan Books, 1979）119, 125-26.

[3] John Maxwell Hamilton, *Edgar Snow: A Biography*（Bloomington: Indiana University Press, 1988）5-6.

[4] Mary Heathcote, "Edgar Snow: 1905-1972," *University Review*（April 1972）: 38; Folder 557; KC:19/1/4, The Edgar Snow Papers; University of Missouri-Kansas City Archives.

[5] Hamilton, *op. cit.*, 6.

　　根據瑪麗・希思科特（Mary Heathcote）的回憶，以冒險精神而言，斯諾最喜愛的美國作家是馬克吐溫。[6]斯諾成長的故鄉密蘇里州和密西西比河有著一定的地緣關係，所以他自然對這條「馬克吐溫之河」始終懷有深厚的情感，甚至以此為傲。[7]這條河不僅激發了他遠遊的夢想，而且象徵著他在文化和性格上的認同對象。以獨立自主的精神而言，斯諾從小便能分擔家務並自食其力。然而他卻特別重視個人的獨立性，一向保有密蘇里人「眼見為實」的習性，不隨流俗，不輕信教條或法規。[8]

貳、家世的影響

　　斯諾家族最早在美國落戶的是十八世紀末英格蘭人威廉・斯諾（William Snow），後由北卡羅萊納（North Carolina）州遷往昔屬維吉尼亞（Virginia）州的肯塔基坎伯蘭

---

[6] 馬克吐溫（Mark Twain, 本名 Samuel Clemens，一八三五－一九一〇）出生於密蘇里州；十二歲喪父後，開始當印刷工人；二十一歲改行做密西西比河上輪船的領航員；南北戰爭期間，躲到西部淘金，不久到報館擔任記者，成為有名的寫實主義作家。他最膾炙人口的小說包括《密西西比河上的生活》（*LIFE ON THE MISSISSIPPI*）、《湯姆歷險記》（*THE ADVENTURE OF TOM SAWYER*）和《頑童歷險記》（*THE ADVENTURE OF HUCKLEBERRY FINN*），這些作品可視為他個人過去經歷的投射與反思。

[7] 瑪麗・希思科特，〈斯諾教育了我們〉，《紀念埃德加・斯諾，劉力群編》（北京：新華出版社，一九八四年）頁二六七。希思科特是斯諾好友之一，自一九五七年起開始負責斯諾作品的編輯工作。

[8] Heathcote, *op. cit.*, 39.

（Cumberland of Kentucky）區——亦為斯諾祖父霍勒斯・帕克斯・斯諾（Horace Parks Snow）的出生地。霍勒斯於一八八〇年代帶著妻小往西移居到堪薩斯州。斯諾先祖們務農，但不蓄奴，在南北戰爭期間反對南方分裂，支持聯邦。[9]有一說認為，斯諾先祖們向西遷徙的歷程對他產生了強烈的召喚，讓他也想走出去看看世界。[10]

斯諾在五〇年代期間一度熱中於研究斯諾家族在美國邊疆開拓過程中所扮演的角色及相關歷史，進而得知其家族成員中最早，且唯一與中國發生關係的，是一位名叫塞繆爾・斯諾（Samuel Snow）的船長。這位船長來自麻塞諸塞州的塞勒姆（Salem, Massachusetts），於十八世紀末接受美國總統指派，擔任美國駐廣州商務領事。雖然這段淵源並未獲得完全的證實，但是斯諾似乎為此感到一股莫名的雀躍，並表示「在我之前，另外一個斯諾曾經到過中國」。[11]他在一九五四年讀了歷史學家沃爾特・普雷斯科特・韋布（Walter Prescott Webb）的著作之後，[12]對於自己家族祖先安身立命的思維有了更進一

---

[9] Snow, *op. cit.*, 12.

[10] S. Bernard Thomas, *Season of High Adventure: Edgar Snow in China*（Berkeley: University of California Press, 1996）17.

[11] *Ibid.*, 16-17; Snow, *op. cit.*, 14-15; Hamilton, *op. cit.*, 6; also see Letter, Edgar Snow to Howard Snow, 5/1/53; Folder 15; KC:19/3/1, Howard Snow Collection; University of Missouri-Kansas City Archives.

[12] 指《偉大的邊疆》（*THE GREAT FRONTIER*，一九五二年出版）一書。韋布（一八八八－一九六三）出生於德州農莊一個來自密西西比州的家族。他以研究美國邊疆開拓史見長，於一九三一年以出版《大平原》（*THE GREAT PLAINS*）一

步的瞭解，他認為「他們那種自強、自信、自立，富於進取心，勇於進行個人冒險的精神，至今依然『對我們這一代』有著很深的影響，留下了抹不掉的印記。」[13]

另一件與中國有關的事情，是他的父親幾乎與中、俄兩國現代的革命始祖同庚。關於這點，斯諾似乎有和中國硬攀關係的嫌疑。他表示，他們的出生年代「正是中國的太平天國起義失敗後十年光景；為鎮壓這場起義，四千萬人頭落地。多年以後，這三件事都給了我深刻的影響。」[14]雖然他父親本人對於發生在太平洋彼岸的事情既不在乎，也毫無所悉，但是這些人與事還是被刻意地聯想到一塊兒。他解釋道：

> 從孫中山到蔣介石和毛澤東的每一個中國民族主義者都體驗過太平天國的革命和它受到的鎮壓。作為在中國的記者，我發現，特別是在那些最後取得勝利的中國革命者看來，太平天國革命從未結束過。
>
> 太平天國的烈士是朱德、彭德懷、毛澤東和周恩來從童年時代起就景仰的英雄。太平軍的敵人也就是他們

書聞名。隔年，他以此書內容為基礎，取得德州大學（the University of Texas）博士學位。韋氏著作等身，或編或寫，凡二十餘部，《偉大的邊疆》即是其兩大鉅著之一。該書提出了一個「繁榮假設」（boom hypothesis），認為十五世紀末期以來哥倫布等探險家所發現的新土地，為累積財富資本和建立民主制度營造了一個有利的契機，然而截至二十世紀初為止，新大陸和邊疆消失了，民主和資本建制開始受到壓力，衍生了許多生態和經濟的問題。

[13] Thomas, *op. cit.*, 16.

[14] Snow, *op. cit.*, 12.

的敵人。由於基督徒的武力干涉，基督教義喪失了信譽，代替它的，是他們信奉和崇尚的西方一種新的「普世信仰」，叫做馬克思主義的共產主義。[15]

對此，吾人不難看出他對「革命者」的同情和關切。一個「革命尚未成功」的革命家和一個慘遭滅絕的「革命團體」竟然能在多年之後帶給他「深刻的影響」，這顯示他並不以成王敗寇作為其個人理念的認同依歸，而在於他們的「革命」理由是否正當。上述便是斯諾早期家世對他在開拓精神和革命理念方面所產生的催化作用，

參、庭訓和親朋的影響

斯諾父親詹姆斯（James E. Snow，一八七三－一九五八）以開設印刷廠為業，本身愛好文學，偶爾在家中詩性大發，就朗讀或背誦起莎士比亞、[16]歌德等古典作家的作品。[17]斯諾因此耳濡目染，在報社和農田裡打零工之餘，閱讀了許多文學作品，奠定了基本的人文素養。[18]他尤其嚮往馬克吐溫和哈

---

[15] *Ibid.*, 21

[16] 莎士比亞（William Shakespeare，一五六四－一六一六）是英國文藝復興時期的重要作家，其代表作品為四大悲劇——《哈姆雷特》（*HAMLET*）、《李爾王》（*KING LEAR*）、《奧塞羅》（*OTHELLO*）和《馬克白》（*MACBETH*）。

[17] 歌德（Johann Wolfgang von Goethe，一七四九－一八三二）是德國大詩人，出身貴族，深受莎士比亞和法哲盧梭（Jean Jacques Rousseau，一七一二－一七七八）影響，筆風熱情而崇尚自由。

[18] Hamilton, *op. cit.*, 7-8. 斯諾從九歲起便開始為父親所開設的

力伯頓（Richard Halliburton）等美國作家筆下有關遊歷冒險
的情節。[19]他在首度抵度華不久曾在一篇有關美國年輕學子闖
蕩遠東的專題報導中承認，哈利伯頓的遊記小說確實影響了
他們這一代，尤其是那些「在安頓下來之前想出去看看世界」
的年輕人。[20]

　　斯諾與查爾斯・懷特（Charles White）是童年玩伴，[21]他們
始終維持著友誼。一九一九年（筆者按：漢密爾頓誤植為一九
二二年），他和懷特以及另一位同儕友人受著馬克吐溫小說情節

印刷廠搬送印刷包裹，父親對此的教誨是要他「認識金錢是
勞動的體現」（to learn that money represents labor）；亦參見
Snow, *op. cit.*, 28.

[19] Robert M. Farnsworth, *Edgar Snow's Journey South of the
Clouds*（Columbia: University of Missouri Press, 1991）4. 斯
諾所喜歡的遊歷冒險小說尚包括《魯賓孫漂流記》
（*ROBINSON CRUSOE*）和《金銀島》（*TREASURE ISLAND*）
等；亦參見 John Maxwell Hamilton, *op. cit.*, 9-10. 哈利伯頓
（一九〇〇——九三九）早年的生活簡直就是斯諾嚮往的版
本。哈氏在大學時期主編校刊時即展露其寫作的才華；離校
後，出海和水手們漫遊歐洲各地；曾追訪真實或虛構人物如
尤利塞斯（Ulysses）、魯賓孫等踏過的足跡；一九三九年乘
船由香港出發前往舊金山，於中途島附近遇強風，人船均失
蹤。參見廖瑞銘主編，《大不列顛百科全書》，第六冊（台北：
丹青圖書公司，一九八七年）頁一六七。

[20] 參見 Edgar Snow, "The American College Boy Vagabond in the
Far East," *The China Weekly Review*（July 13, 1929）: 279;
Folder 360; KC:19/1/4, The Edgar Snow Papers; University of
Missouri-Kansas City Archives.

[21] 懷特的年齡比斯諾稍大。

的驅使，在沒有告知父母的情況下，私自遠遊。[22]回程時旅費
不夠，一路上打零工，坐霸王車，還為此吃上一晚牢飯。[23]

　　這段甘苦交雜的經歷首次實現了斯諾遠遊的夢想，堅定
了他對遠遊的憧憬，並且帶給他終身的影響。[24]他在年近半百
時曾寫信給懷特，一起分享這段令他回味不已的旅行經驗：
「我一直忘不了我們一起度過的充滿冒險的夏天──它可能
深深地影響了我的生命，因為它給了我旅行癖，這個癖好最
後帶著我遊遍世界並且數度環繞世界。」[25]正如其姊米爾德里
德（Mildred）所言，自孩提時代以來，斯諾的性格當中便充
滿著「巨大的想像力、才智、決心和雄心」，所以能夠不為艱
難所阻，勇往向前。[26]希思科特在回憶和追溯斯諾生平行誼時
亦認為，追求冒險是斯諾個人的一項顯著特質。[27]

---

[22] Snow, *Journey to the Beginning, op. cit.*, 28-29; also see Hamilton, *op. cit.*, 10-11. 他們駕車西遊，途經科羅拉多州（Colorado）、新墨西哥州至加州。抵達加州洛杉磯（Los Angeles）時，汽車發生故障，他的朋友（車主）只好讓父母接了回家，斯諾則與懷特自搭火車返回堪薩斯城。

[23] Hamilton, *ibid.* 他們出獄不久，身上僅餘的盤纏即立刻遭盜匪洗劫一空。

[24] 斯諾表示他早年的遊歷經驗所帶給他的影響，要比他所受過的正規教育要大得多。參見 Snow, *op. cit.*, 30.

[25] Letter, Edgar Snow to Charles, 12/27/54; Folder 1; KC:19/22/1, Charles White Collection; University of Missouri-Kansas City Archives.

[26] Letter, Mildred Mackey to Mr. Alexander, ca. 1958; Folder 47; KC:19/2/1, Claude Mackey Collection; University of Missouri-Kansas City Archives.

[27] Heathcote, *op. cit.*, 39.

斯諾在結束這趟令他永生難忘的夏季之旅後，開始閱讀
法國文豪雨果的鉅著《悲慘世界》。[28]書中人物引起了他深刻
的同情，令他開始思考一些政治與道德上的問題。[29]他回憶
道：「在這本書裡我發現了一些『外國的』人物，使我想起我
在夏天的冒險期間遇到的一些工人和失業者。……使我關注
起遙遠的動蕩年代的歷史。」[30]這些文學經驗喚起他對人道主
義的關切，使他隨著年歲的增長，仍舊偏愛接觸如愛默森、[31]
托爾斯泰、[32]傑克倫敦、[33]蕭伯納、[34]托克維爾、[35]魯迅等人的

---

[28] 雨果（Victor Hugo，一八〇二－一八八五）是法國浪漫主義
文學的大家，認為人道主義才是救世的良方，抗議任何形式
的奴役和壓迫。其作品充滿了悲天憫人的情懷。長篇小說《悲
慘世界》（*LES MISERABLES*）發表於一八六二年，以法國
歷史為背景，描寫一位始終受著法律的折磨的，洗心革面的
罪犯。

[29] 蔣建農、王本前，《斯諾與中國》（哈爾濱：黑龍江人民出版
社，一九九三年）頁十二至十三。

[30] Edgar Snow, *Journey to the Beginning, op. cit.*, 29.

[31] 愛默森（Ralph Waldo Emerson，一八〇二－一八八二）出身
清教徒家庭；三十歲以後以詩、文馳名歐、美；篤信個人主
義，反對盲從，對未來抱持樂觀希望；其作品已經被視為美
國自由傳統的一部分。

[32] 托爾斯泰（Leo Tolstoy，一八二八－一九一〇）為俄國文豪，
雖出身貴族，卻躬親耕作，並投身軍旅，參加過克里米亞戰
爭（Crimean War，一八五三－一八五六）；不久離開軍隊，
以發表長篇小說《戰爭與和平》（*WAR AND PEACE*）博得文
壇大名。他認為唯有不苦思人生目的為何而默默工作的農
民，才能體驗到真正的生活。

[33] 傑克・倫敦（Jack London，一八七六－一九一六）出生於美
國舊金山（San Francisco），家貧如洗，經歷過一段童工生涯

作品。[36]其他影響他走向寫作之路的還包括一位經常在《堪薩斯星報》（*the Kansas Star*）發表詩作的舅媽特麗薩（Katherine Theresa Edelmann），她是堪薩斯城當地的文學作家。[37]她和斯諾的父親都是熱愛文學的人。

父母的性格與管教方式對斯諾也有一定的影響。他的母親凱瑟琳（Anna Catherine Edelmann，一八七八－一九三〇）在宗教信仰和政黨傾向上與他的父親大相逕庭。前者是虔誠的天主教徒兼民主黨人，後者則是以基督教徒和共和黨員自居。[38]母親溫柔敦厚，寬以待人，頗有宗教情操；父親剛毅樸

之後，做過船工，念過大學，當過淘金客；一九〇三年以撰寫小說《野性的呼喚》一書成名，始漸擺脫貧窮的困境。基於自身的遭遇，他痛恨資本主義所造成的工廠奴隸制度，同情社會主義。

34　蕭伯納（George Bernard Shaw，一八五六－一九五〇）出生於愛爾蘭都柏林市（Dublin），在當地接受文學和藝術的養成教育；家境貧困，二十歲始遷往英國倫敦，以撰寫劇評發跡；一八八四年與一群中產階級改革者合組「費邊學社」（Fabian Society），主張漸進改革式的社會主義；一九二五年以劇作《聖女貞德》（*SAINT JOAN*）獲頒諾貝爾文學獎。

35　托克維爾（Alexis Tocqueville，一八〇五－一八五九）是法國的著名學者，以評論美國民主政治而名垂不朽。他受法國政府委託，在一八三二年完成了他在美國各地為期九個月的採訪工作之後，陸續於一八三五和四〇年發表《美國的民主》（*DEMOCRACY IN AMERICA*）一書上、下卷。他深信民主是未來的潮流，歐洲可以從研究美國民主制度中得益。

36　Heathcote, *op. cit.*, 38.

37　Hamilton, *op. cit.*, 9.

38　*Ibid.*, 8-9.

實，誠懇正直，深具懷疑精神。[39]斯諾從小就必須學習如何在
父、母親不同的政治意識和宗教信仰之間求取平衡與妥協。
他一方面接受父親有心的安排，就讀公立學校，拒上教區學
校，同時閱讀天主教所開列的禁書，但在另一方面，他也念
在母親的份上，繼續去參加天主教的彌撒。[40]對此他表示，「我
知道母親善良而不自私，十分和藹慈祥。正因為如此，我才
沒有變成激烈的反天主教者」，然而由於一段「聖餅」（the host,
or communion wafers）的經驗，終究讓他對宗教信仰產生了強
烈的懷疑，他回憶道：

> 最後使我喪失信仰的……是有一天我和一個比我大的
> 孩子到附近的修道院去領聖餅時，我看到了聖餅也從
> 普普通通的煤爐裡烤出來的，這使我感到很奇怪。回
> 來的路上，那孩子打開一個鐵罐，當下把那塊「基督
> 的肉和血」吃了下去。我以為他準會驟然倒在地上，
> 可是什麼事也沒有發生。[41]

　　一般而言，斯諾父親對他的影響是很大的。托瑪斯便認
為，由於這種「『來自密蘇里』的天生懷疑氣質，使他不接受
任何公開宣稱自己掌握了真理並值得信仰的有組織的制度，
無論它是宗教的還是世俗的。」[42]斯諾也自認是父親影響了他
的「懷疑」（skepticism）精神，使他日後待人接物「都能抱理

---

[39]　Thomas, *op. cit.*, 19-20.

[40]　Snow, *op. cit.*, 13-14.

[41]　*Ibid.*

[42]　Thomas, *op. cit.*, 20.

性主義的態度，壓惡任何形式的教條和專制主義」，但他並不否認自己曾經「受到天主教教義的薰陶」。[43]吾人從斯諾青年期以前的家庭經驗，或許能夠看出一些潛在的，並且造成他日後陷入「天命」理念矛盾與妥協的遠因。

肆、學校教育和社團的影響

在斯諾求學生涯的過程，有兩位老師最常被提及。一位是諾曼小學（Norman Grade School）的校長露西‧斯穆特（Lucy Smoot），另一位是密蘇里大學新聞學院（the School of Journalism, the University of Missouri at Columbia）院長沃爾特‧威廉斯（Walter Williams）。[44]前者經常教導斯諾做人要誠，做事要恆，她的教誨令他印象深刻；多年之後，他還和她通過信。[45]後者則看出了斯諾的專業潛能，為他撰寫介紹信，將他推薦給遠在中國的新聞界同好，斯諾便是這樣進了上海《密勒氏評論報》（*The China Weekly Review*）工作。[46]

---

[43] Snow, *op. cit.*,14.

[44] 威廉斯於一九〇八年在密大創設了新聞學院。早在斯諾出生之前，威氏即在國際新聞界非常活躍，並成立了「世界新聞協會」（the Press Congress of the world），透過與美國駐外編輯的關係，將許多密大新聞學院畢業生送到海外從事新聞工作。他後來擔任密大校長，與北京郊區的燕京大學（由美國人所創辦）建立了良好的關係，並幫助後者設立了新聞學系。參見 Thomas, *op. cit.*, 25.

[45] Hamilton, *op. cit.*, 9.

[46] Snow, *op. cit.*, 3. 經斯諾央求，除了業師威廉斯院長已經為他撰寫介紹信，準備讓他攜出美國給散居世界各地的海外記者，校友會祕書希爾（Bob Hill）也提供給他一些熟識的海

斯諾從青少年時期起便熱中參與各種社團，酷愛歷險。[47]
他在西港中學（Westport High School）就讀的時候，參加過各
類校園社團，包括一個名為德爾塔·奧米克龍·奧米克龍（Delta
Omicron Omicron）的兄弟會（fraternity）；由於熱衷於開創性
的事業，他在會中創辦了一份叫做*德塔*的報紙，並負責報編
業務。[48]他雖然知道自己的課內成績並不優異，仍能以「尊重
自己」作為個人的箴言，讀自己愛讀的書，從事自己喜愛的
課外活動，如運動競賽、舞會、辯論會等。[49]他還加入過童子
軍，榮膺堪薩斯城第一批「老鷹童子軍」（Eagle Scouts）名銜。
[50]斯諾在課外的活動表現明顯一向優於課堂上的學習成果，在
在說明了他是個好動、外向的人。

一九二三年，他自西港中學畢業，接著進入堪薩斯城二
年制專科學校（the Junior College of Kansas City），僅只就讀
了一年，就跟隨著哥哥霍華德（Howard）的腳步到紐約工作，
在廣告文宣上有了些許工作心得。[51]一九二五年秋，他獨自回

外人員的名單；亦參見 Letter, Edgar Snow to Anna Catherine
Edelmann, 7/28/28; Folder 17; KC: 19/2/1, Claude Mackey
Collection; University of Missouri-Kansas City. 。

[47] Hamilton, *op. cit.*, 5-6.
[48] 《德塔（*The Delt*）報》之名，取自德爾塔·奧米克龍·奧
米克龍兄弟會名稱首字（Delta）的前四個字母。*Ibid.*, 9; also
see Letter, Mildred Mackey to Mr. Alexander, *op. cit.*
[49] 武際良，《斯諾傳奇》，北京：華藝出版社，一九九五年，頁
六至七。
[50] Hamilton, *op. cit.*, 9.
[51] Thomas, *op. cit.*, 25; also see Farnsworth, *op. cit.*, 9.

到密蘇里州，就讀位於哥倫比亞校區的密蘇里大學新聞學院，繼續過著半工半讀的生活。[52]稍早之前，他也曾在紐約哥倫比亞大學（Columbia University）夜間部修習廣告學。[53]一般而言，他對於絲毫不感興趣的專業科目，經常報以蹺課，因而拿到的成績並不理想。[54]在專長實務歷練方面，斯諾繼中學時期經辦報務的經驗之後，擔任《堪薩斯星報》的駐密大新聞學院校園記者。[55]雖然他的學科成績像中學時期一樣，始終並不出色，然而吾人已經能從其社團活動及特定課目的表現上看出他在寫作方面的興趣與天份。此時密大校園中的一座刻著世界主要大城的名字和里程的子午線紀念碑，正吸引著的他的目光，並再度激發他遠遊的憧憬。[56]

第二節　遠遊的動機──性格與工作經驗的影響

美國二〇年代是個充滿機遇和冒險的年代。斯諾急於自食其力，加上性向未定，所以只在密大讀了一年就輟學，回到紐約找霍華德重操舊業。通過廣告文宣工作上的機緣，他和許多文化和政商名人維持著不錯的關係。[57]同時也因為他個

---

[52] *Ibid.*

[53] Farnsworth, *op. cit.*, 3. 密大新聞學院是世界上最早創設的新聞學院，聲譽卓著，校友遍佈海外，頗具影響力。

[54] 斯諾自中學以來成績平庸。在哥倫比亞大學修習學分期間，甚至因曠課時數太多，拿過不及格的成績。

[55] Thomas, *op. cit.*, 25-26.

[56] Hamilton, *op. cit.*, 12.

[57] Letter, Edgar Snow to James E. Snow, 10/3/27; Folder 15; KC:

性隨和，很快就結交了一批志同道合的良師益友，慢慢和新聞界有了接觸。[58]由於他在寫作和社交活動方面頗為活躍，奠定了日後雄厚的專業與人脈基礎，得以發揮廣大的影響力。

斯諾在離美赴華的前半年寫信給母親，信中批評了時下漫不經心的待人處事心態，認為這將無助於體驗生活。[59]此舉從正面來看，反映出他在態度上「認真」與「執著」的一面；從反面推敲，則似乎又顯示他並不以現狀為滿足，而是希望保持在一種積極的活動狀態。他需要尋找一個能夠滿足其內在呼喚的活水源頭。此時他正陷入繼續升學和發展事業兩項抉擇的兩難局面。[60]他自覺在工作上遇到了瓶頸，但剛好在股

19/2/1, Claude Mackey Collection; University of Missouri-Kansas City Archives. 例如：當時斯諾在贏得「世界信札比賽」（the World Wide Letter Contest）首獎前後，就已經認識了《儲蓄銀行雜誌》（*The Savings Bank Journal*）的編輯、證券信託及儲蓄銀行（the Security Trust and Savings Bank，加州規模最大的銀行之一）副總裁兼廣告經理、紐澤西州資深參議員愛德華（Edward I. Edwards）（被視為一九二八年美國總統選舉的可能人選之一）、紐澤西標準石油公司新任總裁（the Standard Oil Company of New Jersey）布列克（Harvey Black），和紐澤西市的一些官員。

[58] Thomas, *op. cit.*, 25-26.

[59] Letter, Edgar Snow to Anna Catherine Edelmann, 12/2/27; Folder 15; KC: 19/2/1, Claude Mackey Collection; University of Missouri-Kansas City Archives. 信中一段文字可明顯看出斯諾對於出洋遊歷有著極大的憧憬。他用浪漫感性的筆觸，以將近一整頁的篇幅，描述其住處附近一艘「聯合水果公司」（United Fruit Company）的船隻即將遠航的景緻。

[60] Letter, Edgar Snow to James E. Snow, *op. cit.*

票市場也賺了些錢，於是便抓緊機遇，當上臨時船員，開始
到東亞各地旅行，試圖開創生命和事業上的第二春。他的冒
險浪漫性格加上其突破現狀的決心，終於促使他實行遠遊的
計畫。這對斯諾而言，不啻是想要實現另一種「美國夢」的
嘗試。這個美國夢不僅是一項賭注，更是一種向未知、向蠻
荒挑戰的豪氣。年輕、自由的夢想終於有機會實現。[61]這是他
人生第一次重大轉折。

　　有天晚上他作了場惡夢，夢見自己垂垂老矣，一手拿著巨
額支票，另一手拄著拐杖；醒來之後，他決定要讓自己過不一
樣的生活，要走出去「看看世界」（see the world），於是將手
上僅有的股票賣掉，以賺得的錢作為出洋的基本旅費。[62]一九
二八年，斯諾終於決定以船工身份搭乘「雷德諾」號（the SS
Radnor）離開美國，並且希望以撰寫遊記文章來支付部分旅程
的花費。[63]他在乘船出航前夕，寄了一封信給家人，詳述其出
遊的動機。這封信的內容主要在強調他不願受制於一成不變的
生活模式，因而決意出洋遊歷，不枉青春。此時他已經把在斯

---

[61] Letter, Edgar Snow to Anna Catherine Edelmann, *op. cit.*

[62] *The Armed Forces Radio Network: By Line*（January 29, 1946）:
3; This is the draft of a talk between Paul Freye and Edgar
Snow; Folder 554; KC:19/1/4, The Edgar Snow Papers;
University of Missouri-Kansas City Archives.

[63] Farnsworth, *op. cit.*, 2; also see Hamilton, *op. cit.*, 17.「雷德諾」
號經巴拿馬運河駛入太平洋。停留夏威夷期間，斯諾寫了一
篇有關當地風土人情的文章，投到《哈珀市場報》（*Harper's
Bazaar*），很快便被接受而刊出。他因此大受鼓舞，接連在《火
奴魯魯廣告人》（the *Honolulu Advertiser*）雜誌上發表了三篇
詩作；亦參見武際良，前揭書，頁十二至十三。

科維爾兄弟公司（Scovil Brothers & Company）的廣告工作辭
掉，[64]準備去實際體驗一下異國的情調。斯諾信中有一段充滿
強調語氣的自白，相當程度反映了美國傳統的西進開拓精神：
「對我而言，此刻快樂只意味著一件事情。那便是旅行！冒
險！體驗！我要克服萬難——肉體上的辛勞——然後享受勝
利的成果！我想要見識危殆和艱險！」[65]他的冒險性格也顯現
在同年出航以後的偷渡事件中。當時斯諾因為「雷德諾」號故
障，在夏威夷滯留了三個月，終至旅費用罄，竟選擇偷渡日本
輪船「神與丸」，瞞過船上的安檢人員，抵達日本，一度還險
遭逮捕，幸虧同船友人幫忙才倖免於牢獄之災。[66]

　　總結斯諾在一九二八上半年的心路歷程，他一方面不滿

---

[64] 「斯科維爾兄弟公司」是紐約一家規模不大的廣告公司，以
報導金融訊息為主。斯諾自一九二六年以來即在該公司服
務。「斯科維爾」譯名從柯為民、蕭耀先譯，《埃德加‧斯諾
傳》，John Maxwell Hamilton 原著，*Edgar Snow: A Biography*
（瀋陽：遼寧大學出版社，一九九〇年）頁十六，以及吳乃
華等譯，《冒險的歲月——埃德加‧斯諾在中國》，S. Bernard
Thomas 原著，*Season of High Adventure*（北京：世界知識出
版社，一九九九年）頁二十五。

[65] 斯諾在信中表示，母親一定不會贊成他遠遊的決定，而他又
不希望母親為此事操心，所以他遲至出發前夕才將這封信寄
出。Letter, Edgar Snow to the Snows, 2/17/28; Folder 16; KC:
19/2/1, Claude Mackey Collection; University of
Missouri-Kansas City Archives.

[66] 斯諾不久便轉搭「亞洲皇后號」船（the Empress of Asia）平
安抵達中國上海。事後斯諾將偷渡事件披露給媒體，曾引起
軒然大波。參見 Thomas, *op. cit.*, 37; also see Letter, Edgar
Snow to Anna Catherine Edelmann, 7/28/28, *op. cit.* 日本語的
「丸」就是「號」的意思。

工作現狀，想要尋求突破，另一方面想要一圓到遠方遊歷的夢想，終於使他作出暫時離開美國，到海外闖蕩一番的決定。值得注意的是，這趟旅程本來只是一次休閒、充電之旅，兼有擴展海外人際網絡的意圖。他也確實提到並不打算在海外待太久，而且返國之後也不排除要回到廣告業界中重作馮婦。[67]許多證據顯示他當時從來沒有就此滯留異域不歸的念頭。斯諾自承「計畫一年後返回紐約」，[68]所以他在心態和感觸上，還不是一個自我放逐或被迫去國的「伊實馬利」（Ishmael）。[69]他萬萬不會想到此番赴華，一待就是十三年，更不會料到日後會和中國人民結下不解之緣，甚至深深地涉入了「中國共產革命」的歷史當中。

---

[67] Snow, *ibid.* 斯諾一方面出洋遊歷，一方面不忘滿足其撰文的嗜好；此前他甫同《堪薩斯星報》和《週日先驅論壇雜誌》（*the Sunday Herald Tribune Magazine*）等機構接觸，探詢將來出版他此行之遊記文章的可能性，並且多已獲得肯定的答覆；亦參見 Letter, Edgar Snow to Anna Catherine Edelmann, *ibid.*

[68] Snow, *Journey to the Beginning, op. cit.*, 3. 根據方思吾教授的研究，美國一九二九年以後的經濟大蕭條是促使斯諾滯留在遠東的原因之一，一九三〇年其母的驟然病逝更減弱了他返美的動機。參見 "An Interview with Dr. Robert M. Farnsworth," conducted by Chi-yu Chang（July 14, 2000）at Dr. Robert Farnsworth's house, Kansas City, MO; also see Robert Farnsworth, *From Vagabond to Journalist: Edgar Snow in Asia, 1928-1941*（Columbia: University of Missouri Press, 1996）53-54, 108, 112.

[69] 聖經典故，原指亞伯拉罕（Abraham）與侍女（Hagar）所生之庶子，引申為遭社會摒棄的人。

第三章　山雨欲來前的冒險犯難與直諫，一九二八至一九四九年

　　根據前章的結論，斯諾在一九二八年首次抵華之前即具備強烈的冒險性格，富正義感與同理心。斯諾的開創精神不僅反映在他冒險犯難的勇氣，也顯現在他對報導寫作的熱愛。這是他個人成就感的來源。伴隨著成就感而來的，是他的使命感。他除了一展寫作長才之外，也藉著旅行和實地觀察，來發抒並滿足其體驗生活的憧憬。斯諾就是在採訪中國各地的過程中，因緣際會，認識了許多對中國未來發展走向起關鍵作用的朝野人物。這當中除了在朝的國民黨要員，也包括在野的知識青年、文化菁英和中共黨人。通過與他們密切而頻繁的接觸，他那與人為善的使命感遂愈臻強烈。於是他不再是一個單純以採訪、報導和寫作為業的記者，而是一個逐漸試圖發揮其「天命」影響的參與者。

　　質言之，斯諾在中國的案例，其特殊意義在於，斯諾不僅是個「觀察者」，同時也是個類似於傳播福音性質的「參與者」或「介入者」。[1]參與或介入的目的，在於「傳播福音」。然而他所傳播的「福音」，不是宗教信仰或意識型態上的教

---

[1]　「天賦使命」與清教徒傳播福音的使命感密不可分；參見 Joseph P. Hester, *Encyclopedia of Values and ethics*（Santa Barbara, California: ABC-CLIO, 1996）244.

條,而是為當時中國知識菁英和美國人民所共同推崇的民主、自由理念──縱使雙方對相關理念的認知與實踐有著相當的出入。這便是斯諾在一九四九年以前在中國所扮演的主要角色及其理念特質。

正如首章所述,「天賦使命」本指由歷史經驗所歸納出來的一種二元揉雜概念:即開拓地理疆域與發揚盎格魯·薩克森(Anglo-Saxon)文明。在消極面來講,「天命」之說曾經被視為社會達爾文思想的一環,其概念易受帝國主義者的認同與借用。從積極面來看,盎格魯·薩克森文明的擴展確實也有助於推動非先進國度的現代化。這種概念過去常被用來詮釋民族、國家等單位的群體心靈狀態。本章則希望從個體的角度體察群體,並參考相關史料及文獻,以探究斯諾作為一個美國記者在中國所遭遇到的衝擊、困境與突破等心路歷程。

第一節　斯諾訪華初期的時空背景和意義,一九三〇年以前

斯諾抵華前夕,中國正值戰禍連年,貧富不均,不滿的情緒持續蔓延,農民搞「起義」,工人搞「罷工」,共產勢力正迅速在中國崛起、擴張。國民黨在總理孫中山逝世(一九二五年)後也正積極致力於黨內整合和國內統一的事業,[2]陸

2　張連康譯,《知識分子與中國革命》,*1895－1980*,Jonathan D. Spence 原著,*The Gate of Heavenly Peace: The Chinese and Their Revolution, 1895-1980*(台北:絲路出版社,一九九四年)頁十三。

續經歷過北伐戰爭（一九二六至一九二八年）和「清黨」（一
九二七年）等具有指標性意義的重大事件。[3]斯諾抵華後不久，
又適值張學良東北軍易幟效忠國民政府（一九二八年十二月
二十九日）。此際中國在軍閥和西方列強環伺之下，僅維持了
表面的統一。她的社會正面臨著西方文明的衝擊與邁向現代
化轉型的壓力。

　　在這場張舉救國救民大旗的抗爭中，新興的平面新聞媒
體扮演了舉足輕重的角色。西方新聞界更是已將觸角伸展到
中國來，密切注意著中國政、經情勢的發展。被譽為在華特
派記者之父的美國人密勒（Thomas F. F. Millard）於一九一一
年在上海創辦《大陸報》（*The China Press*）。他也是《紐約時
報》（*The New York Times*）的首位駐華特派記者。他在一九一
七年創辦了《密勒氏評論報》（*The China Weekly Review*）。該
報兩年後由鮑威爾（John B. Powell）接辦。[4]

　　身為密大新聞學院畢業生的密勒，對於鼓勵和幫助有意
來華的校友從事新聞見習，一向不遺餘力。[5]據斯諾表示，當

3　一九二七年三月二十八日，國民黨中央監察委員吳敬恒、蔡
　　元培等在上海提出護黨救國案；四月二日，正式決議實行清
　　除黨內中共份子；四月十二日，上海國軍收繳工人糾察隊武
　　器，造成三百餘名工人死傷，其他各地亦採類似行動；十八
　　日，國民政府奠都南京，胡漢民主席通緝中共要員一百九十
　　餘人。「清黨」之後，中國大抵形成南京、武漢和北京政府
　　鼎足之勢。參見郭廷以，《近代中國史綱（下冊）》（香港：
　　香港中文大學，一九八六年）頁五五五至五五六。

4　鮑氏於美、日開戰後為日軍所俘，《密勒氏評論報》因而被
　　迫停刊，直到一九四五年抗戰勝利後才復刊。

5　Michael Emery and Edwin Emery, *The Press and America: An*

時出身自密蘇里州和密大新聞學院的海外記者幾乎包辦了東亞主要國家的新聞事件報導工作——他們多能秉持代表美國中西部的「眼見為實」精神，對帝國主義列強保持距離，也有不少人贊同所謂的「門戶開放」政策，[6]如本身亦兼《紐約先驅論壇報》(*The New York Herald Tribune*)特派記者的密勒、《紐約時報》特派記者米瑟拉維茲（Henry Misslewistz）、美聯社（*The Associated Press*）記者哈瑞斯（Henry Harris）、英國《華北日報》(*The North China Daily News*)編輯威爾森（Louise Wilson），以及駐北京合眾社（*The United Press*）記者法伯（Thomas F. Babb）等人，聲勢浩大，頗令「英帝」新聞系統眼紅。[7]當時西方在華新聞界即有所謂「密蘇里壟斷」

Interpretive History of the Mass Media, 6th ed.（Englewood Cliffs, N.J.: Prentice-Hall, 1988）408.

6　「門戶開放」政策（The Open Door policy）最早由美國國務卿海・約翰（John Hay，一八三八－一九〇五）於一八九九年九月六日所提出，當時他照會日、德、俄、英、法、義諸國要求尊重各國平等貿易的機會。這個政策不完全是針對中國，而是全面針對世界任何一個美國欲維護其利益卻力有未逮的地區。一九〇〇年七月三日，海氏在未徵詢清朝政府的情況下，將此政策進一步定義為保護美國僑民人身和財產，保障「平等而公平的貿易」（equal and impartial trade），以及保存中國的「領土和行政實體」（territorial and administrative entity）。參見 Thomas G. Paterson, et. al., *American Foreign Policy: A History / to 1914*, 3rd ed.（Lexington, Mass.: D. C. Heath and Company, 1988）211-12.

7　Letter, Edgar Snow to James E. Snow, 9/17/28; Folder 18; KC: 19/2/1, Claude Mackey Collection; University of Missouri-Kansas City Archives. Also see Letter, Edgar Snow to Howard Snow, 9/28/28; Folder 18; KC: 19/2/1, Claude Mackey

（Missouri News Monopoly）的說法。[8]

　　這種說法可以從兩方面來探討。第一，這群來自美國中西部象徵西進開拓餘緒的報業尖兵，使那些強調在華獨佔利益，反對「門戶開放」的西方列強們深感威脅，如似芒刺在背。第二，美國駐華新聞界雖然也是以白人觀點報導中國事務，但是相較於其他列強，不管從利益上或道德上看，其立場和態度還是較為傾向或同情中國的。曾任教於亞利桑那大學歷史系的中國問題研究專家沙勒（Michael Schaller）即表示，一九三〇年代以前，美國在華官員唯僑民安全和通商利益是尚，所以都居住在幾個比較西化的大城，對於中國內地的情況所知有限。當時真正在中國見證過「貧窮、屈辱和夭亡」的美國人其實寥寥可數，他們當中主要還是記者和傳教士。[9]如果說美國傳教士在十九世紀中期以後扮演了中、美兩國間的重要橋樑角色，對華貢獻卓著，甚至多少影響了美國政府的對華決策，[10]那麼從二十世紀三〇年代開始，美國記者似有漸漸凌駕，甚至取代這種橋樑地位和影響力之勢。斯諾在華的案例，其實正是突顯這種趨勢的現象之一。

Collection; University of Missouri-Kansas City Archives.

[8] John Maxwell Hamilton, *Edgar Snow: A Biography*（Bloomington: Indiana University Press, 1988）12.

[9] 郭濟祖譯，《美利堅在中國》，Michael Schaller 原著，*The U.S. Crusade in China*（台北：南方叢書出版社，一九八七年）頁十。

[10] 李本京，《七十年中美關係評估：一九一三～一九八四》（台北：黎明，一九八八年）頁三。

第二節　交流的序曲——與國、共兩黨的互動與 認知

壹、與國民政府要員的交往印象

　　斯諾冒險犯難、追求成功的性格，雖然與青年時期以前嚮往小說人物的冒險遊歷特質有關，然而這種性格並非只是一種虛榮式的憧憬。[11]他要將他的所見所聞轉達給他的讀者，就像他之前在太平洋旅途當中所做的一樣。他在一九二八年七月六日抵達上海之後，大可在城裡過著安穩的生活，可是這不是他來中國的主要目的。他決定到各處看看，不只是飽覽旖旎風光，也要發掘一些不為人知的內地景況。[12]有了這樣的決心，配合上天時、地利、人和，他開啟了自己在中國長達十三年的同情與針砭之旅。然而這時他尚未深入觸及到中國共產黨或馬列共產思想。

　　斯諾剛開始對國、共兩黨並無明顯好惡。受到上海《密勒氏評論報》和該報主編鮑威爾立場的影響，他的報導立場一度與國民黨當局較為接近。他後來在自傳裡回憶道：

---

[11] 一般美國人的英雄崇拜是基於人人平等的理念與追求成功的企圖。美國的英雄人物是平民式的，他們被期望與大眾接觸以滿足後者追求成功的欲望。這點和中國不同，中國的英雄人物是貴族式的（通常指功成名就、飛黃騰達者）常是高高在上，不與大眾親近的。參見徐隆德譯，《中國人與美國人》，許烺光原著，*Americans and Chinese*（台北：巨流圖書公司，一九八八年）頁二二六至二二七和頁二三七。這種觀點上的差異日後亦影響了斯諾對中共黨人的看法。

[12] Hamilton, *op. cit.*, 25.

《密勒氏評論報》的編輯方針是堅決反共，同時堅決
反帝。它支持中國國民黨人提出的關於廢除不平等條
約、和平歸還公共租界和其他外國租界，以及廢除治
外法權的要求。鮑威爾是蔣介石的熱心崇拜者，從一
開始就支持蔣介石，把他看作反對舊北京政府的國民
革命領袖。

上海的社會名流把他的觀點斥之為「親華派」
（pro-Chinese），在英國人的上層社會人士的眼裡，「親
華派」可是彌天大罪。沒多久，我受株連被他們視為
罪人了。[13]

無論如何，他一開始確實和國民黨走得比較近，並享受到
了在華採訪活動上的便利性，得到了國民黨當局實質的協助。

一九二九年初，鮑威爾有意派斯諾實地觀察中國鐵路沿
線城鎮風光，以便撰文讓美國同胞瞭解在中國旅遊不必擔心
安全的問題。時任交通部長的孫科（孫中山之子）也對這個
構想表示歡迎，並願意盡力給予幫助。[14]他是促成斯諾在一九
二九年春夏之交完成中國鐵路沿線之旅的重要人物，給斯諾
的印象十分良好。斯諾認為孫科為人誠懇，做事幹練，是國
府當中不可多得的官員。[15]但是這段與國民政府的「蜜月期」

---

[13] Edgar Snow, *Journey to the Beginning*（New York: Random House, 1958）24.

[14] *Ibid.*, 4.

[15] Letter, Howard Snow to Anna Catherine Edelmann 11/12/29; Folder 22; KC:19/2/1, Claude Mackey Collection; University of Missouri-Kansas City Archives.

似乎前後只維持了不到一年。在見證過了中國內蒙和西北災荒的情景之後，同年九月，雖然斯諾表示，要見到國府要員其實並不困難，[16]但是在他的內心已經對國民黨改善民瘼的能力有所保留。[17]往後他趁職務之便，也繼續和蔣介石、陳立夫、[18]宋子文等國民黨官員進行了接觸和訪談。[19]在斯諾留下的文獻

---

[16] 斯諾當時亦擔任《芝加哥論壇報》（*The Chicago Tribune*）駐華記者。

[17] Letter, Edgar Snow to the Snows, 9/6/29; Folder 21; KC:19/2/1, Claude Mackey Collection; University of Missouri-Kansas City Archives.

[18] 陳其美是陳果夫（一八九二－一九五一）、陳立夫（一九〇〇－二〇〇一）兄弟的叔父，與蔣介石有深厚的革命情誼，彼此結為異姓兄弟。蔣在陳其美遭袁世凱手下刺殺（一九一六年五月）後，對兩位義姪器重有加。陳氏兄弟後來成為「C.C.派」的大將。「C.C.派」名稱的由來有兩種說法：一為一九二七年八月蔣介石在寧漢對立的關鍵時刻下野後，南京政府為桂系所把持，陳果夫遂和一些留在上海的國民黨黨政幹部組成「中央俱樂部」（Central Club）以擁蔣反桂，簡稱 C.C.；二為陳氏兄弟姓氏之英文（Chen）縮寫即為 C.C.。由於二陳在以蔣介石為正統的國民黨政權中長期扮演了舉足輕重的角色，故有「蔣家天下陳家黨」之說。參見王維禮、高二音主編，《蔣介石的文臣武將》（孟津：河南人民出版社，一九八九年）頁五十七至五十九和頁六十二至六十三。陳立夫歷任國民黨中央黨部秘書長、組織部長、教育部長、國民黨中央評議委員會主席團主席等黨政要職。

[19] 宋子文（一八九四－一九七一）於一九二八年一月寧漢合流、蔣介石復出後，擔任國民政府財政部長，直到一九三三年十月為止。宋在家中排行老三，大姊是宋靄齡（適孔祥熙），二姊是宋慶齡（適孫中山），宋美齡（適蔣介石）則是他的妹妹。

記錄中，以蔣、陳二位先生的著墨較多。茲引證如下，以探究斯諾對國民黨代表性人物的基本認知和印象。

　　斯諾對蔣介石的第一印象並不好。他瞭解蔣「出身農家」，除了軍事方面的陶冶，沒有受過什麼正式教育，然而他卻批評蔣「目光狹隘，瞻前顧後」，缺乏魅力，既不曾擁有私人武力，又妄圖統領上億人民。[20]根據斯諾在一九二九年底的觀察，當時中國的政治情勢上有如一片泥淖，雖然蔣的權力面臨各方的挑戰，但是沒有一個軍閥或派系，包括蔣自己，能夠有效地統合各大政治勢力。[21]此時正值「中原大戰」前夕，中國面臨進一步的整合，國家尚未真正統一。[22]他認為蔣急於抓權，鎮壓左派異議人士，背離了孫中山的民主理想，已經無異退化成了一個軍閥，失去了朝野的信賴。[23]八年後，他再以一個美國人的觀點，針對蔣的特質作出帶有更大批判性的

---

[20] Letter, Edgar Snow to James E. Snow, 12/13/29; Folder 22; KC: 19/2/1, Claude Mackey Collection; University of Missouri-Kansas City Archives.

[21] *Ibid.*

[22] 一九三〇年四月，閻錫山於太原自任中華民國海陸軍總司令，以馮玉祥、李宗仁分任副司令，指責蔣介石獨裁，挾黨部自重，故決陳兵中原，護黨救國。南京方面亦宣布閻的罪狀，蔣於五月一日誓師討伐，並親自調度奔走於山東、河南、湖北之間。雙方互有得失。八月，張學良率東北軍入關，直趨平、津，戰局因而逆轉，「反蔣」陣營接連潰敗。這場史稱「中原大戰」的大規模內戰，總共動員一百四十餘萬人次，為期八個月，約造成二十五萬人傷亡，一千五百萬人淪為災民。參見郭廷以，前揭書，頁五七九至五八六。

[23] Edgar Snow, *Far Eastern Front* (New York: Harrison Smith and Robert Haas, 1933) 162-64.

陳述：

> 蔣母篤佛，敬祖，信奉儒教，特別是孝道，這是她早期
> 便深植於其子內心的信念；這種信念與他的鄉紳背景出
> 身相結合，相當能夠解釋何以他會變成一個軍事改革
> 者，而非社會革命家。這種結合也解釋何以蔣的效忠觀
> 念是古老中國的正統，是作為一種類似君臣封建的禮
> 法，而非作為一種平輩對等的契約：子對父，臣民對君
> 主，士兵對將帥，將帥對蒼天。這是蔣要求他的信徒履
> 行的威權關係——也是他個人倫理的基礎。[24]

　　斯諾不否認蔣介石在軍事改革上所扮演的角色，但他同時也將他看作是威權和封建的代表。在斯諾的心目中，威權並不必然導致效忠，因為這種關係是強制的，而非平等的。他批評蔣「喜以世上唯一的裁判者自居，由他決定何者為善，何者為惡，而他本人總是在『善』方面，別的人卻總是在『惡』方面……。而一些阿諛他的人，也正竭力利用他這個弱點。」[25]一般而言，斯諾似乎始終未能從蔣的身上發現到足以令他產生共鳴的人格或理念特質。

　　一九四〇年十二月，斯諾對於蔣個人的威權色彩做了一

---

[24] Manuscript, "China's Fighting Generalissimo," ca. 1937; Folder 225; KC:19/1/4, The Edgar Snow Papers; University of Missouri-Kansas City Archives. 據斯諾的觀察，蔣渾身有如上緊了發條的「彈簧」（spring），其目光銳利有如「刀鋒」（blade）。

[25] Edgar Snow, *The Battle for Asia* (New York: Random House, 1941) 118.

些補充。他譏諷道，如果以歐洲的獨裁標準來看，蔣介石還算不上是個獨裁者，因為他的權力基礎實在薄弱，在軍閥派系林立的情況下，只能在形式上維持中國的統一。[26]斯諾更一針見血地指出，抗日戰爭以來，「蔣是全國公認的領袖，也只有在他繼續成為中國統一的民族抗戰的象徵時才如此，如果他有一天背叛了這種付託，他的權威馬上就會失落。」[27]當然，斯諾真正關切的不是蔣所領導的國民政府能否統一中國，而是蔣和他所代表的政府是否有真正的，合乎民主的權力基礎。關於這點，陳立夫在稍早兩年已經給了一個可能令他失望的答案。

　　國共第二次合作後，[28]一九三八年七月，斯諾在漢口訪問到了陳立夫。此時斯諾早已見證過中國西北的災荒慘況和陝北蘇區的「民主」示範，加上與國民政府之間在新聞檢查制度上所產生的不愉快，他的態度已經從「近國」轉而成為「親共」。陳立夫在訪談中，一方面不否認中共黨人也是三民主義的信徒，另一方面認為共產主義在其他國家或許行得通，而在中國，唯有三民主義才是切實可行的建國方針——因為它不講「階級鬥爭」一樣能夠實行社會主義。[29]斯諾隨即追問，

---

[26] Edgar Snow, "The Generalissimo," *Asia* （December 1940）: 647; Folder 371; KC:19/1/4, The Edgar Snow Papers; University of Missouri-Kansas City Archives.

[27] Snow, *The Battle for Asia* Edgar Snow, *op. cit.*, 119.

[28] 國共第二次合作指一九三七年至一九四五年間兩黨所形成的「抗日民族統一戰線」。

[29] Interview with Minister Chen Li-fu, 7/26/38; Folder 180; KC:19/1/4, The Edgar Snow Papers; University of

他對毛澤東所提有關追求民主和反對獨裁有何看法，陳則答
以人民如果能夠追隨像國民黨這樣的好導師，後者必然將會
在還政於民之前，當仁不讓，擔負起指導和訓練人民實行民
主的責任，況且中國的國情與西方不同，所以自應有其一套
循序漸進的過程。[30]

　　縱觀這次訪談內容，陳在話語之間充滿了對三民主義的
推崇之情。但是這套「訓政」邏輯顯然不容易為斯諾這個曾
經在西方民主制度之下生活了二十二年之久的美國人所理
解。相反地，宋慶齡、左派知識份子和中共黨人給斯諾的印
象是比較親切的，至少在表達的方式和訴求的共通點上是比
較接近於美國的政治文化背景要求的。陳的邏輯與回答方
式，相較於斯諾之前所接觸過的宋慶齡，顯得比較保守而權
威。對於像斯諾這樣一個注重論證說理和崇尚民主價值的美
國記者而言，恐怕是欠缺說服力的。正如哈佛大學東亞系學
者昆恩（Philip A. Kuhn）所言，國、共兩黨均師法於列寧，「認
為權力的合法性並不來自於民眾的選舉授權，而在於這個政
權是否承受了正當的歷史使命，掌握了正確的理論綱領」，[31]那
麼就理念認同上的宣傳效果而言，在像斯諾這樣主張儘早還
政於民的自由派記者面前，國民黨似乎已落居下風。[32]

Missouri-Kansas City Archives.

[30] *Ibid.*

[31] 羅麗達譯，〈西方對近代中國政治參與及政治體制的影響〉，
Philip A. Kuhn 發表，《新史學》，第二卷第三期（一九九一
年九月）頁一二五。

[32] 斯諾經常被定位為左派或自由派人士。自由派（liberals）是

　　質言之，斯諾初次來到中國，往往容易挾著他出自善意
的「天命」來透視他所接觸到的人與事。即使像蔣介石和陳
立夫這兩位三民主義的信徒，似乎也很難通過他美式「高標
準」的檢測。就他而言，一方面，蔣、陳兩位先生或許缺乏
一般歐美政治人物的魅力；另一方面，他們是執政者，要為
人民的苦難與國家的戰亂負最大的責任──而問題就出在這
裡。斯諾一向認為民主是抵抗侵略的最佳保證，他對於民主
制度與人權保障不能立刻在中國落實，是極為不滿的。於是
這個以孫中山繼承者自居的國民政府，就成了他眼中最值得
譴責的，動輒得咎的代罪羔羊。

一個衍生於自由主義（liberalism）的名稱。簡言之，自由主
義起源自英哲洛克（John Locke，一六三二－一七〇四）、彌
勒（John Stuart Mill，一八〇六－一八七三）、法哲孟德斯鳩
（Charles Montesquieu，一六八九－一七五五）、德哲康德
（Immanuel Kant，一七二四－一八〇四）、美國元勛傑佛遜
（Thomas Jefferson，一七四三－一八二六）和麥迪遜（James
Madison，一七五一－一八三六）等人有關重視個人的自由、
權利和財產以及有限政府的概念和主張。由於近代資本主義
社會貧富不均問題嚴重，自由主義亦被譏為「資本主義的意
識型態」。一些自由主義的支持者遂逐漸認同「重新分配」
和「平等」的社會主義論點（socialist arguments），因而被稱
作「自由派」或「左傾的自由主義者」（left-liberals），以有
別於所謂的自由主義者（libertarians）。後者的主張反而比較
近似於前述的古典自由主義。參見 Roger Scruton, *A
Dictionary of Political Thought* （Pan Books, 1983）268-71；
亦參見鄧正來主編，《布萊克維爾政治學百科全書》，Vernon
Bogdanor 原編，*The Blackwell Encyclopaedia of Political
Thought* （北京：中國政法大學出版社，一九九二年）頁四
一五至四一九。

貳、與中國知識份子的的交往印象

斯諾和中國知識份子的互動，主要是通過兩條管道來進行的。一是孫中山遺孀宋慶齡，一是燕京大學新聞系。透過宋慶齡，[33]斯諾認識了魯迅等左翼文人；[34]透過在燕大兼課的機會，他更接觸了許許多多因為主張抗日而反對國民黨的知識青年。

一九三三年，斯諾在完成了一篇有關宋慶齡傳略的文章之後，致函鼓勵他撰寫這篇傳略的《紐約先驅論壇報》週日版主編威廉・布朗・梅洛尼（William Brown Meloney）。他在

---

[33] 宋慶齡（一八九三－一九八一）一九一三年自美國完成大學教育；早年追隨孫中山，擔任其英文秘書；一九一五年和孫結婚；十年後，孫逝世，開始定居上海；一九二六年當選中國國民黨第三屆中央執行委員；此後赴蘇聯和歐洲訪問，為促進國際反法西斯活動而奔走；一九三一年返國，從事社會福利和抗日救國活動；中共建政後歷任國家副主席、「全國人民代表大會常務委員會」副委員長；一九八一年五月，中共准許她加入成為黨員，同時第五屆全國人大常委會亦授予她中華人民共和國「名譽主席」稱號。

[34] 魯迅（一八八一－一九三六）原名周樹人，一九〇二年赴日習醫，後棄醫從文，曾加入「光復會」，投身反清革命；一九〇九年返國從事教職和公職；一九一八年參加 新青年 編輯委會，首次以「魯迅」筆名發表小說《狂人日記》，批評封建禮教的遺害，後來陸續完成《阿 Q 正傳》等著名白話短篇小說；一九二七年一月任教於廣州中山大學；同年四月，為抗議國民政府「清黨」，憤而辭去所有職務，從此公開支持中共；十月，開始定居上海，譯介馬克思主義文藝理論；一九三〇年，因發起和加入「中國左翼作家聯盟」，遭國民黨當局通緝；一九三三年加入「中國民權保障同盟」，與宋慶齡等人為營救遭國民政府關押的政治犯而奔走。

信中首先表達了對宋這位孫中山遺孀的景仰之意：「我欽羨她
尤勝於我在東方所見過的大多數人。我特別欽羨她的才智，
她的勇氣，以及她全然的真誠。」但是他也指出，宋的許多
看法在中國並不受當局歡迎，所以這篇傳略很「可能會引起
尷尬」。[35]宋一向以繼續發揚孫中山的革命理想為己任，對蔣
介石等自稱孫的繼承人，卻不行孫的正道，頗感不以為然。

　　斯諾隨後亦致函宋慶齡，表示他當初為了讓這篇傳略能
夠順利發表，所以只儘可能地在她的人格特質上多作著墨，
而殊少提及她所組創的「中國民權保障同盟」　（the China
League for Civil Rights）。[36]據斯諾表示，當時這類「政治自由
派」（political liberalism）團體很容易被國府當局認定為親共
組織，其成員往往要遭受到很大的政治和生命風險。[37]為此他

---

[35] Letter, Edgar Snow to Mrs. Meloney, 5/7/33; Folder 4;
KC:19/1/4, The Edgar Snow Papers; University of
Missouri-Kansas City Archives. 梅洛尼本名瑪麗・馬丁利
（Marie Mattingly）。

[36] Letter, Edgar Snow to Soong Ching-ling, 5/13/33; Folder 6;
KC:19/1/4, The Edgar Snow Papers; University of
Missouri-Kansas City Archives. 「中國民權保障同盟」由宋
慶齡、魯迅、楊杏佛等人於一九三二年所發起。史沫特萊曾
負責這個組織的對外宣傳工作。

[37] Manuscript, "Mme. Sun Yat-sen, Leader of China's Youth,"
4/27/33; Folder 211; KC:19/1/4, The Edgar Snow Papers;
University of Missouri-Kansas City Archives. 斯諾表示，「中
國民權保障同盟」以釋放政治犯，保障新聞、出版、言論、
集會之自由，維護司法獨立等為訴求，其分支機構遍布中國
各主要大城，普獲國府當局以外各界的支持，主要的參與者
包括蔡元培、林語堂、魯迅等。但是這個組織在一九三三年

大為稱讚宋的膽識，指出她不但冒著生命危險創立且領導該組織，而且推動了許多基層醫療和教育的工作來幫助受到地主壓迫的農民，所以他認為宋絕非坐議清談之士，而是鼓吹民主和解救民瘼的行動家。[38]

斯諾認為宋慶齡保有並持續追尋孫中山的理想，是三民主義真正忠實的信徒，普為知識青年所崇敬。[39]他因為採訪工作之便，認識了宋，使得自己在中國的生涯歷程產生了重大的轉折。首先，她的理念和他的美國政治文化背景相呼應，而她的人格魅力更對他產生了感召的作用。其次，宋十分活躍於民主改革運動，斯諾因而有機會通過她，接觸到許多當時中國的「異議人士」，進而結識中共黨人，對他們產生了情感和理念共通點上（並非教條崇拜式）的認同。根據蕭乾的回憶，[40]斯諾曾於一九四四年在巴黎親口對他說，[41]十三年舊

六月總幹事楊銓（即楊杏佛，曾任孫中山祕書和國府中央研究院副院長）遭暗殺後，便匆匆地夭折了；亦參見 Paul M. Evans, *John Fairbank and the American Understanding of Modern China*（New York: Basil Blackwell, 1988）32-33.

[38] Manuscript, *op. cit.*

[39] *Ibid.*

[40] 蕭乾（一九一○－一九九九）原本就讀輔仁大學英文系，後來轉入燕京大學新聞系，成為斯諾在燕大任教期間（一九三三年至一九三五年）的學生之一。因經常發表有關中國現代文藝的文章，受到斯諾的注意，於一九三三年受邀協助編譯《活的中國》*LIVING CHINA: MODERN CHINESE SHORT STORIES*，由倫敦的喬治·哈拉普（George. G. Harrap）公司出版，此乃一九三六年之初版）。

[41] 當時斯諾和蕭乾分別以戰地記者身份遍訪歐洲，兩人在法國巴黎的招待所裡不期而遇。稍早斯諾（同年五月二十六日）

中國的經歷是他「一生最難忘，也是最重要的一段日子」，尤
其是他十分慶幸因而認識了魯迅和宋慶齡，並「在他們的指
引下認識中國」。[42]斯諾的前後兩任妻子後來也都表示，宋對
斯諾的思想確實產生了啟迪的作用。[43]

　　一九三〇年三月二日，包括魯迅在內的五十多位文人在
上海成立「中國左翼作家聯盟」，以反封建、反帝國主義、反
資產階級、支持無產階級等訴求作為理論與行動之綱領。[44]「左
聯」成員當中，有三人是中共的江蘇省文化支部（成立於一
九二九年）幹事。中共能夠在蘇區以外擴大其影響力，「左聯」
的主張和宣傳扮演了不可或缺的角色。[45]身為中國知識份子精
神領袖之一的魯迅，更是一位舉足輕重的要角，他的文學作
品，尤其是短篇小說，諷刺了中國人民的善良與愚昧，揭露
了舊社會中貧富階級對立的矛盾。[46]這樣深具改良色彩的文人
作家自然引起了斯諾的注意。

　　一九三二年十月，斯諾經宋慶齡引見，結識了魯迅、林

才和羅斯福總統完成第二度會面。

[42] 蕭乾，〈斯諾精神：紀念斯諾逝世二十周年〉，《人民日報》
（一九九二年七月三日）第八版。

[43] 尚明軒、唐寶林，《宋慶齡傳》（北京：北京出版社，一九九
〇年）頁三二〇。

[44] 周玉山，〈中國左翼作家聯盟研究〉，政治大學碩士論文，一
九七五年，頁三十六至三十九和頁二一四。

[45] 此三人指華漢、彭康、潘漢年等；參見前揭書，頁三十六至
三十九。

[46] 趙無眠，《百年功罪》（香港：明鏡出版社，一九九九年）頁
一二九至一三二。

語堂等知名文人。[47]一九三六年三月，他在讀過林語堂的作品
之後，謙言彼此對共產主義都不甚明瞭，並建議後者參閱相
關文章，如「文學與辯證唯物論」和「蘇維埃文學的問題」
等[48]。斯諾對中共多抱持同情與理解的態度，林語堂則不一定
如此。他後來也對一些被認為是「左派」或親共的文人有了
初步的認識，如茅盾、[49]丁玲、[50]巴金、[51]沈從文、[52]蕭乾、張

---

[47] 林語堂（一八九五－一九七六）出身自基督教家庭，有教會
學校教育的背景；一九一九年與妻赴美、德留學，獲博士學
位；曾在北京大學任教，撰文抨擊北洋政府；一九二七年起
在上海從事文學活動，提倡幽默和閒適，受到魯迅等左翼作
家的批評；一九三六年移居美國；一九六六年返回台灣定
居；隔年擔任香港中文大學研究教授。

[48] 顯然斯諾至少讀過這些文章。參見 Letter, Edgar Snow to Lin
Yu-tang, 3/29/36; Folder 10; KC:19/1/4, The Edgar Snow
Papers; University of Missouri-Kansas City Archives.

[49] 茅盾（一八九六－一九八一）本名沈雁冰；一九三〇年在上
海加入「中國左翼作家聯盟」；其作品多反映下層勞苦人民
對帝國主義和封建官僚遺緒的反抗精神；中共建政前後，歷
任「中國作家協會」主席、「全國政治協商會議」常務委員、
文化部部長、《人民文學》主編、第四屆「政治協商會議」
副主席等職。

[50] 丁玲（一九〇七－一九八六）本名蔣冰之，出身地主望族；
一九二四年就讀上海大學中文系期間，有「無政府主義」的
思想傾向；一九二七年以小說《莎菲女士的日記》成名；其
筆下所描繪女性角色的多屬任性坦率、無所顧忌之典型性
格；中共建政後，歷任「中國作家協會」副主席、《文藝報》
主編、「政治協商會議」全國委員會委員等職。

[51] 巴金出生於一九〇四年，本名李堯棠，深受「五四運動」影
響，其作品反映了反侵略、反專制、爭民主、爭自由、追求
幸福、反抗剝削，以及愛國主義的思想；一九二七年赴法留

天翼[53]等。包括魯迅和林語堂在內，他們的文學作品後來都被
精選收錄在他的譯作《活的中國》短篇小說集當中。[54]斯諾認
為，好的小說作品能夠反映一個時代或社會的精神，而上述
作家均具有相當的代表性，可以作為讀者瞭解中國的一扇門
窗。[55]事實上，在編譯《活的中國》的過程當中，斯諾不僅擴
大了他與中國文化知識界的交往，也讓他因此深入閱讀了這
些文人的相關作品，使他瞭解中國所面臨的問題及其人民所
反映的心聲。[56]

　　學；返國後，一九三一年以長篇小說《激流》三部曲（《家》、
　　《春》、《秋》等三部）轟動文壇；中共建政後，歷任第一屆
　　「全國人大」代表、第五屆「全國人大」常務委員、第六屆
　　「全國政治協商會議」副主席、「中國作家協會」主席。

[52] 沈從文（一九〇二－一九八八）原名沈岳煥，早年在湘西從
　　軍；受到「五四運動」影響，先後赴北京（一九二二年）、
　　上海（一九二八年）從事文學創作；其作品除了描繪湘西的
　　風貌與傳說，也反映中、上階層人物的空虛和渴望；一九三
　　〇年任教於武漢大學國文系；一九三七年任教於西南聯大和
　　北京大學；中共建政後，轉而從事中國文物研究；。

[53] 張天翼（一九〇六－一九八五）自一九二二年起專事文學創
　　作，以短、中、長篇小說見長，題材廣泛，諷刺性高；中共
　　建政後，先後擔任「中國作家協會」書記和《人民文學》主
　　編。

[54] 參見註四十一。

[55] Edgar Snow, ed., *Living China: Modern Chinese Short Stories*
　　（Westport, Connecticut: Hyperion Press, 1973）11-13.

[56] 追本溯源，宋慶齡是啟動斯諾認識中國左翼文人的關鍵人
　　物，所以他在《活的中國》首頁表示此書「獻給 S.C.L.（宋
　　慶齡），她的堅貞不屈，勇氣忠誠和她的精神的美，是活的
　　中國最卓越而輝煌的象徵」（To S.C.L. whose incorruptible

　　一九三六年十月，魯迅辭世。八個月以後，斯諾發表紀
念專文，認為魯迅總是深以窮苦和受迫的百姓為念，這種情
操普受中國社會各界敬重，稱之為「中國的伏爾泰」（China's
Voltaire）或「中國的魯迅」（China's Lu Hsun）應是當之無愧。
[57]除了宋慶齡以外，斯諾最推崇的知識份子便是魯迅，因此這
兩個人必然是他見賢思齊的主要對象。他們的人格、思想理
念和人格，無疑對他產生莫大的影響，這將決定他用什麼樣
的角度和態度來觀察中國。根據蕭乾的回憶，斯諾在一九四
四年除了告訴他「中國真正是我第二個家鄉」之外，也表示
「魯迅是教我懂得中國的一把鑰匙」。[58]由於與宋慶齡、魯迅
等「異議人士」相處和交流的機緣，斯諾一方面從他們身上
看見了「天命」在中國落實的可能性，另一方面則透過了他
們的觀點來理解中國及其人民。正如他在自傳裡提到：

---

integrity, courage, loyalty, and beauty of spirit are burning
symbols of the best in living China）。參見前揭書首頁。

[57] Edgar Snow, "Salute to Lu Hsun," *Democracy* 1‧3 （June 8,
1937）: 86; Folder 369; KC:19/1/4, The Edgar Snow Papers;
University of Missouri-Kansas City Archives. 伏爾泰
（Voltaire，本名 François Marie Arouet，一六九四－一七七
八），法國啟蒙主義思想家和文學家，曾因文字賈禍而遭當
局下獄，自一七二六年起輾轉流亡英、德、瑞士等國，於六
十四歲高齡在瑞士日內瓦完成了以人間苦難為主題的思想
諷刺鉅著《戇第德》（*CANDIDE*），直到路易十六即位才返
國定居，回國時受到民眾夾道熱烈歡迎。

[58] 蕭乾，〈斯諾與活的中國〉，《斯諾在中國》，裘克安編（北京：
三聯書店，一九八二年）頁三七五至三七六。

正是通過魯迅（還有孫夫人），我結識了許多傑出的中
國青年作家和編輯。儘管他們大多數不為外國人所
知，但是，我發現他們在思想較為嚴肅的年輕人中間，
是極有威望和影響的。他們當中有許多人和魯迅一樣
四下避難，他們辦的刊物和出的書遭到查禁。就我所
知，當時他們中只有極少數人是共產黨員。他們在思
想上是社會主義者，想到獲得宣傳西方早已實現的改
革的自由，並且在他們的一些文章中涉及了被國民黨
認為是危險思想的一些問題。[59]

促使斯諾走向「親共」之路的觸媒，除了宋慶齡和左翼
文人之外，首推北平的青年學生。斯諾不諱言，在中國的學
生社團當中，有許多形同是中共的分支機構，他們與中共黨
人有著密切的聯繫，在華南宣揚馬列共產理論，引起了廣大
佃農的迴響與支持。[60]論者或謂中共利用愛國主義，藉機滲透
校園，但斯諾從不懷疑學生對愛國的熱誠以及抗日的決心。
追根究底，斯諾正是為他們的「反法西斯」（對內反蔣氏之「獨
裁」，對外反日本之侵略）理念所動，進而將中共視為可能與
自己「天命」多所契合的陣營。

在一九三五年北平「一二‧九」學生示威運動爆發前後，

---

[59] Snow, *Journey to the Beginning, op. cit.*, 132-33.

[60] Manuscript, "Communist Strength in China," 1930; later
published as "The Strength of Communism in China," *Current
History*（January 1931）: 521-26; Folder 209; KC:19/1/4, The
Edgar Snow Papers; University of Missouri-Kansas City
Archives.

斯諾一直站在學生的立場發言。他在一封寫給林語堂先生的
信中表示：

> 這群學生很了不起。我但願有空在這裡把自從這場運
> 動開始以來，我所看到的許多有趣和完全出乎意料的
> 事件，以及我所經歷過的描述給你聽。你應該以這群
> 青年、他們的勇氣和真誠，以及他們敏銳的才智為榮。
> 盡你的所能來幫助他們吧；幾週之後，當整肅和逮捕
> 等力量反撲而來，他們將需要他們所能夠爭取到的每
> 一位朋友。[61]

　　作為一個以傳遞訊息為本份，理當保持中立態度的記
者，斯諾在字裡行間仍然掩不住他對學生的關切、同情與讚
賞，以及他對國民黨當局鎮壓行動的反感和憂慮。他和寧謨
幾乎成為這場學運的成員之一，既參與了謀畫，也負責了宣
傳，更在事後扮演起保護學生和左派異議人士的幕後角色，
並把自己的義舉比擬為「當你所愛的姑娘遭蹂躪時，你不能
袖手旁觀。而北京確實是一位可愛的姑娘。」[62]

　　「一二・九」之後，隔年，斯諾冒險潛入陝北會見中共
紅軍及其領導人。一九三七年一月，由他和寧謨以及燕大一
些教授所合力創辦的《民主》（Democracy）雜誌開始發行第

---

[61] Letter, Edgar Snow to Lin Yu-tang, 12/23/35; Folder 9;
KC:19/1/4, The Edgar Snow Papers; University of
Missouri-Kansas City Archives.

[62] Snow, *Journey to the Beginning, op. cit.*, 139.

一期，當期刊出了他在陝北蘇區的「獨家」見聞。[63]同年二月，斯諾在燕大陸續展示和播放他在陝北訪問期間的照片和影片資料，引起不小的轟動[64]。幾年前，這群學生激發了他同情中國「異議人士」的因子。如今，他則反過來以紅軍實況來加深他們「反蔣抗日」的決心。質言之，斯諾和中國知識界領袖的關係，是一種相知相惜的理念印證關係，影響了他日後對中國政局的看法；他和中國知識青年之間的互動，則是一種互相幫助和彼此影響的關係。吾人可以這麼說，魯迅和宋慶齡影響了知識青年，也影響了斯諾，而斯諾更以行動反饋，擴大了魯、宋等左翼親共人士的影響，使得更多的知識青年走向反抗國府統治，同情中共「革命」的道路。

參、與中共黨人的互動與印象

斯諾在中國最早接觸到的共產黨人之一，是一位在「一二·九」學動發動後不久，由黃華所引見的一個名叫俞啟威（化名 David Yui，本名黃敬）的北京大學青年學生。研究二十世紀中國史，曾任美國哥倫比亞大學東亞學院副研究員的蘭德（Peter Rand）對此做過一些研究，[65]他表示：

> 俞是斯諾夫婦周圍唯一的中國共產黨人。他們從未問過他是不是黨員，但他們敏感地覺得他是。……斯諾

---

[63] 張注洪，〈埃德加·斯諾與中國革命〉，《歷史檔案》（一九八九年四月）：頁九十五。

[64] 同前揭書。

[65] 蘭德自幼即有中國問題的家學淵源，他的父親在二次大戰前後擔任過《紐約先驅論壇報》駐中國記者。

對俞說，他想訪問共產黨地區，詢問能否幫他安排這樣一次旅行。……斯諾夫婦沒有接到進一步的消息。……於是，斯諾到上海去見孫中山夫人。他請她為他擔保，促成他對造反地區的訪問。[66]

或許是在壓抑的政治空氣下暫且未能取得中共方面的信任，也或許是中共方面有意製造懸疑，試探斯諾的誠意，「俞」並未捎來肯定的訊息。斯諾只有雙管齊下，一方面積極請託宋慶齡幫忙和代為介紹，另一方面則經由中共地下黨人的協助，取得一份由中共華北局負責人劉少奇委託黨人柯慶施（於一九六〇年代擔任上海市長）用隱形墨水撰寫的介紹信，使他先後順利通過國共戰區崗哨，潛入陝北和紅軍進行接觸。[67]

斯諾在一九三六年六月進入陝北之後，深為蘇區人民與紅軍戰士「替天行道」（crusading）的正義精神與樂觀氣氛所感動。[68]他同毛澤東進行了多次訪談。毛的言論就算不能立刻影響斯諾的想法，至少也會激起他的懷疑與反思，何況當初

---

[66] Peter Rand, *China Hands: The Adventures and Ordeals of the American Journalists Who Joined the Great Chinese Revolution* （New York: Simon & Schuster, 1995）155-156.

[67] Edward L. Farmer, "From Admiration to Confrontation: Six Decades of American Reporting about China," *Media Studies Journal* 13 · 1 （Winter 1999）: 137；亦參見競鴻、吳華編著，《毛澤東生平實錄》，長春：吉林人民出版社，一九九二年，頁五三九。

[68] Keith L. Pratt, *Visitors to China: Eyewitness Accounts of Chinese History* （New York: Praeger Publishers, 1970）116-17.

他便是在國府封鎖的情形下，基於平衡報導的初衷，加上他對魯、宋等人理念的認同，因而冒著生命危險前往西北蘇區，可以想見其渴望探查真相之一斑。有了這層背景，斯諾在陝北的所見所聞不免會深受蘇區受訪者的影響，而這種影響也將左右他日後的政治判斷與理念認同，進而將這種熱切渴求真相和理念認同的情緒感染給廣大的讀者，造成無法估計的影響。

斯諾在和像毛澤東這樣的中共領袖交談時，除了發掘對方的訊息以外，也不斷檢證著彼此的「天命」是否契合，有無共通之處。例如毛在談到「剿匪」戰事的時候，有下列數點令斯諾印象深刻。第一，國民黨軍在中共紅軍長征後期屢屢為其戰術所欺，暴露了蔣介石的調度無方，毛因而斷言紅軍在最艱難（長征）的時期尚且不能為國軍所消滅，無異預示了中共的最後勝利；第二，紅軍在長征結束之後進逼山西，蔣卻在宣稱紅軍已被消滅的同時，勞師動眾地派了十個師去迎戰他們；第三，長征不僅是戰略上的成功，也是宣傳上的勝利，因為它不僅保住了紅軍的有生力量，也喚起了沿途民眾的注意，尤其是那些極需改善生活的廣大貧民群眾。[69]毛在後續的訪談當中也指控蔣介石接受外援，主要不是用來抗日，而是拿來打內戰，並宣稱紅軍若能掌控三到四個省份，他們將比整個國民黨軍取得更大的抗戰成效。[70]斯諾一向認為

---

[69] Edgar Snow diary #14, July 1936; Folder 123; KC:19/1/4, The Edgar Snow Papers; University of Missouri-Kansas City Archives.

[70] Edgar Snow diary #15, July 1936; Folder 124; KC:19/1/4, The

中共軍官素質大多比國軍軍官高，因為他們受過比較良好的教育。[71]毛的說法加深了他對中共紅軍的正面印象。到了二次大戰末期，他更附和史迪威的觀點，[72]認為中共紅軍既然通過國軍圍剿的考驗，顯然「不遜色於世界任何軍隊的良好戰鬥隊伍」，他因而相信他們是美國所不應忽視的一股抗日力量。[73]質言之，斯諾從毛澤東的談話當中印證且補強了自己的既定看法與樂觀期待，在反法西斯侵略的共同理念上得到了滿足。

同樣在一九三六年的訪談當中，毛澤東在提到蘇區的施政作為時，宣稱「我們給予人民所有言論、集會、結社、出版的自由。我們只剝奪賣國賊的自由，他們是人民的公敵。」[74]他強調紅軍從未如國民黨所宣傳的那般任意燒殺擄掠，相反地，殺人是有的，但是從不枉殺好人，凡要定罪之前必先經過「深入的調查」與「充分的採證」。[75]這類陳義甚高的言辭，

Edgar Snow Papers; University of Missouri-Kansas City Archives.

[71] Manuscript, *op. cit.*

[72] 史迪威將軍（Joseph W. Stilwell，一八八三－一九四六）是美國在二次大戰時期的陸軍將領；一九〇四年畢業於西點軍校（West Point）；一九三五至一九三九年間在中國擔任武官；二次大戰期間擔任中國戰區領袖蔣介石的參謀長，指揮緬甸境內的國軍以及中、緬、印戰區的美軍；一九四四年晉陞為陸軍上將；十月，因與蔣介石不合，被召回美國；一九四五年八月於琉球群島接受十餘萬日軍投降。

[73] 馮嘉琳，《史迪威將軍》（北京：中國和平出版社，二〇〇〇年）頁一一五。

[74] Snow diary #15, *op. cit.*

[75] *Ibid.*

與美國政治文化精神當中所講求的人權理念似乎不謀而合，很能符合大多數美國人的味口。由於斯諾早對國民政府當局不再存有奢望，而在當時的中國，又沒有其他的政治勢力足以制衡國民黨並提供以人民不同選擇的情形下，他只有對中共寄予無限的同情與期待。

一九三六年的「毛斯對談」是斯諾首度如此深入而密集地對中共的領導人物進行訪問。這段訪談具有兩重意義：第一，斯諾將毛的話語重新整理、消化，寫入《紅星照耀中國》之中，增加了該書的權威性和說服力，縱使讀者不見得苟同書中某些內容，但由於這趟陝北之行的獨家性，亦能引起他們的興趣，進而影響他們的視聽，所產生的效果是潛移默化的。第二，毛的談話在許多方面滿足了斯諾對中共的期待之情。例如，身為來自美國的記者，斯諾得到（同時看到）了中共也講民主，也尊司法，也重人權，也爭自由的答案，和國府抗日前期的「不抵抗」戰略以及長期以來管制言論和人身自由的作為相比，他反倒覺得紅軍才是真正帶領中國人民走向民主未來和反抗日本侵略的正義之師。

此外，在印證彼此的「天命」契合程度時，斯諾也會看看對方的出身或教育背景是否與美國有所關聯。例如，他在一九三六年訪問陝北期間，就曾表示對周恩來的教育背景感到興趣。他把周恩來就讀過美國教會所贊助的南開大學這件事當作是「一個驚喜」（a surprise）。[76]周的教育背景讓斯諾感受到一

---

[76] Edgar Snow diary #13, July 9-26, 1936; Folder 122; KC:19/1/4, The Edgar Snow Papers; University of Missouri-Kansas City

種能夠相互瞭解和溝通的親切感；類似信念和情感投射的作用
也同樣發生在他和宋慶齡的相處感受上。周的儀表魅力和談吐
機智，使他完全無法想像對方竟是國民黨大肆渲染而加以重金
懸賞的「赤匪」。周的背景和表現，一方面加深了斯諾對國民
黨宣傳的懷疑，另一方面則加強了他對中共黨人的同情。毛的
氣質，就斯諾的感受而言，也有類似的情形。根據斯諾在六〇
年代末期的回憶，毛的人文形象吸引了他的注意：

> 狂熱份子？他是，他也不是。毛是先知、懷抱夢想的
> 詩人、戰士兼愛國者，他堅守意識型態原則，是個有
> 經驗的政客。以最廣泛的層面來說，他是個人文主義
> 者，與其說他重實用，不如說他重理想。他在哲學上
> 是個唯物論者，憎惡物質方面的（工資）誘因。毛不
> 能被稱作神秘家，然而他的詩作當中所顯現出來的不
> 僅只是審美的觀念，而且是政治上率真的反應。[77]

斯諾對毛一向十分推崇。他後來又在一九六九年撰文表
示，毛出身農家，雖然對西方的認識有限，但飽讀詩書，從
不自矜，有堅定的意志與強烈的自信，不失幽默，理想高遠，
獨行踽踽，其「特殊的人格魅力」吸引了許多愛國志士，是
抗暴農民和革命文人之間的橋樑。[78]

Archives.

[77] Manuscript, "Who Is Mao Tse-tung?", ca. 1968; Folder 323;
KC:19/1/4, The Edgar Snow Papers; University of
Missouri-Kansas City Archives.

[78] Manuscript, "Mao Tse-tung, From Red Bandit to Red God,"

　　斯諾一九三六年陝北之行的影響，不只體現在他後續作品
所造成的巨大輿論威力上，而且反映在後續前往中共蘇區訪問
的西方各界人士所享受的便利性（facilitation）上，這裡頭包
括記者、作家、學者、軍人等等，他們「像哥倫布發現新大陸
一樣，驚奇地發現了一個『紅色中國』」。[79]之所以會產生這種
進入紅區的便利性，西安事變之後貌合神離的國、共合作情勢
固然是重要的背景因素，然而不可否認的是斯諾在中共和外界
之間所扮演的橋樑角色。他已經被視為一個與中共有良好「關
係」的人脈管道。他的陝北報導吸引了西方世界和美國朝野的
目光。結果是：美國在中共建政以前就和中國共產黨接觸頻
頻，甚至總的來看，到過延安的美國人要比俄國人還要多。[80]這
個由斯諾所帶動的管道，在冷戰期間，尤其是五〇年代的冷峻
國際現勢中，暫時失靈，但是從六〇年代美、中、蘇三角情勢
丕變起，即迅速被人們憶起而加以重視。

9/12/69; Folder 325; KC.19/1/4, The Edgar Snow Papers;
University of Missouri-Kansas City Archives. 斯諾似乎把毛
澤東的形象與摩西（Moses）相比，他表示自從蔣介石清黨
之後，毛就帶領著貧農深入內陸的「夢土」（promised land）
打游擊，從事反抗地主的戰爭。

[79] 馮嘉琳，前揭書。美國《時代》（Time）雜誌資深記者白修
德（Theodore White）曾把斯諾的這趟陝北獨家比喻為「哥
倫布發現新大陸」；亦參見林博文，〈中國最感懷的美國友人
——斯諾其人其事〉，《中國時報》（二〇〇〇年四月五日）：
第十四版。

[80] John K. Fairbank, *China Watch*（Cambridge, Mass.: Harvard
University Press, 1987）111-12.

肆、與美國官方的互動與影響

斯諾與美國官方的接觸，以與羅斯福（FDR）總統之間的會面和交換意見最具代表性。二次大戰期間，羅斯福曾經三度接見斯諾，可說是在斯諾一生中與他互動最為頻繁的美國總統。羅也是唯一認真考慮過斯諾所提建議的美國當局最高決策者。羅早在一九四二年便告訴斯諾「蔣的寡頭政權欠缺熱誠而普遍的支持」，因此他從不認為蔣介石在抗日戰爭中具有舉足輕重的地位。[81]羅在斯諾的勸說和影響之下，打算實施一些較為「親共」的彈性作法，然而卻受來自親國民政府利益團體和軍方保守將領極大的壓力。比較顯著的突破是他在一九四四年七月和八月先後派遣了兩支前往中國延安訪問的美軍觀察組（俗稱迪克西使團）與中共接觸，以「考察把共產黨人作為一支抗日戰鬥部隊的可能性」。[82]無庸置疑，羅斯福作為一個領導

---

[81] Edgar Snow, "Fragments from F.D.R.—Part II," *Monthly Review*（March 1957）: 395; Folder 375; KC:19/1/4, The Edgar Snow Papers; University of Missouri-Kansas City Archives. 羅斯福也考慮過直接援助中共，以作為軍事上的權宜之計（"……he [FDR] regarded cooperation with the Reds as a matter of military expediency……"）。

[82] 「迪克西」（Dixie）是美國南北戰爭時期南軍的進行曲名，亦是美國南方各州的別稱，被引申為中共佔領下的地區。羅斯福逝世後，日本宣布投降，迪克西使團成員的報告遂受到忽視。一九五一年，該使團的重要成員謝偉志（John Service，曾任美國駐華使館二等祕書，其生平詳見下一章）甚至以安全理由遭國務院解職。參見孫振象譯，《延安精神——戰時中美友好篇章》，John G. Colling 原著，*The Spirit of Yanan*（北京：華藝出版社，一九九二年）自序、前言；亦參見李本京，

者，他的務實作法──儘可能避免國、共決裂，以免影響到美國在亞太地區的戰局，並爭取任何可資抗日的力量──顯然是基於美國的現實利益。當前的利害是，如何儘早結束戰事，以及如何儘量減少美國海外子弟兵的損傷。

一九四二年斯諾在接受《星期六晚郵報》（*The Saturday Evening Post*）任命並經美國陸軍核可為戰地特派記者之前，意外地受到羅斯福總統的召見。這是他和美國最高決策者的首度晤談。羅斯福總統在二月二十四日第一次接見斯諾時表示，自己是經由閱讀《紅星照耀中國》和《星期六晚郵報》中的相關報導才認識他的。[83]他在晤談中得知羅斯福對於東亞背景知識的豐富和對中國的「關愛與尊重」（to love and respect that country）無非受到祖父輩的影響；羅斯福的祖父曾經在中國生活了大半輩子。[84]受到斯諾的影響，羅斯福對中國「工業合作社」運動也感到興趣，[85]甚至還曾試圖說服蔣介石，希望國民政府「全心全意來支持」（give wholehearted backing to）這項計劃；對羅斯福而言，一個更為長遠的國家利益是：希望美援能夠全面帶動中國政治、經濟、社會各層面的進步。[86]這點則和斯諾的出發點不謀而合。斯諾在這次共識頗多的晤

前揭書（台北：黎明，一九八八年）　頁四十九。

[83] 黎永泰，《毛澤東與美國》（昆明：雲南人民出版社，一九九三年）頁八十八。

[84] Letter, Edgar Snow to Mildred Snow, 4/1/42; Folder 34; KC:19/2/1, Claude Mackey Collection; University of Missouri-Kansas City Archives.

[85] 關於「工合」運動，下一節將有詳盡的探討。

[86] Snow, "Fragments from F.D.R.—Part II," *op. cit.*

談之後對羅斯福稱譽有加，覺得他真正是個「偉人」（a great man）；斯諾同第一任妻子寧謨也和羅斯福夫人（Eleanor Roosevelt）相談甚歡，[87]後者對於援助中國「工業合作社」運動有著不可抹滅的貢獻。

羅斯福在一九四四年五月二十六日第二度接見斯諾，提到了美方對國共合作的看法：「我曾告訴蔣氏夫婦，他們務必做一些有利於與中共達成協議（get together）的事情。我說我們將不會涉入到那裡（按：指中國）的任何內戰情勢當中，而且我們需要中國團結起來抗日。」羅並私下（off the record）對斯諾透露，經過勸說之後，蔣在二個多月以前同意了美國派遣人員進駐延安。[88]斯諾認為美國政府此時已經把促使國、共兩黨達成妥協（compromise）當作是一種對華政策上「必然的義務」（definite responsibility）了。[89]

羅斯福在一九四五年三月三日與斯諾的最後一次會面中，曾經詢問斯諾個人對蔣介石有什麼看法，斯諾只簡略地回答說在他撰寫的《為亞洲而戰》一書當中有提到過一些。[90]

---

[87] Letter, Edgar Snow to Mildred Snow, *op. cit.*

[88] *Ibid.* 羅對蔣說，如果國、共雙方不能達成「某種形式的聯盟」（some kind of coalition），中國在日本投降之前或之後便有可能爆發「大規模的內戰」（large-scale civil war）。顯然中、美均不樂見這種情況發生。

[89] Snow, *op. cit.*

[90] *Ibid.*《為亞洲而戰》（*THE BATTLE FOR ASIA*）於一九四一年由紐約的藍燈書屋發行美國版，同年稍早發行的英國（倫敦的格蘭茨公司）版，書名則叫《枯萎的大地》（*SCORCHED EARTH*）。

羅停頓了一下，表示自己過去對蔣介石的印象十分模糊，因
為他和蔣之間的溝通幾乎完全由蔣夫人（宋美齡）居間包辦，
[91]他根本無從探知蔣內心真正的想法。其次，羅強調斯諾所寫
的《人民在我們一邊》，[92]是一本令他讀到半夜還愛不釋手的
書。[93]斯諾特別指出，羅斯福顯然對中共有超乎現實的期待，
認為他們實際上將只會實施土地改革，而不是共產主義。[94]對
此，他特別提醒羅斯福，雖然中共屬意激烈的土地改革，但
這並不表示他們就不再是馬克思主義者了──中共依然是以

---

[91] 宋美齡（一九○一）幼時即赴美求學，完成大學教育之後，
於一九二○年返國；一九二七年同蔣介石結婚；一九三六年
「西安事變」後曾與宋子文前往西安斡旋釋蔣事宜；一九四
三年訪美，在美國國會的發表演說，繼而陪同蔣介石參加「開
羅會議」（Cairo Conferences，指一九四三年十一月和十二月
在埃及開羅所舉行的兩次會議，蔣在第一次會議與美方羅斯
福總統和英方邱吉爾首相共同發表了宣言，聲明日本應歸還
自一九一四年以來自中國侵佔的領土以及朝鮮應恢復獨立
等）；一九七五年蔣逝世後，赴美定居至今。

[92] 《人民在我們一邊》（*PEOPLE ON OUR SIDE*）於一九四四
年由紐約的藍燈書屋出版。該書除了介紹亞、非諸國（包括
日、蘇、印、緬、中等）的社會和國際情勢，旨在呼籲美國
應有計劃地陸續自亞、非地區撤離，以免陷入無止境的民族
和社會革命戰爭之中。

[93] Edgar Snow, "Fragments from F.D.R.—Part I," *Monthly
Review* （January 1957）: 321; Folder 375; KC:19/1/4, The
Edgar Snow Papers; University of Missouri-Kansas City
Archives. 據斯諾表示，羅斯福總統似乎深受本書影響，有
意在戰後促進各殖民地人民的自由、平等與獨立。

[94] Edgar Snow, *The Pattern of Soviet Power*（New York: Random
House, 1945）140.

共產主義為目標。[95]羅站在希望減少美軍傷亡的立場，自然不樂見中國因發生內戰而影響到對日作戰的成效。他告訴斯諾，經他指派使華的赫爾利將軍未能化解國、共之間的敵意，[96]乃是因為蔣介石斷然拒絕共產黨所提出的基本人權保障等條件所致，而這些條件在他看來是「完全合理的」（perfectly reasonable）。[97]即便如此，他還是打算繼續促成國、共合作，畢竟這對東亞戰局是有利的。[98]

綜觀羅斯福總統與斯諾的三次對談，可以看出兩人對於中共的抗日戰爭潛能有著一致的樂觀看法，前者甚至一度考慮直接以戰略物資援助中共部隊。[99]為了能夠收集到一些美國

---

[95] Snow, "Fragments from F.D.R.—Part II," *op. cit.*

[96] 赫爾利（Patrick Hurley，一八八三－一九六三）於一次大戰期間擔任美國遠征軍上校；擔任過胡佛（Herbert Hoover）政府時期（一九二九－一九三三）的國防部長；一九四一年，升任准將；二次大戰期間多次作為羅斯福總統的私人代表，執行外交任務；一九四四至起，以美國駐華大使身份致力促使國、共和解，未成，遂於一九四五年十一月辭職。

[97] Snow, *op. cit.* 一九四四年十一月，經赫爾利提議，中共同意國府控管其軍隊，然而國府必須承認中共為合法政黨，進而合組聯合政府，並保證他們能「在一個具有民主制度的政府下，享有一切政治自由和公民權」（to enjoy all political and civic freedoms under a democratic system of government）；參見 Tang Tsou, *America's Failure in China, 1941-50*, Vol. 1（Chicago: The University of Chicago Press, 1967）179. 赫爾利來華的目的一在彌和蔣介石和史迪威（Joseph Stilwell）將軍的緊張關係，二在希望促使國、共達成和解；參見李本京，前揭書（台北：黎明，一九八八年）頁三十四至三十六。

[98] Snow, *op. cit.*

[99] *Ibid.*；亦參見蔣建農、王本前，《斯諾與中國》（哈爾濱：黑

相關單位不易觸及到的地區的情報，羅斯福經常仰賴非官方
的消息來源。除了斯諾之外，他也在任內就先後派遣十幾位
特使到中國作為蒐集訊息的先鋒。其中打頭陣的，也是最著
名的，是當時擔任美國海軍陸戰隊上尉的埃文斯‧卡爾遜
（Evans F. Carlson）。[100]他靠著斯諾的幫助和牽線，得以進入
陝北蘇區，並向白宮作了深入的報告，影響到了羅斯福總統
對華的現實外交政策走向。[101]

伍、與美國非官方人士的互動與影響

　　一九二九下半年，鮑威爾因為到中國東北採訪，要求斯諾
暫時接替他的工作，成為代理主編，可見他對斯諾的倚重。[102]
斯諾在這段期間因為暫時接下鮑威爾在《密勒氏評論報》、《芝
加哥論壇報》、《曼徹斯特守護者報》等報刊機構所兼任的工
作，以致忙得不可開交；雖然因此省下了不少開銷（因為沒
時間花用，而且他對聚斂金錢也沒有興趣），卻使得他在鐵路
之旅之後的一些撰稿計畫因而中斷。[103]不過也正因為這樣的
機緣和歷練，讓他為更多的人所認識，使他終究覺得「這並

龍江人民出版社，一九九三年）頁三一〇。

[100] 郭濟祖譯，前揭書（台北：南方叢書出版社，一九八七年）
頁二十八至二十九。

[101] 同前揭書。

[102] Letter, Edgar Snow to the Snows, 9/6/29; *op. cit.*

[103] Letter, Edgar Snow to Mildred Snow, 9/14/29; Folder 21;
KC:19/2/1, Claude Mackey Collection; University of
Missouri-Kansas City Archives.

不是壞事」。[104]自從東北戰事吃緊，日本軍閥的野心昭然若揭，引起了西方各界的矚目。根據鮑威爾的回憶，像斯諾這樣的美國年輕記者便是以採訪和報導東北日軍侵略的事件而開始展露頭角的。[105]

費正清和斯諾夫婦早在三〇年代即已相識（中國上海）。一九三三年，斯諾夫婦在北平燕京大學附近安家後，費氏夫婦仍經常和他們往來。[106]斯諾曾參加並聆聽費氏在北京一家聚餐俱樂部所作的研習報告會。[107]或許由於常年接觸，他們彼此在中國問題的想法和邏輯上竟有某些相似之處：第一，兩人早期在中國均和國、共兩黨要員以及知識份子互動密切；第二，兩人均懷抱「天命」，認為國民黨不講民主和人權，不關心人民生計，早已失去民心，遂在理念和態度上由「近國」轉向「親共」；[108]第三，中共建政後，兩人皆是以辯護式

[104] *Ibid.*

[105] John B. Powell, *My Twenty-Five Years in China*（New York: Macmillan, 1945）188-89.

[106] John K. Fairbank, *Chinabound: A Fifty-Year Memoir*（New York: Harper & Row, 1982）126.

[107] Paul M. Evans, *op. cit.*, 29-30. 這家俱樂部由美國哥倫比亞大學路德（Carrington Goodrich）教授推動成立，以各個領域能講英語的學者為基本成員，每月固定聚餐，會中交換彼此心得並宣讀論文。曾與會者除了斯諾之外，還包括拉鐵摩爾、美國駐華大使納爾遜·詹森（Nelson T. Johnson）、戴維斯（John Davies）、林邁可（Sir Michael Lindsay，曾任英國駐華使館新聞官；一九四一年底偕妻進入中共蘇區，戰後才返美，後來立場轉而反共）等學術和外交界人士。

[108] 前兩點有關費正清的部分，參見葉鳴朗，〈費正清對中國政策的理念及其對國共兩黨態度之研究〉，台北：淡江大學美

的論點和態度——即與過去國民黨政權治下的中國比較——
來粉飾、包容或期待共產中國的現況與未來。[109]

　　另一位受過斯諾幫助的美國友人是拉鐵摩爾。[110]後者早
在一九三〇年代便認識斯諾。一九三七年春，斯諾以陝北蘇
區的相關報導引起各界轟動。拉氏回憶，西安事變後，「國民
黨對延安的封鎖至少在名義上被取消了。人們都試圖到那邊
去：不僅有好奇的外國人，還有數以百計的中國知識份子、
大學教授和學生。但是……事實上國民黨當局竭力延緩這種

國研究所博士論文，一九九九年，頁四和七。

[109] 先後擔任《時代》雜誌駐北京分社主任和*紐約時報* 駐聯合
國分社主任的白禮博（Richard Bernstein）即認為：「我們記
者都感到共產黨近年來的巨大失敗，包括發展經濟和人權問
題上的失敗，而將這種外人不知曉的失敗揭示給我們的讀者
是我們的責任，但許多美國的學者包括費正清對此多少有些
粉飾。」（"It was that many American scholars, including
Fairbank, had put something of a gloss on what we felt were the
mammoth failures of the Communist regime over the years,
failures in both economic development and human rights,
failures that it was going to be our duty, once ensconced in
Beijing, to reveal to our readerships."）參見 Paul A. Cohen and
Merle Goldman, eds, *Fairbank Remembered*（Cambridge, Mass.:
Harvard University Press, 1992）251-52.

[110] 拉鐵摩爾（一九〇〇－一九八九）出生在美國華府，一歲時
就和父母一同來到中國北方定居，後來到英國就讀中學；十
九歲時回到中國，七年後開始從事中亞研究；三〇年代至四
〇年代初兼任《太平洋事務》（*Pacific Affair*）雜誌編輯；一
九四一年應羅斯福之邀擔任蔣介石的政治顧問；一九四二年
一月離開重慶返美；於麥卡錫時期遭受不斷的審查和訊問，
後雖判定「查無實據」，但已幾近身敗名裂，以六十三歲之
齡離美赴英，直到八十五歲才返美。

朝聖之舉。」[111]於是他也找斯諾幫忙，希望能夠到延安訪問。
同年，斯諾居間促成了他的延安之行。[112]拉氏否認斯諾為「太
平洋關係學會」成員，[113]自認和斯諾交情不深，並表示在斯
諾「生命的最後幾年，當他和他的第二個妻子定居在瑞士時，
我才真正瞭解他。我認識他的時間越長，對他的瞭解越深刻，
就越是尊敬他。」[114]他也對於斯諾三、四〇年代間的報導持
正面看法：「……我一直認為他寫得最好的地方，是當他按照

---

[111] Owen Lattimore, *China Memoirs: Chiang Kai-shek and the War against Japan*（Tokyo: University of Tokyo Press, 1990）55.

[112] *Ibid.*, 56, 58. 當時斯諾友人史沫特萊和妻子寧謨剛好也在延安訪問。

[113]「太平洋關係學會」（The Institute of Pacific Relations, 簡稱 I.P.R.）一九二五年成立於檀香山（Honolulu），為當時最具規模的以研究亞洲事務為主的國際性學術組織，其立場和言論傾向，早期中立，後來漸趨親共。該會兩大代表刊物為《太平洋事務》（*Pacific Affair*）和隸屬分會的《遠東觀察》（*Far Eastern Survey*）。由於三〇、四〇年代美國朝野普遍缺乏專精亞洲事務的人才，因此該會學者有不少人與美國政府保持著密切的往來。然而如論者所言，中共建政後，美國兩黨相互追究對華政策失敗的責任，「太平洋關係學會」的「成員、刊物、以及所主持的會議，均成為反共的麥卡錫主義控訴的主要目標。」此後該會聲譽低落，經費來源減少，會中受雇於美國政府的學者也多以國家效忠問題遭到解職。一九六一年，該會終於宣佈解散。曾經加入該會的著名學者和官員包括拉鐵摩爾、費正清、傑賽普（Philip Jessup）、范宣德（John Carter Vincent）、國務卿馬歇爾（George C. Marshall）等。參見李玫蓉，《太平洋學會與美國對華政策》，台灣師範大學碩士論文，一九九九年，頁一，頁十一至十二，和頁三十七至三十九。

[114] *Ibid.*, 45.

自己的認識描述事物或直接引述中共或蘇共人士告訴他的話的時候。在這種情況下，人們覺得他是個絕對坦率而誠實的記者。」[115]

　　一九四〇年，斯諾告訴他在紐約的文學代理人，說他的好友卡爾遜少校剛辭去美國海軍陸戰隊的工作，轉而投入中國「工業合作社」運動的行列，現正與另一位好友路易·艾黎（Rewi Alley，一八九七－一九八七）並肩作戰。[116]斯諾並轉述卡爾遜的意旨，認為「工合」將能有效武裝中國，使美國得以避免和日本在戰場上正面交鋒。[117]斯諾曾推崇艾黎是個「全心為中國和民主奉獻的朋友，他對於鄉間的情形，對

---

[115] Lattimore, *op. cit.*, 154-55.

[116] 艾黎為紐西蘭（New Zealand）詩人和社會運動家；一次大戰期間曾赴歐洲參戰，獲得戰功；一九二七年四月抵華，在上海「工部局」任職；由於同情中國勞工和農民受到剝削的處境，開始接觸馬克思思想；一九三二年底，和史沫特萊、馬海德等人成立了「馬克思主義學習小組」；一九三三年，透過宋慶齡，和中共地下黨人開始有了接觸；一九三七年赴歐考察，聽聞日軍大舉侵華，遂於七月返回上海；一九三七年底和斯諾夫婦等人發起「中國工業合作社」運動；一九三八年，擔任武漢「中國工業合作社協會」代理總幹事；一九三九年初訪問延安，向毛澤東介紹「工合」運動；此後為推展「工合」在中國各地奔波；一九四二年，遭國府以「與共產黨祕密交往」等罪名，解除其行政院「中國工業合作社」技術專家之職；中共建政後，繼續留在中國推展「世界和平運動」；一九五三年起在北京定居；一九五七年加入紐西蘭共產黨。

[117] Letter, Edgar Snow to Henriette Herz, 9/5/40; Folder 16; KC:19/1/4, The Edgar Snow Papers; University of Missouri-Kansas City Archives.

於人民的所思所言，對於發生在他們身上的事情，都比任何一個中國人要來得瞭解。」[118]史沫特萊也以行動支持斯諾夫婦和艾黎所發起的中國「工合」運動，積極向外界尋求財務支援。[119]

斯諾與美國共產黨人的關係一向不睦。一九三八年，他得悉美國共產黨因為《紅星照耀中國》當中報導了一些中共對於共產國際（Comintern）的批評，故而抵制並禁買此書，他於是致函該黨書記，表示過去從來沒有一個外國共產黨員拜訪或聲援過中國紅軍，反倒是像他這樣的一個局外人（an outside journalist）同情且報導了他們的事蹟，然後卻為他們在美國的「同志」所抵制。[120]

斯諾對中共的同情，有一部分原因是他把他們看作是正義之師。一個正義之師理應不會有過於暴虐的殺戮發生。一位據稱在中國服務了二十五年，名叫布列斯（Dr. A. J. Brace）的「基督教青年會」（Young Men's Christian Association，簡稱YMCA）志工，在《堪薩斯星報》上撰文抨擊斯諾的《紅星照耀中國》。布列斯宣稱紅軍及其首腦朱德專事殺戮有錢人、

---

[118] Letter, Edgar Snow to Henry Luce, 5/7/41; Folder 17; KC:19/1/4, The Edgar Snow Papers; University of Missouri-Kansas City Archives.

[119] 葉麗璨主編，《來自異國的朋友——在中國有過特殊經歷的外國人》（北京：解放軍出版社，一九九三年）頁一六六。

[120] Letter, Edgar Snow to Early Browder, 3/20/38; Folder 12; KC:19/1/4, The Edgar Snow Papers; University of Missouri-Kansas City Archives.

「有辦公室的人」，以及「有宗教信仰的人」。[121]他指稱四川
境內已有四十名孩童慘遭紅軍毒手，顯然為朱德手下所為。
斯諾則表示對於這種說法無法置信。他以自己對中共紅軍的
親身體察加以反駁，說他們絕對不可能以「殲滅自己人」的
方式來對抗「反紅部隊」，因為紅軍「完全仰賴」於農村群眾
的養補和支持；他並且質疑布列斯的消息來源和推論方式，
認為其報導「想當然耳」的成份居多，不甚可靠。[122]

　　雖然如此，斯諾對中共的同情也絕非完全基於一廂情願
的妄想或期待。他充分理解中共的本質與目標，並且也知道
他們對此將十分堅持；只是，既然他在印證「天命」契合程
度的過程中，摒棄了國民黨政府，選擇了中國共產黨，他也
只有相信後者是唯一可以拯救中國人民出水火之中的，有實
力和國民黨一搏的政治團體。根據這樣的思維，幫助和支持
中共，似乎就是幫助和支持中國人民。事實上，早在一九三
九年，他第二度與毛澤東對談時，就已經從毛那裡獲知明確
的訊息了：

---

[121] 該篇文章刊登於《堪薩斯星報》一九三八年四月二十七日。

[122] Letter, Edgar Snow to the *Star*, 6/23/38; Folder 12; KC:19/1/4,
The Edgar Snow Papers; University of Missouri-Kansas City
Archives. 斯諾在信中舉例，指出中共紅軍中也有許多來自
外國的基督教志工，他們當中有一些人面見過中共領導人，
並且給予後者高度評價。他同時轉述在中國度過大半輩子時
光的紐約市主教魯茨（Logan Roots）對中共的讚詞，說中共
黨人是他「所認識過的人當中最優秀純良的」（are among the
finest men he has ever known.）。

斯諾問：由於共產黨已經放棄強調階級鬥爭的宣傳，廢除蘇維埃制度，服從國民黨和國民黨政府的領導，承認三民主義，停止沒收地主和資本家的財產，停止在國統區的組織活動和宣傳工作，許多人現在說，中國共產黨事實上已不再是社會革命家，而只是改良主義者了，目的和手段都是資產階級的了。你對這種說法怎樣回答？你是不是堅持，中國革命是反帝反封建革命，而且可能在某個階段轉變為社會主義革命，而共產黨的責任就在於領導全國走向那個革命？

毛澤東答：我們始終是社會革命家；我們從來不是改良主義者。中國革命有兩大目標。第一個目標是實現民族民主革命的任務。另一個目標是社會主義革命。後者必須實現，而且要徹底實現。目前革命的目標是民族民主性質的，但是在一個階段之後，它將轉變為社會主義革命。中國革命綱領中社會主義革命部分現在的「準備」將變成它的「現實」——除非我們在現階段的工作失敗了，如果失敗，社會主義革命就不可能早日到來。[123]

毛在這裡是誠實的。他並不諱言中共黨人並不是主張溫和漸進改革的「改良主義者」，他們有自己一套有別於資產階級意識型態的革命主張。「民族」和「民主」只是他們的近程

---

[123] Edgar Snow, "Conversations with Mao Tse-tung," *Tomorrow* （March 20, 1940）: 297-98; Folder 371; KC:19/1/4, The Edgar Snow Papers; University of Missouri-Kansas City Archives.

戰略目標，一旦這些近程目標達成，「社會主義革命」便將展
開。以中共當時不利的政治局勢觀之，唯有以民主和民族主
義訴求爭取廣大的民心，才有往後落實社會革命的機會。斯
諾在這裡所報導的訊息十分清楚，他不可能不顧及毛的想法
而自陷於不切實際的幻想之中。

然而斯諾因此就改變了他基本的政治文化認同和「天命」
了嗎？顯然未必。吾人可以從發生在日本偷襲美國珍珠港事
件（一九四一年底）之前的一段插曲當中，看出斯諾對於戰
爭與和平所抱持的理念為何。一九四一年春夏之交，他幾乎
無法赴第四屆美國作家會議（American Writers Congress）所
贊助的「反戰群眾大會」（Anti-War Mass Meeting）發表演說，
只因為他向該會表達自己並非全然反戰的立場。斯諾一度對
於出席會議持保留態度，經過和該會全國執行祕書福爾森
（Franklin Folsom）幾度書信往還，終於取得諒解。[124]

原來，斯諾的反戰立場是有條件的，他認為全然的反戰
將會姑息侵略者，削弱美國的力量，更會造成「自由與民主
的遺產」不保，因而「此時把美國人民武裝起是有必要的」。
[125]他在演說稿中指出，美國若要避免和軸心國正面對決，就

---

[124] Letter, Edgar Snow to Franklin Folsom, 5/19/41; Folder 17;
KC:19/1/4, The Edgar Snow Papers; University of
Missouri-Kansas City Archives. Also see Letter, Folsom to
Snow, 6/4/41; Letter, Snow to Folsom, 6/6/41; Folder 17;
KC:19/1/4, ESP; UMKC Archives.

[125] *Ibid.* 斯諾指出，既然當初該會的邀請簡章上明白寫著：受
邀發表演說者可「自由選擇題材」（You……would be free to
choose your own subject……），就不應該再以預設立場的心

務必援助英國和中國，同時「為了確保中國的民主工業化」，美國應持續以技術、資金等資源支援中國「工合」運動，這不單是為了提升中國人民的生活水準，也是為了促使中國將來能夠成為一個吸納美國貨品的市場；然而，美國的外援不應該用來阻撓中國內部的政治民主，甚至反而加強了「少數一黨獨裁」的現狀，所以英、美應合力促進中國「迅速發展民主」，並以此作為建構日後西方民主國家與東方新興獨立國家的關係基礎。[126]斯諾在此展現了他理想的一面——支持中國的民主力量（泛反國民黨勢力）以及現實的一面——培養中國成為一個未來有利於美國的市場。後者無非是他為了說服外界而採取的一種權宜之說。儘管證諸斯諾過去以來的言行，所謂貿易或市場的現實原因，應該不是他義助中國的動機和出發點，然而其「天命」並不完全基於利他的情操，而是與現實因素（雖然不是針對一己之私）相互揉雜，卻也是不爭的事實。

態拒絕他。他表示如果會議的結論早已設定，那麼又何必勞師動眾邀請各界來參加研討。

[126] Speech by Edgar Snow, "China, American, and the World War," 1941; Folder 168; KC:19/1/4, The Edgar Snow Papers; University of Missouri-Kansas City Archives. 斯諾最後在講辭中指出，退守重慶的國府或關，或殺，或放逐了一批優秀的文人，而後者不過是為了追求言論、出版、集會、選舉等最低限度的民主就遭到迫害。他呼籲美國各界伸出援手，支持他們的民主呼聲。

陸、對中國情勢的認知與態度

斯諾一九二八年來到中國。一踏上中國的土地，他超然的同理心和正義感隨即油然而生。上海是他第一個駐足的都市，是當時世界第二大港埠。他覺得像這樣繁榮富足的港埠竟然是由各種外國勢力所掌控，而非由中國政府所管轄，這恐怕只有英、美等國人士才會對此現象感到滿意。[127]身為一個美國人，斯諾能夠不站在本位立場看待當時遭受欺凌的中國人民，這種精神充分顯現了美國立國精神當中追求自由與獨立的反奴役理念。

他指出當時有一種客觀的說法，認為隨著蔣介石所領導的國民革命軍及其黨人逐漸掌握了中國的國家機器，上海外國勢力的「白人優越感」正在退卻之中。[128]上海西方人士的白人優越感是否真的會因為國民黨政府的崛起而退卻，吾人無法確切得知，但是這多少透露出一些斯諾個人主觀的期望。

根據斯諾當時的觀察，國民黨人是一股主導中國政局的新興勢力。他們提出了許多改革的方案。斯諾認為這些方案「若能實現十分之一，舉世將會熱烈為之喝采」。[129]他對於日本在山東的侵略和中國內部各軍事力量的火併感到憂心，因

---

[127] Letter, Edgar Snow to the Snows, 7/9/28; Folder 17; KC:19/2/1, Claude Mackey Collection; University of Missouri-Kansas City Archives.

[128] 同前註。

[129] Letter, Edgar Snow to James E. Snow, 8/1/28; Folder 17; KC:19/2/1, Claude Mackey Collection; University of Missouri-Kansas City Archives.

而並將中國比喻為一個急需光明指引的「憔悴老婦」。[130]他說:「中國需要一個聖戰者,一個中流砥柱,一個務實的理想家,來帶領他的人民脫離惡臭、腐敗、不幸、苦難和國家的痛苦;而他正是一個能夠將中國從令她凋零的貪污、貪婪和無知中解放出來的人。」[131]但是斯諾在這裡指的不是宗教意涵上的救贖者(redeemer),而是能實際改善中國發展的有形物質(如機器)與無形措施(如工業化這樣的概念)。[132]此時他對於「弱者」的同情,不光是消極的期待,其實也為他後來在中國「工合」運動上所付出的心力下了伏筆。

此外,斯諾顯然對於中國傳統的儒、釋、道價值有著極大的偏見。他認為中國已經沈溺於儒、道、佛教的消極思維多時,而現在正是中國從千年睡夢中醒來的時候,卻是已經感到時不我予。[133]在沿著津浦線前往北平前夕,斯諾在家書中也對母親提到,中國的孝道過於強調家長無上的權威,不利於個人的自主和開創性;他指出中國和西方國家最大的分野在於孔子所說的「己所不欲,勿施於人」的觀念。[134]但他也樂觀地看出一些中國人正試圖打破這種守舊、內斂的禁欲

---

[130] Letter, Edgar Snow to James E. Snow, 3/21/29; Folder 19; KC:19/2/1, Claude Mackey Collection; University of Missouri-Kansas City Archives.

[131] *Ibid.*

[132] *Ibid.*

[133] *Ibid.*

[134] Letter, Edgar Snow to Anna Catherine Edelmann, 5/12/29; Folder 20; KC:19/2/1, Claude Mackey Collection; University of Missouri-Kansas City Archives.

主義（stoicism），所以對他而言，一個變得更為進取的中國是指日可待的。[135]

　　斯諾曾在一封家書中透露並暗示不苟同他的室友強森（Bob Johnson）對中國的批評。他認為強森有關「中國人都自認在智識和傳統方面高白人男女一等」、「中國人都很骯髒，而且不誠實」、「任何一個老外在中國待上四年，便不再對東方世界感到滿意」之類的評論是荒謬絕倫的。[136]這多少顯示斯諾在思考中國問題時，是儘量使自己保持在一種獨立而客觀的心態。並且他在面對文化衝激（culture shock）時，也是努力抱持寬容和同情的態度。凡此種種，皆有助於他虛心而深入地瞭解中國的實際情況，為促進他個人理念和情操的昇華奠定了建設性的基礎。

　　一九二九年初起，斯諾搭乘火車，循著滬杭、滬寧、津浦、京瀋、瀋哈、京綏等鐵路沿線採訪，對中國各地的地理、人文有了初步的認識。然而到了旅程後期（同年夏天），中國下級官員的虛假顢頇和西北災民的饑貧交迫給他留下了「朱門酒肉臭，路有凍死骨」的印象。[137]當時他如此寫道：

---

[135] *Ibid.*

[136] Letter, Edgar Snow to the Snows, 9/2/28; Folder 17; KC:19/2/1, Claude Mackey Collection; University of Missouri-Kansas City Archives.

[137] 隨行的是一位自稱留美的「技術專家」，名叫華盛頓·吳（Washington Wu）。此人給斯諾的印象非常負面，顯現了眾多欺下瞞上的中國官員之冰山一角。參見 Snow, *Journey to the Beginning, op. cit.*, 5-6.

　　長期以來，世界各地都知道中國的西北各省發生了大
饑荒……美國紅十字會、救世軍、內地會以及各救災
組織展開了募捐運動，以便籌措資金，為拯救人的生
命而進行了空前規模的人道主義努力。……旱災、蝗
災、水災、盜匪和內戰，互相推波助瀾，使這個區陷
於一片恐怖，似乎眾神都對該地區棄之不顧了。饑饉
像一個惡魔，它把魔爪幾乎伸向甘肅和陝西全境、河
南和山東大部，以及綏遠和新疆的許多地方，據華洋
義賑會最近的估計，約有二千萬至二千五百萬人處於
或將處於赤貧地位。**138**

　　由於這類的採訪機緣，使得斯諾對中國人民的同情與日
俱增。他在親眼目睹甘肅、綏遠、內蒙古等地的饑荒之後，
撰文呼籲中國政府和國際間都應設法救助這些饑民，並且批
評在上海的一些外國人不明瞭中國西北的災情與饑民慘狀，
竟然還寫信回國告訴親友別相信這些關於「饑餓的宣傳」
（starvation propaganda）。[139]他後來回憶道：「我不禁想起，我

---

[138] Edgar Snow, "Saving 250,000 Lives," *The China Weekly Review* （August 3, 1929）: 418, 424; Folder 360; KC:19/1/4, The Edgar Snow Papers; University of Missouri-Kansas City Archives. 斯諾表示自己見證了無數災民掙扎在生死邊緣，他「在那裡看到了一些比戲劇還要感人的真人真事」（Some of the incidents [I] witnessed there were more moving than anything the drama has ever been able to do to me.）。

[139] Edgar Snow, "K.C. Youth Tells Eyewitness Story of Tragic Chinese Famine," *KC Journal-Post* （September 11, 1929）; Folder 360; KC:19/1/4, The Edgar Snow Papers; University of

的童年生活是何等地不同，作為一個富裕的、開放的和新開發的文明社會的一員，比起舊中國生計艱難的人們，我的際遇不知好了多少倍……。」[140]

由此可見，斯諾的個人主義傾向非常強烈，這種傾向主要展現在兩個層面。第一，雖然他身為在華白人的一員，卻能經常以自己獨立的思考看待種族關係，不屑「同流合污」。[141]第二，個人主義即強調人人有權利追求生命、財產、自由之基本保障，這是美國開國先賢所一貫申述的理想；斯諾能身體力行，不以雙重標準來看待中國的領土主權，顯見美國「天賦使命」的正面因子正在他的心中萌芽。然而，他在中國的「天命」顯然似乎開始遭到了挫折。他決定把中國人民和中國執政當局（國民政府）脫鉤。也就是說，對他而言，一個不能反映人民大眾心聲的政權，其合法執政的基礎就不復存在了。

一般而言，美國人對待政府或政治的態度相當積極，他們經常表現出對政策和公職人員強烈的愛憎情緒和認同，這點和

Missouri-Kansas City Archives.

[140] Snow, *Journey to the Beginning, op. cit.*, 11.

[141] 前章述及，斯諾深受馬克吐溫影響。而馬克吐溫正是一位反對美國從事帝國主義擴張和主張人道主義的小說家，他經常嘲諷或抨擊自己的社會環境，並欣賞中國人的人文經驗。參見李本京，〈美國亞洲政策的制定——兼論保守主義與自由主義之歷史因素〉，《美國外交政策研究》，李本京主編 （台北：正中書局，一九八七年） 頁四一八；亦參見石之瑜，「歐美中國觀源起探略」，*美歐月刊*，第十一卷第十一期 （一九九六年十一月）：頁一一六至一一七。

中國人長期以來對政府保持消極和疏離的態度是大大不同的。[142]吾人從斯諾身上似乎也能看見類似的特質。他深信中國的問題不出在人民群眾,而是出在政治領導階層。[143]他同情中國人民在政、經情況一直未見改善下所承受的苦難,憎惡執政當局的效能不彰和貪污腐敗,久而久之,他就愈來愈不相信國民政府能夠在政治革新上起任何積極的作用了。[144]

斯諾指出,在中國,官員不靠選舉產生,而是看誰的勢力大,誰的武力強;人民的呼聲得不到回應,自然就要搞革命了。[145]他一再強調他對中共紅軍的同情是建立在以下的認知:即農、工群眾(中國百姓主體)饑貧無告,忍無可忍,終至揭竿而起,試圖推翻一個漠視民瘼的政權。[146]

雖然斯諾曾表示說他對共產黨人有興趣,但這並不表示他同情他們,相反地,他認為中國需要更多的民主,並且認為國民黨人不願意結束一黨專政,早就已經背叛了創黨始祖孫中山的理想。[147]關於這點,斯諾顯然是受了宋慶齡的影響。他批評國民黨將其法統建立在三民主義的基礎上,實際上卻違背了孫中山的民生主義裡有關平均地權的主張,迄今尚未

---

[142] 許烺光,前揭書,頁二六二至二六三。

[143] Hamilton, *op. cit.*, 41.

[144] *Ibid.*, 38.

[145] Letter, Edgar Snow to Howard Snow, 7/20/35; Folder 15; KC:19/3/1, Howard Snow Collection; University of Missouri-Kansas City Archives.

[146] *Ibid.*

[147] Hamilton, *op. cit.*, 27-28.

做出任何有助於解決農民問題的決策。[148]斯諾是從反對國民
黨政權開始，逐漸走向同情中共黨人的路子。[149]他還認為國
民政府蔣介石委員長與北方軍閥之間的不斷爭鬥是沒有結果
的（fruitless）。[150]

斯諾瞭解上海已經成為遠東地區信息交流的中心，當地
在政治、經濟、文化各層面的變動非常之大。[151]為了儘快瞭
解中國的情形，他十分努力學習著。他在《密勒氏評論報》
鮑威爾的辦公室裡坐擁書城，這些書籍多半與中國和東方有
關；雖然他自承在這兒讀的並不多，卻已深深為東方的氣氛
所著迷。[152]他除了以自修的方式累積其中國背景知識，也和
各界多所接觸，從而掌握了中國近現代的政治和歷史概況。
其中宋慶齡對他詳述過許多有關中國近現代發展的歷程與中

---

[148] Manuscript, "Communist Strength in China," *op. cit.*

[149] 《活的中國》（獻給了宋慶齡）一書等於標示了斯諾作為一
個國民政府反對者的角色；參見 Hamilton, *op. cit.*, 52.

[150] Farnsworth, *op. cit.*, 16. 北方的軍閥指閻錫山和馮玉祥。

[151] Letter, Edgar Snow to Horace Epes, 10/25/31; Folder 3;
KC:19/1/4, The Edgar Snow Papers; University of
Missouri-Kansas City Archives. 本注收信人埃普斯（Horcace
Epes）時任美國報業聯社（*The Consolidated Press*）副社長
兼總經理，算是斯諾在新聞界的前輩。斯諾在一九三〇年七
月和三三年十二月間曾擔任該會駐遠東記者，此後仍一直和
埃普斯維持著友善的往來。

[152] Letter, Edgar Snow to James E. Snow, 9/14/29; Folder 21;
KC:19/2/1, Claude Mackey Collection; University of
Missouri-Kansas City Archives.

國所面臨的種種難題，對他產生了教育和啟發的作用。[153]總的來說，宋在人脈和思想上，對斯諾的影響既深且鉅。

斯諾在訪談宋慶齡的時候曾經指出，許多人均認為三民主義和共產主義在哲學本質上差別不大，皆以福國利民為目標。[154]他對於三民主義的認識，可以在從他日記當中的一段雜記看出其理念邏輯上的端倪：

> 三民主義　孫逸仙　三個民的準則：民族主義（nationalism），民權主義（democracy）和民生主義（livelihood）。第一在達成中國與外國強權平等的地位；第二在為大眾贏取政治權利；第三在求全面提升全全民的福祉──有時候稱為共產式的（communistic）。[155]

據此，我們可以相信斯諾似乎讀過或至少受了三民主義「民生主義第二講」的影響。[156]孫中山所強調的民族、民權、民生概念大抵和美國總統林肯（Abraham Lincoln）民有、民治、民享類似，這點頗和斯諾作為一個美國人的政治文化背景相契合。所有資料均顯示，斯諾對於美國傳統民主價值或

---

[153] Manuscript, "Mme. Sun Yat-sen, Leader of China's Youth," *op. cit.*

[154] *Ibid.*

[155] Edgar Snow diary #2, ca. 4/1/29; Folder 112; KC:19/1/4, The Edgar Snow Papers; University of Missouri-Kansas City Archives.

[156] 孫中山認為三民主義和共產主義方法雖然不同，立意則是相同的。參見孫文，《三民主義》（台北：中央文物供應社，一九八八年）頁二六三。

美國信條（American Creed）的信賴是一貫的。[157]林肯身為美
國傳統民主價值的象徵之一，又在解放黑奴的戰爭中維持了
國家的統一，無怪乎斯諾在心理上會對孫中山產生強烈的認
同。[158]而三民主義在某種程度上來講也是一種共產主義，毛
澤東又是中共長征以後最具權威的領導人之一，那麼後來斯
諾會把毛形容成為林肯式的人物，進而視中共為唯一能夠拯
救中國於水火之中的力量，也就不足為奇了。

　　一九三三年，斯諾以假名「John Fairnsworth, C.B.E.」發
表了一篇筆風迥異的諷刺文章，大意是說中國因為衛生條件
惡劣，以致疫疾橫行，連國府要員蔣介石、張學良等皆無法
倖免，遑論百姓，然而像毛澤東、賀龍、彭德懷這樣的「匪
首」及其叛眾，卻能身強體健，鬥志昂揚──何以致之？此
乃「精神」（spirit）使然。[159]原來他在藉此譏刺國府官員的羸
弱是因為「精神」（革命理想）不濟──他在批評這些官員不
但沒有能力改良現狀，也無能保障自身的健康。[160]吾人試從
國府執政當局的立場設想，這篇專題報導的語氣雖然幽默，
可是態度並不友善。一個人之所以產生病痛，雖然可能與個

---

[157] 這些價值以美國開國元勳所揭櫫的平等、民主和追求幸福的
理想為主軸；參見 James Oliver Robertson, *American Myth,
American Reality*（New York: Hill & Wang, 1980）63.

[158] 若以邏輯推論詮釋斯諾的政治認同，可假定為美國信條──
＞林肯──＞孫中山──＞共產主義──＞毛澤東──＞
林肯──＞美國信條。

[159] Edgar Snow, "China Needs Healthier Leaders," *China Weekly
Review* 64．9 （April 29, 1933）: 338-39.

[160] *Ibid.*

人生活習慣或環境衛生情況有關，但是如果拿來和革命精神相提並論，則顯得有些過苛，因為換個角度或立場，吾人甚至也可以反過來說官員健康不良乃憂國憂民所致。記者撰文若邏輯嚴謹，證據明確，不怕擔心自負文責，縱有當局「檢查」，輿論也自有公斷。斯諾早年有此「脫線」之舉，固然在處理手法上有欠成熟，但吾人已經可以明顯地從他的字裡行間看出他個人對國民黨當局施為的不滿。

斯諾對於國府所推行的「新生活運動」亦無好評，認為這是一場「童子軍、墨索里尼，和孔夫子式的病態結合」，是一種「經過檢查的思想」（censored thought）。[161]因而他也指出，蔣介石過於唯心，把自己當成善惡的仲裁者和正義的化身，強調孔子的「禮、義、廉、恥」等道德規範，卻未能改善廣大農民的生活。[162]

一九三九年，斯諾指出國、共兩黨均把孫中山當作精神領袖，而三民主義也是兩黨所共同追逐的理想，然而，由於支持來源的不同，他們在詮釋和執行這個理想的方式上是大相逕庭的。他表示，除了平均地權以外，中共所宣稱的訴求包括推動「民主革命」，舉行「普選」，實施憲政，打倒「封建」等等；國民黨則傾向「保留舊架構以作為父權專制的基

---

[161] Manuscript, "Censored Thought in China," 1935; Folder 219; KC:19/1/4, The Edgar Snow Papers; University of Missouri-Kansas City Archives.

[162] Edgar Snow, "The Generalissimo," *Asia* （December 1940）: 647; Folder 371; KC:19/1/4, The Edgar Snow Papers; University of Missouri-Kansas City Archives.

礎」，在心態和作法上較為保守和漸進。[163]從這裡可以明顯看出，斯諾的理念認同感在中共那裡得到了滿足之後，他對於國民黨當局的批判是毫不留情，不假辭色的。他完全不信任國府所謂軍政、訓政、憲政之循序漸進式的民主轉型，加上過去以來國府的執政績效在他的心裡留下了許多不良的印象，使他持續維持批評的力度。例如他撰文表示，雖然國府退守重慶以後，她的行政效能與過去相較似乎有所提高，然而終究未曾實行過民主，其治下人民也還沒有享受過選舉官員的權利。[164]斯諾在看待國、共兩黨實施民主（包括新聞自由與人權）的誠意時，顯然是「聽其言，觀其行」的；而這正是他在中共建政以前非常在乎的一項「天命」底線。

柒、對中國抗日與內戰的認知與態度

斯諾在性格上是反對殖民帝國主義的，是以一向對外國人在中國唯利是圖的行徑十分反感。[165]他抨擊外國人援助日本軍閥，賺取中國國難財之不義的行為。[166]起初他的觀點和美

---

[163] Manuscript, "Guerrilla China," 1939; Folder 237; KC:19/1/4, The Edgar Snow Papers; University of Missouri-Kansas City Archives；亦參見 Edgar Snow, *Glory and Bondage*（London: Victor Gollancz, 1945）240.《繁榮與奴役》（*GLORY AND BONDAGE*）一書的美國版，即為一九四四年由藍燈書屋所出版的《人民在我們一邊》（*PEOPLE ON OUR SIDE*）。

[164] Manuscript, "War and Change in China," ca. 1939; Folder 238; KC:19/1/4, The Edgar Snow Papers; University of Missouri-Kansas City Archives.

[165] Hamilton, *op .cit.*, 31.

[166] Snow, *The Battle for Asia, op. cit.*, 77.

國「門戶開放」政策相近，認為美國應該扮演更積極的角色來幫助中國維護國家主權完整。[167] 九一八事變後，斯諾認為〈凱洛格──白里安公約〉對於制止侵略的收效有限，[168] 但是美國作為條約的發起國之一，實際上竟也不敢「採取任何行動」，眼睜睜看著日本逐步侵吞滿洲；他認為這「真是一場鬧劇」。[169] 後來他更認為並呼籲美國政府應該對日本實施禁運，以免繼續成為日本侵略中國的幫凶。[170]

斯諾一針見血地指出，除非日本陷入一場和（指蘇俄或美國）另一個列強的大戰，要不就是中國經過革命之後改朝換代，否則她將牢牢控制住東北和華北，並且逐次對中國進

---

[167] 根據 Hamilton 的看法，這裡斯諾的看法含有美國理想主義（American idealism）的意味。*Ibid.*, 44.

[168] 一九二七年春，法國外交部長白里安（Aristide Briand）為防範德國侵略勢力於未然，欲邀美國共同組成一個防衛體系。美國國務卿凱洛格（Frank B. Kellogg）則建議在視戰爭為非法的精神之下締結一個多邊的公約。一九二八年八月二十七日，各國幾乎都簽署了主張以和平方式解決國際爭端的〈凱洛格－白里安公約〉（*Kellogg-Briand Pact*），然而事實證明，這個公約根本不具備有效的拘束力。

[169] Letter, Edgar Snow to Howard Snow, 12/7/31; Folder 3; KC:19/1/4, The Edgar Snow Papers; University of Missouri-Kansas City Archives.

[170] 根據一九三七年到一九三九年間的統計，日本所需的戰爭物資如石油、廢鐵和零件，大部分均來自美國。美國政府直到一九四一年七月後才陸續採取凍結日本在美資產的措施和實施對日全面禁運。參見陳毓鈞，《戰爭與和平：解析美國對華政策》（台北：環宇出版社，一九九七年）頁三十六和頁三十八至三十九。

逼。[171]顯然斯諾對蔣介石國府的抗日決心深感懷疑，同時在
看盡日本侵略者顧盼自雄的嘴臉之餘，不排除她另挑戰端，
自取滅亡的可能性。這或許他基於專業經驗累積的一項判
斷，也可能是當時流傳的一種看法。無論如何，斯諾對於國
府中樞、中共紅軍和日本軍閥的看法，已經充分反映了他的
心聲，即憎惡對內獨裁壓抑，對外擴張霸權之行徑，同情追
求個人自由和幸福的努力。

　　至於國軍和共軍，誰才是真正抗日的力量，宋慶齡舉出
事例證明中共紅軍才是一股有心抵抗日本侵略的主導力量，
這也是她對紅軍寄予強烈同情的原因之一。[172]關於這點，斯
諾也深受宋慶齡的影響。對照斯諾往後的言行，宋的觀點幾
乎就是他的觀點。

　　據斯諾的觀察，國、共的「聯合陣線」（united front）合
作基礎是十分脆弱的，一來國府當局並不認為中共有資格和
中央政府平起平坐，二來國、共兩軍亦互不信賴，不時爆發衝
突，因此他預料長此以往，大規模的內戰恐怕將難以避免。[173]

---

[171] Letter, Edgar Snow to Howard Snow, 7/20/35; Folder 15; KC:19/3/1, Howard Snow Collection; University of Missouri-Kansas City Archives.

[172] Manuscript, "Mme. Sun Yat-sen, Leader of China's Youth," *op. cit.* 斯諾在和宋慶齡的訪談提到自己並不是十分瞭解『中國紅軍』，因為要取得有關他們的消息並不容易，由此似乎可以看出他欲訪紅軍一探究竟的興趣。

[173] Manuscript, "China's Precarious Unity," 11/1/39; later published in *The New Republic* （January 8, 1940）: 44-45; Folder 234; KC:19/1/4, The Edgar Snow Papers, University of Missouri-Kansas City Archives.

一九三八年，斯諾從漢口寫信給寧謨，大略認為國共聯合戰線基本上是口號多於落實。[174]寧謨在她所寫的《紅色中國內幕》一書中也提到，[175]一支原屬中共的部隊——新四軍，在華南地區從事抗日活動卻屢遭國民政府限制，除非在那裡有某處遭到了日軍佔領，他們才能獲准進入禦敵。[176]

　　提及國、共內戰的原因，斯諾認為，中共在經濟上主張平均地權，輕徭薄賦，採取激進手段進行土地改革，打倒鄉紳和地主的壟斷，發展由國家所主導的計畫性工業，在社會上呼應愈來愈多人民要求擴大政治參與的呼聲，主張加速改善人民生活的條件和機會平等；而這些都是國民黨當局所反對的。[177]因此，想必以他的標準看，國民政府已經失去了執政的合理性或正當性（legitimacy），無怪乎他會說出像「用美國陸、海軍的運輸艦載送國民黨軍隊開赴華北即構成『干涉中國內政』」這樣的話來。[178]

---

[174] Letter, Edgar Snow to Helen F. Snow, 7/12/38; Folder 12; KC:19/1/4, The Edgar Snow Papers; University of Missouri-Kansas City Archives.

[175] 《紅色中國內幕》（*INSIDE RED CHINA*）又名《續西行漫記》，是寧謨在一九三七年走訪陝北蘇區，會見毛澤東、周恩來、朱德、彭德懷等中共領導人物之後所寫成（初版於一九三九年）。

[176] Helen Foster Snow, *Inside Red China*（New York: Da Capo Press, 1979）310.

[177] Leong Siong Yuen, "Interviewing Edgar Snow," *New China Review* （November 16, 1945）: 10-11; Folder 554; KC:19/1/4, The Edgar Snow Papers; University of Missouri-Kansas City Archives.

[178] 雖然如此，斯諾認為美國政府並未盡全力來援助國民黨政

　　斯諾對於中共是否能夠帶領中國走向民主化和現代化，是有很大的期待的。他引用英國駐華大使阿奇博爾德（Sir Archibald Clark-Kerr）的話，[179]認為中共名不符實，如果改個名稱，或許更能代表其政治理想的本質；斯諾也認為中共以社會主義作為終極目標，推動「農民民主」（agrarian democracy），贏得了不少人心。[180]他在一九三九年也親眼看到中共在他們佔領區內實施初步的民主措施，並將這件事情寫進他的自傳：

> 根據一九三七年九月國共「和解」的條款，共產黨人同意將他們的蘇維埃改為「特別行政區」。他們的確取消了蘇維埃，按蔣介石的要求把紅軍改名為八路軍，並且停止沒收和重新分配土地。因此，他們是遵守了協議的規定的，不過就是不按蔣介石理解的精神辦就是了。因為他們在「特區」實行了「新民主主義」，這是他們在敵後廣泛推行的一種統一戰線制度，這也是蔣委員長所憎惡的。然而它有法律依據：若干年前國民黨政府頒布了一項法律，規定當某省省長判定本省人民已經「準備好」行使公民選舉權和結束一黨專政時，就可以在該省建立地方自治政府。但是，從來沒

府，因為一方面美國當局始終力圖促使國、共雙方和解，另一方面美國人民也不支持美國的軍隊過度介入中國的內戰。參見前注。

[179] 筆者按：「阿奇博爾德」乃中國大陸之譯法，然而與依姓氏稱謂之英文習慣不符。

[180] Manuscript, "Guerrilla China," *op. cit.*

有任何省長發現人民已經「準備好」這樣做。共產黨
人偏偏就在這個時候這樣做了。他們作為事實上的省
當局，只是根據國民黨頒布的法律，把「權力移交」
給「由人民選出來的」地方政權。[181]

這段陳述和史實的差距頗大，顯見斯諾不是對中國內政
無知，就是著意維護中共黨人；換句話說，他對於國、共兩
黨的看法和態度似乎已經有了「欲加之罪，何患無辭」和「愛
之欲其生，恨之欲其死」的心理。再者，回憶起四〇年代，
斯諾表示中共紅軍給人的印象是重廉潔，講平等，善待婦孺，
親貧排富，尊重專業，落實改革與民主，在反法西斯的立場
上比國民黨人堅定，而且一度相信美國是最佳盟友。但是他
也指出，當時有些外國人士因為中共良善若此，便不把中共
看作是一般認知上的共產黨人，甚至以農民或土地的改革政
黨定位之，然而這種不切實際的幻想和期待「終究是要幻滅
的」。[182]斯諾不否認中共也是民族主義者，但並不認為他們會
放棄其共產主義的理想和目標。

第三節　「天命」在「舊中國」的衝激與實踐

斯諾於一九二八年九月起在上海《密勒氏評論報》服務，
從事撰稿和廣告業務。該報主編鮑威爾是個理想性色彩頗濃

---

[181] Snow, *Journey to the Beginning*, *op. cit.*, 225-26.

[182] Letter, Edgar Snow to Kenneth Shewmaker, 9/26/69; Folder 74; KC:19/1/4, The Edgar Snow Papers; University of Missouri-Kansas City Archives. 亦參見 Edgar Snow, *The Battle for Asia*, *op. cit.*, 290.

的新聞界名人，時任《美國芝加哥論壇報》與英國《曼徹斯特衛報》（the Manchester Guardian）特派員，同樣也來自密蘇里州，其親華立場與西方在華商人的利益相衝突，一直被英、日、美等列強既得利益者視為眼中釘，欲易之而後快。[183]

斯諾在《密勒氏評論報》的「新中國」十月特刊號發表了一篇關於中國地方道路建設的文章「將中國自泥濘中拯救出來！」（Lifting China Out of the Mud!）之後，算是正式跨足遠東新聞界，不自限於廣告業務，他為此感到欣喜萬分。[184]他在這篇文章當中參考美國經驗，指出中國的基礎建設不足，尤其缺乏現代化的道路設施（包括鐵路），嚴重影響了國家統一和經濟發展，並暗示中國朝野應該打破冷漠與無知，群策群力，效法美國早期拓荒者們（pioneers and settlers）闢路的精神，如此必能「將中國自泥濘中拯救出來」。[185]

當斯諾準備離開上海開始他在中國的第一次鐵路之旅前

---

[183] Letter, Edgar Snow to James E. Snow, 8/15/28; Folder 17; KC:19/2/1, Claude Mackey Collection; University of Missouri-Kansas City Archives. Also Letter, Edgar Snow to his father, 9/17/28; Folder 18; KC: 19/2/1, Claude Mackey Collection; University of Missouri-Kansas City Archives.

[184] Letter, Edgar Snow to Howard Snow, 9/28/28; Folder 18; KC: 19/2/1, Claude Mackey Collection; University of Missouri-Kansas City Archives. 從當期廣告業績來看，斯諾認為該特刊號受到了空前的歡迎。

[185] Edgar Snow, "Lifting China Out of the Mud!" *The China Weekly Review* （October 10, 1928）; Folder 359; KC:19/1/4, The Edgar Snow Papers; University of Missouri-Kansas City Archives.

夕外出，遇見一個可能因住宅失火而全身著火的黃包車苦力。圍觀的人潮愈來愈多，卻皆袖手旁觀。他在情急之下，雖然極不情願，還是脫了身上穿的半正式禮服幫這名苦力把火撲息，救了他一命。事後斯諾評論道，說中國傳統有一種想法，認為救人者必須負責照顧被救者，然而當時大多數中國平民百姓自顧尚且不暇，焉能顧及他人死活？令斯諾感到不解和氣餒的是，圍觀群眾似乎覺得斯諾不是腦筋有問題，就是有錢的不得了，居然能夠浪費一件華麗的衣服來救人；甚至有十幾個民眾尾隨著他，企盼能撈取一些施捨。[186]這是斯諾第一次以實際行動發揮其固有的正義感與同情心，超越「旁觀者」的消極角色。

一九三五年十二月九日中國發生「一二・九」學生示威遊行活動，北平的學生在酷寒中集會要求打倒日本，保衛華北，遭政府當局出動軍警制止，有許多學生受傷或被捕，抗日風潮有愈演愈烈之勢。[187]由於反霸權、反侵略信念的發酵，以及他和學生之間的師生情誼，斯諾從一開始便密切關注這

---

[186] Letter, Edgar Snow to Anna Catherine Edelmann, 1/7/29; Folder 19; KC:19/2/1, Claude Mackey Collection; University of Missouri-Kansas City Archives. 這次的事件讓他更加相信「中國人的心靈有著和我們截然不同的本能天性」(the Chinese mind has instincts entirely antipodal to our own.)。

[187] 葉寄民譯，《中國近現代史》，小島晉治，丸山松幸合著（台北市：帕米爾書店，一九九二年）頁一七一至一七二。這次的學運遍及全國各地，截至同年十二月底為止，在三十二個城市當中就發生了六十五次左右的示威活動；亦參見 Helen Foster Snow, *My China Years: A Memoir by Helen Foster Snow* (London: Harrap, 1984) 178.

一事件的發展。[188]他和妻子寧謨於遊行發起前後，均持續會見學生並提供援助。[189]這些學生當中有許多人的家鄉已經落入日軍的手中，所以反應特別激烈，尤其反對國民黨當局對的「不抵抗」作法。[190]這不免漸漸影響了斯諾，使他也跟著反對國府的對日政策。

翌年，值國軍第五次剿共戰事末期，各路紅軍潰敗，退守至陝北，經歷了艱苦的「長征」，稍事喘息，私下與被國府遷駐於西北的張學良東北軍互動頻繁，共同呼籲反對內戰，全面抗日。[191]身為新聞媒體人，斯諾嗅出這種不尋常的政治氣氛，乃積極爭取前往陝北蘇區採訪中共紅軍。他專程到上海拜謁宋慶齡，後者找來一位化名為王牧師的中共地下黨人（本名董健吾）護送他和一位美國醫生馬海德同行。多少受到國府負面宣傳和中共黨人激進土改作風的影響，當時社會上也有人認為紅軍是殺人越貨的土匪。斯諾雖然對中共頗有

---

[188] Kelly Ann Long, "To the Yen-An Station: The Life and Writing of Helen Foster Snow," dissertation, University of Colorado, 1998, 80. 北平燕京大學約莫自一九三五年下半年起，儼然已經成為一個學生運動的基地。

[189] Hamilton, *op. cit.*, 58.

[190] Long, *op. cit.*, 80.

[191] 易勞逸（Lloyd E. Eastman）著，〈第三章：南京時期的國民黨中國（1927-1937）〉，張曉明譯，《劍橋中華民國史》，費正清主編（上海：上海人民出版社，一九九二年）頁一七九。中共主張「反蔣抗日」，以張學良為首的東北軍則主張「逼蔣抗日」。後來中共同意張的逼蔣策略。亦參見方曉主編，《中共黨史辨疑錄》（太原：山西教育出版社，一九九一年）頁五二六至五二七。

好感，但也知道路途當中所可能遭遇到的危險，包括國民黨
軍隊的阻截與「白匪」的襲擊，[192]於是懷著一種「通俗劇似
的動人情緒」，抱著一絲絲的疑懼踏上旅途。[193]

　　雖然斯諾在訪問陝北前夕，已經和眾多同情中共的人士
進行廣泛和密切的接觸（包括潛伏於其中的中共地下黨人），
在態度上明顯傾向同情中共，反對國府。然而斯諾也直言，
陝北之行的目的在解答自己和世人的疑惑，在當局新聞封鎖
下完成平衡報導的使命。對他而言，不受國府宣傳影響，盡
力披露紅軍真相，就是獨立而公正的報導。所以此時他作為
一個訊息傳遞者（messenger）──一個信差，並非只是被動
地遭到「利用」，而是有他個人理念和專業上積極的動機。

　　在中共方面，則正面臨創黨以來最大的存亡危機。欲化
危機為轉機，勢必要突破封鎖，爭取外界的同情與奧援。因
為他們知道，接受外國新聞記者採訪，不但可增加他們在海
內外的能見度，也可以影響輿論，造成風潮。正如繼斯諾之
後訪問延安的拉鐵摩爾（Owen Lattimore）所言：「即便有某
些差錯，任何關於中共的故事注定對他們利大於弊。換句話
說，在那種情況下，任何宣傳都是有益的。因此他們表現出
無限的耐心。」[194]有研究指出，與其說是斯諾主動爭取訪問
陝北，不如說是中共有計畫地「邀請了西方記者特別是美國

---

[192] 白匪泛指反共、代表地主和鄉紳利益的民間團練。

[193] Edgar Snow, *Red Star Over China*（New York: Grove Press,
1968）39.

[194] Lattimore, *op. cit.*, 58.

記者訪問西北蘇區」。[195]斯諾訪問陝北固然有其個人動機，然
而中共方面也有他們突破國民黨新聞封鎖的戰略考量。[196]結
果是成功的，因為中共中央藉由斯諾的筆，成功地向美國傳
達了「反日同盟關係」的意向，而「斯諾的作品不僅影響了
美國公眾輿論，在美國公眾中喚起了對中共事業的同情，為
塑造中共新的形象奠定了基礎，也在某種程度上影響了美國
的決策人物。」[197]譚若思也認為，毛澤東成功地利用像斯諾
這樣的外國記者，不只是「向西方世界表達他的看法」，並且
也透過他們「向中國同胞發表他的意見」。[198]無論如何，斯諾
此舉，就他個人而言，無非是為了釋放遭國民黨當局壓抑已
久的「天命」，以實現新聞自由，並試圖與陝北這群中國政治
落難者印證彼此的天命契合程度。

　　除了新聞報導本份上的熱誠，斯諾的「天命」也展現在
他的一些有助於中國對日抗戰的利他行為上。一九三七年十
二月，斯諾夫婦與紐西蘭作家路易・艾黎（Rewi Alley）合力
發起並推動「中國工業合作社」（Chinese Cooperative
Industries, 簡稱「工合」，C.I.C., Gung Ho 或 Indusco）計劃。

---

[195] 馮嘉琳，前揭書（北京：中國和平出版社，二〇〇〇年）頁
　　一一五。作者認為「上海地下黨和當時上海從事抗日救亡運
　　動的宋慶齡從諸多的西方記者中選擇了美國進步記者埃德
　　加・斯諾」。

[196] 黎永泰，前揭書，頁七十六至七十七。

[197] 同前揭書，頁一一六和三三六。

[198] Ross Terrill, *Mao: A Biography*（New York: Harper & Row,
　　1980）153-54. 譚若思時為哈佛大學東亞研究中心研究員，
　　專精中國政治與國際問題研究，曾多次訪問中國。

艾黎負責第一線的推動與執行，斯諾和寧謨則在宣傳和募款等尋求外援的工作上著墨較多。身負為這項計劃募款的重任，斯諾不時發表文章讓外界明瞭「工合」的進展和困境。[199]斯諾指出，「工業合作運動」計劃將在國府行政院的監督下執行，有「成千上百的民眾對此感到興趣，並渴望能在這個計劃中分到工作……」[200]。他在一封寫給宋慶齡的信中強調「工合」計劃的目的「主要是試圖在村鎮建立機動性的戰爭工業，可供作游擊武裝力量的補給站」，在日軍以都市為攻佔和摧毀目標的情形下保全中國的工業基礎。[201]

一九三九年九月，斯諾以「中國工業合作社」代表的身份第二度訪問陝北蘇區，視察「工合」在延安的發展現況，並和毛澤東進行了兩次對談，暢談了國內外的形勢和中共的觀點與政策，其中特別論述了歐洲戰爭爆發後的國際反法西

---

[199] Manuscript, "China's Guerrilla Industry," ca. 1939-1940; Folder 242; KC:19/1/4, The Edgar Snow Papers; University of Missouri-Kansas City Archives. 亦參見 Manuscript, "China's New Industrial Army," ca. 1939; Folder 241; KC:19/1/4, The Edgar Snow Papers; University of Missouri-Kansas City Archives.

[200] Letter, Edgar Snow to J. B. Powell, 8/28/38; Folder 12; KC:19/1/4, The Edgar Snow Papers; University of Missouri-Kansas City Archives.

[201] Letter, Edgar Snow to Soong Ching-ling, 11/27/38; Folder 12; KC:19/1/4, The Edgar Snow Papers; University of Missouri-Kansas City Archives. 斯諾透露「工合」已普獲毛、周等中共領袖和八路軍、新四軍的理解與讚賞。

斯陣線，和對日抗戰進入僵持階段後的中國政治格局。[202]他
在一九四〇年一月十三日和二十日的《密勒氏評論報》上，
經過毛的同意，發表了他們之間談話內容的全文。[203]

　　毛澤東曾經寫信給位在香港的中國工合國際委員會，明
白表示他對「工合」的支持與感謝。他認為「工業合作運動」
將有助於中國的抗戰行動，並殷盼像這類的工業合作社亦能
普遍設立在華北和西北的游擊戰區。[204]中共新四軍指揮官葉
挺表示「工合」可防止原料落入敵手，[205]紓解災民的困頓，
使游擊隊達到自給自足的地步；同時他也請求擴充現有的「工
合」規模，以造福皖南民眾，厚實抗戰基礎。[206]他曾寫信給

---

[202] 蔣建農，《走近毛澤東：一個外國人與新中國元首的交往》
（北京：團結出版社，一九九〇年）頁七十五至七十六；亦
參見黎永泰，《毛澤東與美國》（昆明：雲南人民出版社，一
九九三年）頁一二四。

[203] 黎永泰，同前揭書。

[204] Letter, Mao Tse-tung to Chen Han-seng, 9/25/39; Folder 89;
KC:19/1/4, The Edgar Snow Papers; University of
Missouri-Kansas City Archives.

[205] 葉挺（一八九六－一九四六）一九一八年畢業於保定軍官學
校，參加國民黨；一九二二年，於陳炯明叛變時帶兵助孫中
山夫婦脫險；一九二四年赴蘇聯學習，不久加入中國共產
黨；於一九二六年「北伐」時帶領國民革命軍第四軍獨立團
（該團為中共所掌握）立下不少戰功；參與過一九二七年的
「南昌暴動」和「廣州暴動」，此後流亡國外，直到一九三
七年抗戰爆發，回國擔任新四軍軍長；一九四一年「皖南事
變」後因案被關押達五年，經國、共雙方交涉後，於一九四
六年獲釋；同年，在由重慶飛往延安的途中因空難而喪生。

[206] Letter, Yeh Ting to Philippine Anti-Enemy Association and
Friends of the International Co-operative Center in Anhwei,

寧謨表達感謝之意，肯定「工合」對抗日游擊區的貢獻，並請求持續給與資助。[207]由此可見，中共對於斯諾等人為這場工業合作社運動積極奔走，是十分感激的。因為「工合」不僅厚實了中國持久抗戰的基礎，更有利於中共紅軍及其佔領區的補養和擴大。

斯諾在他的報導文章中強調「工合」屬於游擊式工業，強調機動能力和自給自足，一方面動員了無產無業者，另一方面保有了非城市據點的原料供應。[208]每個參加「工合」的工人都將成為自己的股東，並且擁有內部的投票權。[209]相反地，若在地豐沛的人力、物力不為中國所用，遲早終歸日軍所用，反而對抗戰不利。[210]總之，斯諾認為「工合」除了賦與中國持久抗戰的經濟基礎，同時也作為戰時的「教育和宣

10/10/39; Folder 89; KC:19/1/4, The Edgar Snow Papers; University of Missouri-Kansas City Archives.

[207] Letter, Yeh Ting to Helen Snow, 10/10/39; Box 1; Nym Wales Collection; Hoover Institution Archives.

[208] Edgar Snow, "China's New Industrial Army," ca. 1938-40; Folder 93; KC:19/1/4, The Edgar Snow Papers; University of Missouri-Kansas City Archives.

[209] Edgar Snow, "China's 'Guerrilla Industry,'" ca. 1938-40; Folder 94; KC:19/1/4, The Edgar Snow Papers; University of Missouri-Kansas City Archives.

[210] Snow, "China's New Industrial Army," *op. cit.*斯諾發表這篇文章的目的在讓讀者認識「工合」的理念、特性和目的，並呼籲各界給予中國「工合」以「慷慨和立即的」（generous and immediate）援助。文章顯示，國民政府一開始是支持「工合」的。

傳組織」。[211]他的這些構想和作為，在在都證明了他強烈的使命感———一種為了幫助中國人民完成反侵略、爭自由、奠民主、濟民生等目的的利他動機。

斯諾不只是幫「工合」寫寫文章或募募款而已。他的心思總是放在他所關心的受助對象上。他在一九三八年寫信寧謨的一封信中表示，他正設法幫新四軍籌募款項和醫療補給等相關物品，「如今已經有了一些成果」。[212]三年之後，當華北的中共游擊隊形同遭到國民黨軍隊的封鎖，外國各種經援和醫療物資因此無法進入該區時，斯諾更表示對這種情勢的發展感到憂心。[213]

斯諾一再透過文章，揭示紅軍在抗日戰爭中所扮演的重要性。他提醒讀者，中國戰區不光是只有重慶政府在對抗日本軍閥，也包括那些控制著中國北方各省的紅軍游擊武力。[214]後者戰力之所以不足，主因在「火力不足」，所以他建議美國當局應該重新檢討援華政策，切勿只是一味援助重慶政府，而棄華北等地的游擊抗日力量於不顧。[215]

---

[211] Edgar Snow, "Indusco Pioneers of the Northwest," 12/23/39; Folder 94; KC:19/1/4, The Edgar Snow Papers; University of Missouri-Kansas City Archives.

[212] Letter, Edgar Snow to Helen F. Snow, 8/12/38; Folder 12; KC:19/1/4, The Edgar Snow Papers; University of Missouri-Kansas City Archives.

[213] Manuscript, "Asia in the Fight against Fascism," 10/18/41; Folder 252; KC:19/1/4, The Edgar Snow Papers; University of Missouri-Kansas City Archives.

[214] Manuscript, "Guerrilla China," *op. cit.*

[215] *Ibid.*

　　由於重慶方面多所阻撓，以及國外募款之不易，斯諾對於中共游擊區能否得到足夠的資金用來發展「工合」持保留看法，但是他仍將不斷致力於宣揚「工合」的理念與成就。[216]事實證明，他為中國「工合」四處奔走募款和求援的努力未曾稍歇。他所引用艾黎的一段說明，相當能夠反映斯諾等人發起「工合」的心聲：該計劃的主要目的，質言之，便是「要把中國從征服者的手中拯救出來」。[217]無論如何，「工合」計劃一直得到宋慶齡和宋子文的鼓勵與支持，後者並表示若該計劃遭受國府抵制，他將盡一切可能提供援助。[218]在這種經費困難的情形下，無怪乎一九四〇年當羅斯福總統夫人同意領導「美國援助工合委員會」（American Committee in Aid of Chinese Industrial

---

[216] Letter, Edgar Snow to Mao Tse-tung, 9/30/39; Folder 89; KC:19/1/4, The Edgar Snow Papers; University of Missouri-Kansas City Archives. 隔年寧謨在寫給沃爾什（Richard Walsh）的一封信中卻又表示，國民政府對「工合」是相當支持的；不過她強調，「工合」如果能夠迅速發展起來，中國就可以避免內戰，而國民黨內的派系也能獲得整合。參見 Letter, Mrs. Snow to Richard J. Walsh, , 6/24/40; Box1; Nym Wales Collection; Hoover Institution Archives. 沃爾什，《亞洲》（Asia）雜誌主編（作家賽珍珠再嫁的丈夫），一九四二年以前擔任「美國援助工合委員會」首席執行委員。

[217] Edgar Snow, "Indusco Pioneers of the Northwest," 12/23/39; Folder 94; KC:19/1/4, The Edgar Snow Papers; University of Missouri-Kansas City Archives.

[218] Snow, "China's 'Guerrilla Industry,'" op. cit. 讀過紅星照耀中國，深受斯諾影響的英國駐華大使阿奇博爾德（Sir Archibald Clark-Kerr）甚至親自勸說蔣介石夫婦，直到他們承諾支持「工合」計劃為止。

Cooperatives）的時候，斯諾認為這「在接濟中國的記錄上是一大勝利」。[219]她後來擔任該會首席顧問；其他的顧問團成員還包括海軍陸戰隊副官卡爾遜、眾議員周以德（Walter H. Judd）、[220]學者拉鐵摩爾（Owen Lattimore）、報人亨利·魯斯（Henry Luce）等各界菁英六十餘人，[221]陣容浩大。[222]

「新四軍事件」（大陸稱「皖南事變」）發生後翌年，周恩來去函斯諾，說明八路軍和新四軍的艱難處境，希望斯諾在國共內戰一旦爆發時，能夠為這兩支部隊請命，尋求奧援。[223]從這封信的全文和附件可以看出中共方面對國、共合作的

---

[219] Letter, Edgar Snow to J. B. Powell, 2/25/40; Folder 16; KC:19/1/4, The Edgar Snow Papers; University of Missouri-Kansas City Archives.

[220] 周以德，本為美國醫生，一九二五年以美國公理會傳教醫師身份抵華，在華活動近十五年；返美後，當選眾議員，成為「中國遊說團」（China Lobby）的重要成員，立場傾向國民政府；一九四五年抗日戰爭勝利後曾再度訪華。

[221] 魯斯（Henry Luce，一八九八～一九六七）出身於中國的美國長老會傳教士之家，在中國接受啟蒙教育；一九二〇年畢業於美國耶魯大學；後為《時代》（Time）、《幸福》（Fortune）、《生活》（Life）等雜誌的創辦人。

[222] 不久，斯諾夫婦也加入執行委員的行列。參見 Letter, Helen M. Loomis to Mr. and Mrs. Snow, 6/3/41; Box 1; Nym Wales Collection; Hoover Institution Archives（按：寄信人 Loomis 也是「美國援助工合委員會」執行委員之一）。

[223] Letter, Chou En-lai to Edgar Snow, 5/18/42; Folder 18; KC:19/1/4, The Edgar Snow Papers; University of Missouri-Kansas City Archives. 此信附有一篇暫不發表，由周所擬就的聲明，預備讓斯諾於適當時機發表在英、美各主要新聞媒體以尋求援助。周在聲明中強調：「一切為著抗日

前景悲觀已極，甚至有全面決絕，不惜一戰的心理準備。從
另一個角度來看，中共顯然已經把斯諾當作「自己人」──
一個可以在危急存亡的時刻站在同一條陣線並且伸手援手的
美國朋友。中共這種對斯諾的信任和託付是有跡可尋的。當
一九三六年中共經歷數年艱苦長征，撤守至陝北時，斯諾正
是第一個突破種種不利情況來到陝北蘇區採訪的外國記者。
他們之間的患難情誼是經過考驗的。

　　不論是基於私誼或基於個人對中國政局的認知，斯諾當
然對於國民政府施加在共軍之上的打擊和壓迫不以為然。例
如，他在抗日戰爭結束前夕便表示，華北當初如果沒有新四
軍和八路軍奮勇抗敵，日軍早就如入無人之境而直趨南太平
洋了。[224]可見對他而言，中國「工合」的效果，不單是在幫
助中國人結合一切物資與人力來抗日，也含有美國希望牽制
日軍於中國戰場的國家利益考量。前者是斯諾辦「工合」的
出發點，後者也是他用來說服母國朝野人士支持中國「工合」
運動的論點。透過「工合」，不只使中、美兩國均互蒙其利，
也兼顧了理想和現實。事實上，國民政府、中共和美國政府
均不是這場工業合作社運動的發起者，而完全是包括斯諾在
內等「工合」推動者的自發行為──一種利人利己的善舉。
這種善舉或許基於義憤，也或許基於他們和中共黨人及其軍
隊的情誼。然而純粹就政黨利益論，推動「工合」並援助華

民族解放戰爭……。我們無條件要求美國幫助中國」
（Everything is for the anti-Japanese national liberation
war……We unconditionally ask for America's help to China.）。
[224] Rewi Alley, *Six Americans in China*（Beijing: Intercul, 1985）52.

北游擊戰區，獲利最大的當屬中共部隊，其次是美國，最後才是國民政府。難怪國府對此要三心二意了。[225]

斯諾認為美國在援助外國的同時，務必結合當地的民主力量，才能正本清源地遏制軸心國的侵略擴張：

> 如果國際民主是目標的話，貸款就應該拿去支持那些國家內部的民主機構。這些款項可以運用在中國的工業合作社以及與發展其內部市場、增加其購買力量和厚植民主的經濟根基相關的類似人民組織──而不在於剝削廉價勞力和原料，因而降低他們的生活水準。[226]

所以美國自己也必須避免走回帝國主義的老路。綜合斯諾的論點，他主張從事外援應該將眼光放遠，是雙向的互惠，不是單向的依賴或剝奪。外援有其戰略目的──不是殖民利

---

[225] *Ibid.*, 47. 由於遭遇到機器、原料、市場和職訓等方面的困難，「工合」事實上一直未能達到與地方經濟相結合的自給自足目標。加上國府並未全力配合或支持，於是在抗日戰爭結束前夕，由斯諾等人所發起的「工合」運動幾乎遭到徹底的失敗，但同時中共卻已在延安蘇區成功地建立了屬於他們自己的「工業合作社」。參見 Lyman P. Van Slyke, "Culture, Society, and Technology," *Dragon and Eagle: United States-China Relations: Past and Future*, eds. Michel Oksenberg and Robert B. Oxnam（New York: Basic Books, 1973）145.

[226] Edgar Snow, "The Political Battle of Asia," *Smash Hitler's International: The Strategy of a Political Offensive against the Axis*, by Edgar Snow, et. al.（New York: The Greystone Press, 1941）: 70-71; Folder 372; KC:19/1/4, The Edgar Snow Papers; University of Missouri-Kansas City Archives.

益之爭，而是制度和理念之爭。外援若能促使受援國家的經濟得到發展，美國的外銷市場也就能夠隨之擴大。

　　縱然斯諾有強烈的使命和遠大的理想，「工合」仍因為各種主、客觀因素的影響，未能獲致應有的成功，而美國在中共在建政初期前後，也未能和這個崛起自中國本土的新政權建立起更緊密的同盟的關係。美國三大斯諾傳記作家之一的托瑪斯教授認為，斯諾所大力推展的中國「工合」運動，是諸多西方人試圖改良中國而遭受挫敗的例證之一，「它表現出美國人那種利他的、家長式的（altruistic-paternalistic）特點，以及由此所產生的『幫助』中國的衝動。」[227]斯諾這種「『幫助』中國的衝動」，即是他的「天賦使命」。總之，他在國民政府時期的中國，雖然曾經遭遇過一些文化和政治上的衝激與挫折，然而透過任教、採訪、報導、寫作、學運和「工合」等活動，他的「天命」還是得到了一定程度的發揚與實踐。然而令人感到諷刺的是，它的直接後果，正如許多反共人士所批評的，是成全了一個完全與美國傳統政治文化價值或美國信條背道而馳的中國共產政權。

---

[227] S. Bernard Thomas, *Season of High Adventure: Edgar Snow in China*（Berkeley: University of California Press, 1996）7.

第四節　嚴以律「國」的「天命」特質

　　本節將以回顧斯諾自一九二八年抵華以來至中共建政前夕的所作所為，來綜合闡釋其角色和理念特質，並配合行文需要，適時補充一些他所經歷過的重大事件與重要人物。吾人將發現，斯諾基於「天命」，對於國民政府的要求和批評是比較嚴苛的。

壹、獨家報導與職業道德的份際

　　「中原大戰」爆發前一年，國民政府內部汪精衛為首的左派與代表南京中央政府的蔣介石之間的矛盾愈演愈烈，[228]另有馮玉祥、閻錫山等勢力掣肘於河北、山西一帶，時任東北邊防軍司令長官的張學良的動向遂大受矚目。[229]斯諾趁著春夏期間鐵路之旅（京瀋、瀋哈段）之便，訪問到了張學良，

---

[228] 江精衛（一八八三－一九四四）早年留學日本，加入「同盟會」；一九一○年因行刺清攝政王載灃，被捕下獄；武昌起義獲釋後，歷任國民黨內要職；一九二五年孫中山總理逝世後，擔任國民政府主席兼軍事委員會主席；一九二六年寧（蔣介石領導的右派南京政府）、漢（汪領導的左派武漢政府）分裂；一九二七年七月寧、漢合流；「中原大戰」後，與蔣分掌國府政、軍大權；一九三七年出任國民黨副總裁；一九三八年十二月發表〈豔電〉，對日主和；一九四○年三月擔任日本佔領區內的「南京政府」主席兼行政院長；一九四四年三月赴日就醫，十一月病死於日本。

[229] 傅虹霖，《張學良與西安事變》（台北：時報文化，一九八九年）頁七十四至七十六。

取得了這個具有相當獨家性的新聞。霍華德聞訊之後表示，根據過去和其弟共事的經驗，斯諾雖然常常會為了工作而廢寢忘食，但是總能夠「充分運用他的旅程」，適時出現在新聞熱點的最前線。[230]

不過，斯諾對於為了製造獨家新聞而編造事實或穿鑿附會的行徑感到十分不齒。他曾在家書中嚴辭批判了一個靠著吹噓中國經驗來增加自己財富和知名度的美國記者。據斯諾的講法，這個美國人自稱在中國內地遊歷時曾經遭受土匪的襲擊，儼然以英雄自居，不僅杜撰了身上的槍傷，還在宣稱一介不取的同時，和各種政治勢力同流合污，拿了不少好處。[231]斯諾把種這種「偽君子」（tartuffe）比喻為一塊「海綿」（sponge），並且不解何以媒體將這塊海綿捧為「世界頂尖的流浪者」。[232]對斯諾而言，記者除了爭取新聞獨家，也應該懷有獨立的見識與道德良知。[233]

斯諾個人從來不把累積財富當作人生唯一且最重要的追逐，雖然他一生經常為收入不足所苦，但至少總能勉強維持小康生活的局面。他在一封信中提起自己在上海的新聞寫作

---

[230] Letter, Howard Snow to Anna Catherine Edelmann, 7/12/29; Folder 20; KC:19/2/1, Claude Mackey Collection; University of Missouri-Kansas City Archives.

[231] Letter, Edgar Snow to James E. Snow, 11/3/29; Folder 22; KC:19/2/1, Claude Mackey Collection; University of Missouri-Kansas City Archives.

[232] *Ibid.*

[233] 蕭乾，〈斯諾精神：紀念斯諾逝世二十周年〉，《人民日報》（一九九二年七月三日）：第八版。

計劃時說道：「坦白講，這兒賺錢的機會多的是，但這並不是吸引我來東方的原因，也不是將會使我留在這裡的原因。」[234]

貳、念舊性格與自我實現

斯諾好交朋友，但也十分念舊。他和親朋之間不時魚雁往返，互餽小禮以表思念，關心彼此的近況。他把一段美好的友誼看作是人生的成就之一。[235]由於極為重視友誼，他一度稱自己是個「荒謬的多愁善感者」。[236]

他表示在遇見寧謨以前，似乎並沒有令他特別心儀的對象。他一直都在努力工作，為的不是任何他所愛慕的女子，而是為了能夠「實現自我」（self-realization），但是他強調，如果沒有家人的打氣，這些都是毫無意義的。[237]一九二九年下半年，《密勒氏評論報》主編鮑威爾走訪中國東北期間，斯諾在多封家書裡明顯表露了他的思鄉之情，也證明了他和父母兄姊間一向融洽的家庭關係。他表示，如果不是受託暫代鮑威爾所留下的繁雜業務，如果不是他個人的寫作工作也還

---

[234] Letter, Edgar Snow to Horace Epes, 10/25/31; Folder 3; KC:19/1/4, The Edgar Snow Papers; University of Missouri-Kansas City Archives.

[235] Letter, Edgar Snow to Anna Catherine Edelmann, 11/12/29; Folder 22; KC:19/2/1, Claude Mackey Collection; University of Missouri-Kansas City Archives.

[236] Letter, Edgar Snow to Anna Catherine Edelmann, 12/19/29; Folder 22; KC:19/2/1, Claude Mackey Collection; University of Missouri-Kansas City Archives.

[237] *Ibid.*

沒告一段落，他或許願意儘快飛奔回美國與家人團聚。年底，
鮑氏回到上海，斯諾終於卸下重擔，並離開《密勒氏評論報》，
轉而擔任美國報業聯社（the Consolidated Press）的通訊記者，
從事他所喜愛的自由撰稿工作（free-lancing）。[238]總而言之，
他在整個一九二九下半年充分體會到了時間、親情、友誼，
和自由寫作對他的重要性，同時希望能有更多的時間讓他深
入瞭解中國並研讀相關的作品。這種念舊的性格日後亦在他
和中共黨人的交往和接觸上得到體現。這多少可以解釋他何
以一向不忍對建政後的中共政權痛下針砭。而自我實現的成
就衝動則相對地體現在他批駁國府施為和幫助中國抗日等積
極行動上。

參、為弱勢打抱不平

斯諾覺得在日本佔領區治下的住民無疑會「過得好些」，
然而他也點出了一個道德上（ethical）的問題：「難道有任何
國家有權利去接收另一個國家的土地、財產和政府，只因為
後者是無可救藥地無能嗎？」[239]從這段文字研判，斯諾顯然
在態度上已和當政的國府愈行愈遠，對之不抱希望；從另一
個角度看，他堅信一個國家必須保持自身獨立完整，不應該

---

[238] Letter, Edgar Snow to James E. Snow, 12/13/29; Folder 22; KC:19/2/1, Claude Mackey Collection; University of Missouri-Kansas City Archives.

[239] Letter, Edgar Snow to Anna Catherine Edelmann, 12/7/31; Folder 3; KC:19/1/4, The Edgar Snow Papers; University of Missouri-Kansas City Archives.

受到他國的侵犯。也就是說，一個國家或民族將其意志和欲念強加在其他國家或民族之上的作法，在道德上是站不腳的。

採訪過中國北方饑饉的場面之後，斯諾變得更加同情廣大的中國基層百姓，對當政的國民政府愈來愈不再懷有期待。根據斯諾抵華之後的言行，吾人可看出他常懷有一種路見不平的義氣，尤其是當「好人」受難時。一九二九年底他在一篇報導中國水患的文章中便如此寫道：

> 我回到中國已經有好幾個月了，我愛她，同時也深深地為她感到悲哀。我在中國看到如此深重的苦難，其中有許多滲透到我的血液裡了。也許因為我還年輕，這一方面的感觸要比別人深，這些苦難使我悲痛和不安。在中國農民的身上，往往可以看到美好的品德和堅強的性格。在我看來，具有這種美好品德和堅強性格的人，理應從大自然和社會得到更好的待遇。我認為，我們應該盡一切努力，使他們恢復生存的希望。[240]

他對中國人民的同情與關愛在這段文字當中表露無遺。這顯示他是一個情感豐富的人，其內心似乎存在著一種強烈的道德秩序，一旦這種道德秩序被破壞，他就會力圖「撥亂反正」。就一個記者而言，只要完成客觀且公正的報導，就算盡了本分，可是斯諾卻經常在他的報導文章當中加入個人主觀的評

---

[240] Edgar Snow, "In the Wake of China's Flood," *The China Weekly Review* （January 23, 1932）: 245; Folder 363; KC:19/1/4, The Edgar Snow Papers; University of Missouri-Kansas City Archives.

述，意欲喚起讀者，造成輿論影響。這可能是他的自由撰稿身份和廣告文案業務背景使然，讓他經常有機會發表評論性的報導文章，而不自限於轉述性的新聞報導工作。總之，這種想要「撥亂反正」，甚至「濟弱扶傾」的秩序感正逐漸在他的內心發酵，終究使他做出許多超出記者本份的「善舉」。

肆、新聞自由與民主政治

「一二・九」學運前夕，美國開始有人謠傳斯諾已經「投共」或者變成了「左派份子」。鑑於這種顯然不利於他在美國的名聲和出版機會的流言，斯諾斬釘截鐵地替自己辯解。他表示自己從來「不隸屬於任何的政治組織」，更別說加入共產黨成為黨員。[241]他覺得自己在中國的所作所為，不過是在落實他的理念——一套與美國開國先賢所揭櫫的政治理想相互呼應的理念——重視並保障個人的機會平等以及集會、新聞和言論等個人自由。[242]

他一再表示對於所謂「新聞檢查」的反感，不論這種箝制的動作是來自國民政府還是日本軍方。[243]他身為一個負責報導新聞事件的記者，自然需要公權力的尊重，因為這代表

---

[241] Letter, Edgar Snow to Howard Snow, 7/20/35; Folder 15; KC:19/3/1, Howard Snow Collection; University of Missouri-Kansas City Archives.

[242] *Ibid.*

[243] Letter, Edgar Snow to Mrs. William Brown Meloney, 11/18/34; Folder 4; KC:19/1/4, The Edgar Snow Papers; University of Missouri-Kansas City Archives. Mrs. Meloney 時任《紐約先驅論壇報》週日版主編。

言論自由的一環。

　　一九三一年九月，斯諾和其他五位外國記者到中國東北採訪，他們一致對於國府官員暗地針對他們所發送的報導新聞檢查甚至歪曲的作法感到「特別憤怒」。[244]斯諾並且向南京的外交部提出「強烈的抗議」。他認為這些「愚笨」官員的處處掣肘反倒使得中國失去了讓外界瞭解中國東北真相的良機。[245]一九三六年二月，斯諾受邀參加「平津新聞學會」的成立大會。他在會中再度振振有詞地痛批中國當局的新聞檢查制度：

> 吾人敢斷言，世界任何國家的民眾，其政治自由與社會自由的根基，是建築在報業獨立的原理上。新聞事業受著檢查制度的縲縛，受著威嚇，受著強迫而代人宣傳，這種民族不算是自由的民族。
>
> 一個國家的民眾，只能聽取官方的意見，受著替他們底利益打算的宣傳，這種國家不能是一個有力的，向前瞻望的，向前進展的國家！……一個民族，其新聞事業自由而獨立，竭誠為人類的尊嚴，行為與教導而努力，則她是不會被征服的──無論是外侵的帝國主

---

[244] 除了斯諾，這些記者分別來自美聯社（A.P.）、合眾社（U.P.）、《芝加哥論壇報》、《芝加哥日報》（*Chicago Daily News*）、《紐約先驅論壇報》（*New York Herald-Tribune*）等新聞機構。

[245] Letter, Edgar Snow to Horace Epes, 11/22/31; Folder 3; KC:19/1/4, The Edgar Snow Papers; University of Missouri-Kansas City Archives.

義者或是專橫的國家獨裁者。獨裁與侵略，在言論自由所激起的空氣之中是難存在的。解放新聞，對於民眾是衛生而富於營養的，對於獨裁者與侵略者則是有毒的。[246]

他認為國民黨當局目前的作法不但遮掩不了事實，反而引起了輿論的反感，因為「威嚇，壓迫或是限制外籍記者之盡忠於其工作，只能使他們對於此輩人物或其黨派失卻信仰與好感。」[247]斯諾的反應是可以理解的，因為新聞自由一向被美國人視為民主的基本要素之一。研究民意的學者瑞弗（William L. Rivers）即指出：

很清楚地，開國先賢們把告知人民視為民主的一項功能。但是他們也小心地避免建立一種官方的消息系統。相反地，他們將這項消息告知的功能移交給新聞界。實際上，新聞界——私營的，不受官方控制的——已經被併入民主政府的機制當中。[248]

既然對外，斯諾要求絕對的新聞自由，那麼對內，他如何要求自我呢？首先，他以獨立自主的報導立場自期。他表示，像西安事變這樣的危機事件，路透社的報導「並不是很

---

[246] 〈施樂君論解放新聞〉，《北平晨報》（一九三六年二月九日）：第六版; Folder 553; KC:19/1/4, The Edgar Snow Papers; University of Missouri-Kansas City Archives.

[247] 同前注。

[248] William L. Rivers, *The Opinionmakers*（Boston: Beacon Press, 1965）3.

可靠」，因為他們「堅決地表達南京官方的觀點」，他同時認
為美聯社也犯了相同的毛病。[249]其次，斯諾以一介不取的記
者風骨自期。例如他指出一個在路透社擔任駐南京特派記者
的中國人，可能和國民黨高層十分熟稔，其收受賄賂的事蹟
早為外界所熟知。[250]當時確有一些外國新聞媒體「為了生存」
而不惜接受中國當局的利益交換，以致扭曲事實真相，斯諾
對此感到憂心。

　　然而根據史實，吾人發現斯諾自從「覺醒點之旅」後確
實愈來愈站在批判國府和同情中共的立場。[251]那麼他對於自

---

[249] Letter, Edgar Snow to L. M. MacBride, 1/5/37; Folder 11; KC:19/1/4, The Edgar Snow Papers; University of Missouri-Kansas City Archives.

[250] *Ibid.*

[251] 一九二九年的中國西北鐵路之旅當中，令斯諾印象最為深刻
的就是內蒙古薩拉齊地區多達二十餘萬的旱澇災民，他們衣
食無著，急需外界伸出援手，於是引發他強烈的同情心和對
國民政府當局的不滿。他後來自稱這段經歷是其覺醒點：「在
（中國）西北那個地方，我目睹了成千上萬的兒童死於饑
荒，那場饑荒最終奪去了五百多萬人的生命。這是我一生中
一個覺醒的起點。在很長的時期內，我見識過各種戰爭、貧
困、暴力和革命的慘象，這一情景是最令我震驚的一
幕……。」（There in the Northwest I saw children dying by the
thousands in a famine which eventually took more than five
million lives.　It was an awakening point in my life and
remained the most shocking of all my experiences with war,
poverty, violence and revolution. . . .）參見 Snow, *Journey to
the Beginning, op. cit.*, 3. 六十三年後，薩拉齊鎮豎立起一座
斯諾的雕像，上面即由內蒙古自治區主席布赫題詞：「覺醒
點」；參見錢詠虹，〈斯諾雕像在薩拉齊鎮落成〉，《人民日報》
（一九九二年十一月二十八日）：第四版。

己「親共」的報導立場又將作何解釋呢？

從第一個標準——獨立自主——來衡量，以政治光譜術語來說，他的態度及報導立場似乎屬中間偏左色彩，然而與其說他是故意和國府唱反調，又何嘗不能說他是基於平衡報導的理念，而試圖打破國府介入大眾傳媒影響視聽的現況？從第二個標準———一介不取——來看，沒有證據能夠顯示斯諾接受過中共方面的好處，反倒是有若干例子顯示他非常重視利益迴避的原則。[252]嚴格說來，他從中共那裡得來的唯一「好處」，是他有關中共實況的第一手報導，因為這些報導相對於當時的新聞檢查和政治氣氛而言，全部都是獨家，因而使他一夕成名。雖然獨家報導一向是新聞記者的最愛，但是斯諾的這些獨家報導顯然都不是買來的。他曾對父親表示，作為一個新聞記者，他的公信力完全來自於個人對「精確」、「誠實」和「呈現事實」的執著。[253]然而持平而論，姑且不論受訪對象是否為正義的或者值得同情的一方，一個真正完全持獨立客觀立場的記者，仍應設法在報導和宣傳之間掌握分寸，小心拿捏。舉例來說，斯諾的*紅星照耀中國*雖然為他來了名利和掌聲，但也造成極大的爭議，為他帶來一生揮之

---

[252] 早年斯諾擔任上海《密勒氏評論報》代理主編，在公開回答一封讀者投書時曾強調，密報雖然關注和同情中國的政治變遷，但從未收受過任何中國官員的資助，如果有這等情事，他願意辭職以明志；參見 Letter, Edgar Snow to En Kung, 9/28/29; Folder 360; KC:19/1/4, The Edgar Snow Papers; University of Missouri-Kansas City Archives.

[253] Letter, Edgar Snow to James E. Snow, 3/5/40; Folder 16; KC:19/1/4, The Edgar Snow Papers; University of Missouri-Kansas City Archives.

不去的夢魘，其關鍵或許在此。

　　除了新聞自由是斯諾所執意追求的理念外，民主與人權也是他的關切所在。在國民政府時期，斯諾認為中國缺乏民主，而且不像美國擁有悠久的選舉制度以呼應民意的需求，因而中共紅軍的崛起無疑是中國百姓對國府的一種不信任投票。[254]吾人或許會對斯諾報導和支持「造反者」的言論及作法感到相當困惑與不能諒解。然而對許多深受歐美近代憲政民主思潮影響的西方人而言，造反有理加上大眾支持便是革命，造反無理加上大眾反對便是叛亂。[255]揆諸歷史，美國人的祖先不也是向英國人「造反」才得以成立自己的政權。所以從斯諾的各種言行推知，對他而言，「造反」顯然並不意味著先入為主的「大逆不道」，反倒是「事出有因」了。論者或許也會批評，斯諾的報導和言論對於鼓動風潮產生了一定程度的影響，使得輿論轉向，群眾投身中共陣營者日增，導致國共勢力消長。如果這種講法成立，那麼斯諾的影響力真是不可小覷。可是「造反」並非一兩個人的事，它多少也因為政治和社會的時空背景提供了足夠的條件有以致之。[256]

---

[254] Letter, Edgar Snow to Howard Snow, 7/20/35; Folder 15; KC:19/3/1, Howard Snow Collection; University of Missouri-Kansas City Archives.

[255] 影響美國開國先賢甚鉅的英國政治哲學家 John Locke（一六三二－一七〇四）即認為革命有其道德權利（the moral right of revolution）。參見 George H. Sabine and Thomas L. Thorson, *A History of Political Theory*, 4th ed.（Fort Worth: Harcourt Brace College Publishers, 1973）493-94.

[256] 有論者指出，斯諾同情弱者，反對日本和西方的帝國主義；

　　斯諾偶爾也幫別人寫寫書評。有次他借用作者書中的一句話，來當作該篇書評的結語：「美國務必在不影響中國行動的情形下幫助她達成經濟效能，不論這種影響是經濟式的還是政治上的帝國主義。」[257]這段文字應該相當能夠反映斯諾的心聲。也就是說，他有幫助中國的古道熱腸和「天命」，但絕不奢想中國會因為接受他的「幫助」，就必須對他言聽計從。從來斯諾皆以此自許，亦以此期許於美國當局。他一向認為，美國與其靠宣傳或干涉他國內政的方式來要求對方仿效其民主的生活模式，不如反求諸己，先照顧好自己的人民再說。[258]

　　除了一九二九年春夏間的鐵路之旅和西安事變前夕的陝北之行，斯諾抵華後理念上的轉變主要深受孫中山遺孀宋慶齡的影響。他對宋的推崇，不僅是基於人格的景仰，更是基

當他覺得國民政府的改革無望時，便開始同情「中共」這群革命者。參見 Robert P. Newman, "Season of High Adventure: Edgar Snow in China," *The Journal of American History* 83・4（March 1997）：1464-65. 有關中共取得政權乃導源於中國內部自發的因素，請參見黃枝連，《替天行道之國——美式文明在亞太地區的移植》（台北：人間出版社，一九九四年）頁三三〇至三三一。

[257] Manuscript, Book review of *China, The Land, and the People* by Gerald F. Winfield, 12/11/48; Folder 267; KC:19/1/4, The Edgar Snow Papers; University of Missouri-Kansas City Archives.

[258] Maung Thumana, "Reporter of the World," ca. 1948; Folder 554; KC:19/1/4, The Edgar Snow Papers; University of Missouri-Kansas City Archives.

於情感和理念的認同。早在他一九三一年接受《紐約先驅論
壇報》指派採訪宋之前，即在《密勒氏評論報》上撰寫有關
她返華的報導。該篇報導指出，宋具備平等與博愛觀，在中
國革命當中，她才是真正繼承孫中山遺志，和人民站在一起，
能為信念犧牲而在所不惜的人。[259]根據斯諾的講法，曾受美
國教育和基督教義的薰陶的孫夫人在推動實現孫中山的政治
理想上一直不遺餘力，也「教導」了他很多事，包括如何「觀
察，傾聽，和尊重一般中國老百姓」，並且通過這些老百姓來
瞭解當政者的施為，而不是儘聽政府的一面之詞，所以他覺
得她是中國浴火重生的象徵：

> 我們可以說，她是密切連繫美國最佳民主傳統和現代
> 中國之間的化身……。我懷疑她對自己同胞的深刻同
> 情乃起源自其青年時期在基督教理想方面的訓
> 練……。在東方，沒有人比她更一貫擁護基本人權，
> 讓人從一切奴役形式中解放出來。然而她真的不是政
> 客；她對做官毫無興趣，也從未運作爭取任何公職。[260]

---

[259] Edgar Snow, "The Return to China of Madame Sun Yat-sen,"
The China Weekly Review （June 8, 1929）: 47; Folder 360;
KC:19/1/4, The Edgar Snow Papers; University of
Missouri-Kansas City Archives.

[260] Remarks by Edgar Snow, "I Heard the Chinese People,"
7/11/49; Folder 170; KC:19/1/4, The Edgar Snow Papers;
University of Missouri-Kansas City Archives. 斯諾認為宋繼
承三民主義的理想，為促進人類的相互友愛（a closer
brotherhood of man）而奮鬥不懈。

　　本研究發現，斯諾在採訪獨家的過程中，因緣際會，逐漸地昇華了他個人的利他情操。當然，斯諾絕不可能一開始來到中國就是個「天命信差」。他是在經過一番閱歷之後，才把這種彌賽亞式的使命感發揮到極致的。因此，撇開國、共兩黨的立場不論，吾人站在斯諾作為一個天命信差的初心，和他忠實反映三〇年代中國人民所思所言的角度來看，斯諾被封為中國的友人，或許是當之無愧。

　　一九四一年二月，斯諾在《紐約先驅論壇報》發表一篇有關新四軍事件的報導，遭到國府取消在華採訪的權利，被迫離開中國。四月，他在《今日中國》（China Today）月刊撰文抨擊國府治下的中國民主現況。他表示不相信國民黨真心想推行民主，也不相信國民黨所開出的民主支票，他認為國民黨所推行的民主徒具形式，僅屬有限的民主，缺乏民意基礎，其目的不過在強化其一黨之專政。[261]在公憤和私怨的催化下，在他的心目中，國府的統治正當性日益低落，而中共正是唯一足以和國民黨當局抗衡的「民主」力量，也是真正代表中國人民的，有理想的政治團體。有論者以為國府未能成功地對外界展現其民主企圖，在新聞宣傳上吃了大虧，「等到政府一心指望西方人士相信國民黨推行民主政治的誠意和決心，為時已經太晚。對許多美國駐華官員和西方記者來說，

---

[261] Edgar Snow, "The Kuomintang and the Bureaucracy," *China Today*（April 1941）: 5-6; Folder 372; KC:19/1/4, The Edgar Snow Papers; University of Missouri-Kansas City Archives. 斯諾舉國民大會和地方官員為例，其選舉和任免實際上仍由黨來指揮和操控，人民對此幾乎無從置喙。

最後才傳到他們耳中的正義呼聲似乎只是政府對共黨的反駁而已。」[262]這剛好可以反推斯諾對「天命」的在乎。在他眼裡，蔣介石所領導的國民政府似乎愈來愈像一個違背「天命」的獨裁政權，是他欲必去之而後快的「法西斯」。

綜觀斯諾在國民政府時期的中國所扮演的角色，本文初步認為他具有三重的身份：一是中國苦難的「見證者」及為了打破和改善這種局面的「參與者」，二是爭民主、反獨裁、反侵略理念的「宣揚暨實踐者」，三是作為影響美國當局對華政策的「獻策者」。

雖然中共黨人是堅定的馬克思主義信徒，在意識型態的理念和作法上和美式民主多所不同，然而和令斯諾失望的國民黨政權相較，中共領袖所散發出來的平易魅力和其所宣揚的許多政治訴求，似乎與他的美國政治文化背景相近。一言以蔽之，吾人可將斯諾自一九二八年至一九四九年這個階段歸結為「由近國到親共」的認同轉變過程，其內在邏輯有二：一是誰反映了大多數中國人民的意志，誰就代表了中國；二是誰真正具有推行民主和保障基本人權（　如美國憲法修正案中「權利法案」所揭櫫）的誠意和決心，誰才是最值得擁戴的政權。斯諾這兩個內在邏輯到了中共建政以後卻逐漸生出矛盾，他勢必要在二者之間作出抉擇。這便是筆者下一章

---

[262] 趙怡，〈美國新聞界對中國戡亂戰爭報導之研究〉（台北：黎明，一九八五年）頁十；亦參見陳毓鈞，《戰爭與和平：解析美國對華政策》（台北：環宇出版社，一九九七年）頁六十三至六十四。

要探討的重點。[263]為了方便討論起見，本文姑且將前者設定
為斯諾的「天命」第一邏輯，將後者設定為他的「天命」第
二邏輯。

---

[263] 托馬斯指出斯諾的中心思想在於美國應在世界上扮演適當
的角色。他將斯諾個人的特質分成幾個方面探討：一、信仰
民主與人權，反對壓迫與貧窮；二、重視人道精神及平等尊
重；三、具有強烈的國際主義精神；四、具有獨立的精神，
道德及勇氣，以公正報導事實；五、精通馬克思學說；六、
有強烈的探索精神；七、有值得信賴的誠實性格。參見 Ling
Yang, "Snow's 'Red Star' Holds Lasting Appeal," *Beijing
Review* 31．38 （September 19, 1988）：29.

第四章　雙重理想的失落與調適，
一九四九至一九七二年

　　一九四五年日本戰敗，於八、九月間陸續向蘇聯、美國、中國投降。[1]中共坐大之勢已成，短短四年，席捲中國大陸，取得政權，國民政府退守台灣。斯諾面對這樣的變局，和拉鐵摩爾一樣，認為：

> 中國不是、而且也不可能是被任何美國人所「出賣」的。
> 中國從來不曾是我們可以出賣的東西。它在四十年代不
> 曾屬於我們，就像它今天也不屬於俄國一樣。中國的革
> 命並不是發生在一個與外界無關的真空中，但是它始終
> 是中國歷史的產物，外界的影響只是次要的。[2]

　　他在這裡重新肯定了「天命」第一邏輯。而這也和他長期以來不以白人意願（如西方帝國主義）強加在中國人民頭上的態度和理念是一致的。中共的建政，經過這個邏輯的解讀，不過就是像進行了一次全國普選一般——中國有了最新的民意，她的合法性是不容他國置喙的。此時，「天命」第二

---

[1]　郭廷以，《近代中國史綱（下冊）》（香港：香港中文大學，一九八六年）頁七一五。

[2]　Edgar Snow, *Journey to the Beginning* (New York: Random House, 1958) 413.

邏輯，這個斯諾用來向國民黨政權窮追猛打的武器，包括人
權、民主、新聞自由等理念，仍然有待中共執政之後的政績
檢驗。然而斯諾似乎一開始就對此不抱期待。這當中牽涉到
國際上的客觀因素，也涉及了中共政權本質的因素（關於這
點，斯諾並非完全不瞭解）。無論如何，斯諾的「天命」仍在，
不過在作法和策略上，已經有所妥協。中共愈是在內政施為
上不如意，斯諾愈是只能防守退卻。本章即在探討這種雙重
「天命」邏輯的矛盾與困境，以及斯諾如何在這種矛盾與困
境中尋求出路。

第一節　共產中國時期訪華的時空背景和意義

　　一九四九年中共建政前夕，毛澤東宣示向蘇聯「一邊倒」。
[3]一九五〇年六月，韓戰爆發。十一月，中共軍隊越過鴨綠江，
與美軍正面作戰。美國開始對中國實施禁運制裁，西歐盟邦也
跟進，形成中國更加依賴蘇聯的局面，中、美關係陷入緊張。
[4]韓戰過後，中國大陸需要一個穩定和平的環境來發展經濟，

---

[3]　陳永發，《中國共產革命七十年（上）》（台北：聯經，一九
　　九八年）頁五二八至五二九。在以蘇聯為首的社會主義陣營
　　與以美國為首的資本主義陣營尖銳對立的背景下，毛澤東為
　　了「保障人民革命勝利成果和反對內外敵人復辟陰謀」，決
　　定採取「聯蘇制美」的戰略；亦參見宮力，《毛澤東與美國》
　　（北京：世界知識出版社，一九九九年）頁十。

[4]　張連康譯，《周恩來與現代中國，一八九八～一九七六》，韓
　　素音原著，*Eldest Son: Zhou Enlai and the Making of Modern
　　China, 1898-1976*（台北：絲路出版社，一九九五年）頁二
　　五四。

並開始她第一個五年計劃；當時，在台灣問題上，美國依然支
持國民政府，並繼續與其盟國如戰後的英國、日本合力對中共
實施貿易制裁。[5]在這種情勢之下，中共政權除了繼續其「親
蘇」路線之外，一九五五年四月在印尼萬隆（Bandung,
Indonesia）舉行的「亞非會議」可看作其推行和平共處外交的
顛峰，[6]亦可視為中、美兩國國際政治較量的舞台。[7]此後兩國
即展開一連串日內瓦和華沙的大使級會談，這些會談可說是這
段時期中美兩國之間唯一溝通和聯繫的管道。[8]

　　一九五三年蘇聯領導人史達林（Joseph Stalin）去世，中
蘇共雙方開始有了意識型態上的齟齬。[9]先是赫魯雪夫（Nikita
Khrushchev）譏諷嘲笑中國一九五八年的「大躍進」和人民
公社化運動，然後是中、蘇雙方爆發激烈的外交口角，乃至

---

[5]　陶文釗，〈有張有弛：1954~1958 年的中美關係〉，《美國與
　　近現代中國》，陶文釗、梁碧瑩主編（北京：中國社會科學
　　出版社，一九九六年）頁一八六。

[6]　會中周恩來提議展開中、美雙邊談判。這項談判終於在一九
　　五五年八月一日於瑞士日內瓦（Geneva, Switzerland）實現，
　　一九五八年以後則改在波蘭華沙（Warsaw, Poland）舉行。
　　參見盧子健，《一九四九年以後中共外交史》（台北：風雲論
　　壇出版社，一九九〇年）頁四十四。

[7]　陶文釗，前揭書，頁一九四。

[8]　尹慶耀，《中共外交與對外關係》（台北：中華民國國際關係
　　研究所，一九七三年）頁一四二至四三。

[9]　一九五六年二月，蘇共領導人繼任者赫魯雪夫在蘇共「二十
　　大」上批判史達林，揚棄個人崇拜和暴力革命路線與。參見
　　Roderick MacFarquhar and John King Fairbank, eds., *The
　　Cambridge History of China, 1949-1965*, Vol. 14（Cambridge:
　　Cambridge University Press, 1987）284-85.

蘇聯片面決定撤回援華技術人員、廢止契約合同，並且不再提供中共建設所需的設備和零件，使得一九六〇年以後的兩國關係雪上加霜。[10]相對地，儘管中共和美國之間敵對的態勢不變，卻似乎出現了某種緩和的徵兆。一九五七年四月二十日，雖然美國國務院在許多盟邦要求放鬆對中共禁運的情形下，仍表示將持續對中國大陸的貿易管制和禁運措施，但基本上已經同意讓一些用於「和平用途」的物資不受到禁運的限制。[11]

即使在五〇年代末期這種微妙的國際情勢中，美國和中共政權之間一直並沒有正式的外交往來。雖然當時中共出於政策的考量，大抵不接受美國記者來訪，但是斯諾基於對中、蘇問題的敏銳判斷，仍然寫信給毛澤東和周恩來，詢問讓他訪問中國大陸的可能性。[12]有一說認為，擔任過記者的毛澤東，深知記者的特性與期待，所以特別允許斯諾以作家的身分抵華訪問。[13]然而毛身為中共政權的領袖人物，在中、美關係「不正常」以及國內反美反帝聲浪高漲的情況下，不會不知道同意讓一個與他們有著深厚淵源的美國「作家」來訪的意義。以後見之明觀之，毛、周等中共領導人有意透過斯諾，

10　陳永發，《中國共產革命七十年（下）》（台北：聯經，一九九八年）頁七三六和頁七四一。

11　Paul E. Zinner, ed., *Documents on American Foreign Relations 1957*（New York: Harper & Brothers, 1958）345.

12　馬佑增，〈毛澤東與外國記者〉，《毛澤東外交思想研究》，裴堅章主編（北京：世界知識出版社，一九九四年）頁三二二。

13　同前揭書。

一方面向美國傳遞迂迴的外交訊息，一方面瞭解美國朝野當前的想法。斯諾自己也十分積極，自願扮演起「信差」的角色。一九六〇年，幾經美國國務院阻撓，他終於透過管道，以中共所能接受的「作家」身份（而非以記者名義），首度在中共建政之後訪問中國大陸。他是第一個捕捉到中共政權治下人民實況的美國記者。[14]

　　一九六〇年甘迺迪（John Fitzgerald Kennedy，一九一七－一九六三）擊敗反共最力的尼克森，隔年入主白宮，斯諾曾為此感到欣慰，認為甘迺迪將會大力拓展與中國的關係，然而結果卻令他大失所望。[15]一九六四年以前正是美國逐步昇高越戰的時期，中共與美國的關係持續緊張。事實上，此時中、美關係正常化的時機並未成熟，主要原因在於美國認定

---

[14] *Foreign Relations of the United States, 1958-1960: China*, Vol. 19（Washington: United States Government Printing Office, 1996）695. 中共方面除了表示「已經放棄先前的立場，同意不需經雙方簽訂協議，便可發簽證給記者斯諾」（has abandoned its previous position on need for signed agreement between two sides by issuing visa to correspondent Edgar Snow），也表示樂見中、美從事記者交流活動，並特別指出：斯諾雖然自稱以作家而非記者身份訪問中國，但在《展望》（*Look*）雜誌發行人的要求下，他在美國早就「已經獲准取得記者身份的有效護照」（had been granted a validated passport as a journalist）了。亦參見 Edgar Snow, *Red China Today: The Other Side of the River*（Harmondsworth, Middlesex: Penguin Books, 1970）27-28.

[15] Ross Terrill, *China in Our Time: The Epic Saga of the People's Republic from the Communist Victory to Tiananmen Square and Beyond*（New York: Simon & Schuster, 1992）118.

中共政權的敵意未消，而且後者在聯合國會籍和台灣問題等議題的立場十分堅定。[16]六〇年代初，周恩來曾對斯諾表示，中共堅持台灣問題和平解決和美軍撤出台灣和台灣海峽的原則，而這也是自華沙會談以來中、美之間的主要議題。[17]

一九六三年十二月十三日，美國遠東事務助理國務卿希爾斯曼（Roger Hilsman）表示，[18]美國雖然歷經「失去中國」的挫折，可是並未「忽視」共產中國，而且與中共保持著實質的接觸（華沙會談即是一例）。內政上，他指出由於中共領導人的冒進（指「大躍進」），導致中國大陸的生產力大幅下降；外交上，他認為中共有關美國「佔領」了台灣的說法，是一項「荒謬的指控」；最後，他以台灣的經濟成長為例，認

---

[16] *Foreign Relations of the United States, 1961-1963: Northeast Asia*, Vol. 22 （Washington: United States Government Printing Office, 1996） 15, 22. 甘迺迪當局曾在華沙會談中向中共提議進行中、美雙方的記者交流。美國和中共均有意進一步協商雙方人員的遣返問題，因而將兩國原先由英國居間促成的領事級會談，自一九五五年八月一日起提升為不定期的大使級會談。會談進行地點起先在日內瓦，後來改在華沙。參見 Michael Schaller, *The United States and China in the Twentieth Century*（New York: Oxford University Press, 1979） 167；亦參見 Zinner, *op. cit.*, 311.

[17] Kuo-kang Shao, *Zhou Enlai and the Foundations of Chinese Foreign Policy*（New York: St. Martin's Press, 1996） 194-95.

[18] 希爾斯曼歷任甘迺迪政府之國務院「情報與研究局」（the Bureau of Intelligence and Research）主任、詹森政府之遠東事務助理國務卿以及哥倫比亞大學（Columbia University）政府與國際關係名譽教授。

定台灣才是中國發展的楷模。[19]當時有論者從希爾斯曼的談話中看出跡象，認為美國似乎有意改變對中共政權的態度（如果北京方面也有所改變的話）。[20]一九六四年十月，斯諾再訪中國。同月，中共成功試爆核彈；隔年一月，中國大陸人民的經濟情況已然大為改善，同時也清償了對蘇聯的外債。[21]一個穩定的國際環境似乎是此際逐漸恢復自信的中共政權所樂見的。於是共產中國除了持續爭取第三世界國家的龍頭地位之外，也試圖走出一條獨立自主的外交道路（一九六四年與法國政府建交即為一例）。[22]

　　一九六六年以前中國之所以能自五〇年代一連串的天災人禍中恢復過來，主要靠的便是自力更生與經濟建設。[23]然而這樣的努力卻似乎不為毛澤東所欣賞。毛對外反對蘇共修正主義，對內撻伐以劉少奇為首的中共黨內「走資派」，明的是為了恢復無產階級政權的純淨與秩序，暗的是為了抓回他個

---

[19] Richard P. Stebbins, ed., *Documents on American Foreign Relations*（New York: Harper & Row, 1964）302-07. 希爾斯曼指出中國大陸的農業生產尚且未達一九五七年時的水準，其工業產值也在一九五九和一九六二年間減少了大約一半。

[20] Jules Davids, *The United States in World Affairs*（New York: Harper & Row, 1965）123-24.

[21] *Ibid.*, 207.

[22] 楊仁生，《美蘇中（共）三角關係的「中蘇共關係」因素》（台北：山遠出版社，一九九一年）頁三十九。

[23] 關於這點，斯諾在《大河彼岸》（*THE OTHER SIDE OF THE RIVER*）及《漫長的革命》（*THE LONG REVOLUTION*）二書中均屢有提及。

人漸趨旁落的政治權力。[24]到了一九六〇年代末期，中共在文化大革命期間幾乎召回了所有的駐外大使，片面中斷了華沙會談——冷戰前期美國和中共兩國「唯一的外交接觸」。[25]

　　同情毛派社會主義路線的聲音伴隨著反越戰的聲浪，在六〇年代後期的美國國內尤其甚囂塵上。詹森總統（Lyndon B. Johnson，任期一九六三－一九六九）固然試圖化解國內社會的反彈與衝突，然而國際間以美國為首的民主國家集團與共產極權國家集團對抗的緊張局勢並未因此化解。當時如斯諾者流有關呼籲中美和解的報導或建議自然很難受到美國當局的採納或重視。費正清在一九六九年四月即撰文暗示，美國應該在圍堵中國的策略上改弦易轍，並指出當前美國的過度反應和恐懼反而將刺激中國，使得結果適得其反。[26]斯諾在類似的看法也有所呼應。他暗示美國之所以在台灣和越南問題上不能放手，就是因為執意認定共產中國是蘇聯的傀儡政權。[27]他在一九七一年時更披露了一段發生在一九六五年的祕辛，指劉少奇因為警覺到美國勢力在越南的逐步擴張及其對

---

[24] 嚴家其、高皋，《文化大革命十年史（上）》（台北：遠流，一九九〇年）頁十一至十二。

[25] Henry Kissinger, *Diplomacy*（New York: Simon & Schuster, 1994）719.

[26] John K. Fairbank, "China's Foreign Policy in Historical Perspective," *Foreign Affairs* 47·3（April 1969）: 463. 費正清教授認為，中國基於對固有土地之依戀等因素，從來就不是個海權國家。

[27] Edgar Snow, "Preface," *China and Ourselves: Explorations and Revisions by a new Generation*, eds. Bruce Douglass and Ross Terrill（Boston: Beacon Press, 1970）x.

中國所造成的威脅，故而一度主張與蘇聯恢復同盟關係。[28]顯然斯諾在藉此強調，不尊重對方或敵視對方的意識型態，只會適得其反，因而造成彼此的關係更形緊張。

一九六〇年代末期，美國正面對內政和外交上的兩面作戰（對貧窮作戰的大社會計劃以及防止中南半島赤化的越戰）。一九六九年三月二日，中共和蘇聯爆發邊境軍事衝突，戰火從東北珍寶島延燒到西北邊境，中、蘇之間劍拔弩張，不睦的關係到達臨界點。[29]六月，毛澤東委請資深將領提出國際形勢分析報告，[30]報告的結果指出「中蘇矛盾大於中美矛盾」，而美蘇矛盾又大於中蘇矛盾。[31]當其時，新上任的美國總統尼克森（Richard Nixon，任期一九六九－一九七四）為了想讓美國自越南戰場脫鉤以及企圖利用中共來牽制蘇聯，也一改過去的反共形象，急於和中共政權交往。[32]中、美正常交

---

[28] Edgar Snow, "Mao Tse-tung and the Cost of Living: Aftermath of the Cultural Revolution," *The New Republic* (April 10, 1971): 19.

[29] 尹慶耀，前揭書，頁一四七；亦參見玄默，〈從「三反五反」到「聯美制俄」〉，《中共研究》，第六卷第五期（一九七二年）：頁五十七。

[30] 指陳毅（一九〇一－一九七二）、葉劍英（一八九七－一九八六）、徐向前（一九〇一－一九九〇）和聶榮臻（一八九九－一九九二）等四位中共的「元帥」。

[31] 木君，〈重大的歷史決策——論毛澤東打開中美關係的戰略決策與策略思想〉，《毛澤東外交思想研究》，裴堅章主編（北京：世界知識出版社，一九九四年）頁一七四。

[32] Patrick Tyler, *A Great Wall: Six Presidents and China* (New York: PublicAffairs, 1999) 125, 132. 本注作者邰培德為《華盛頓郵報》（*The Washington Post*）及《紐約時報》資深記者，曾在中國和中東地區服務。

往的時機似乎漸趨成熟。在這種情形之下，斯諾認為情勢的變化太快，而相關訊息的掌握又太少（尤其是中國的文化大革命），於是希望能夠再到中國訪問以一探究竟。[33]他在此之前已經完成過兩次訪華之旅。一九六九年七月，他致函毛澤東，詢問是否能夠重訪中國；隔年六月，中共給予答覆，同意他和妻子洛伊斯一道訪問中國大陸。[34]從時間推論，毛澤東決定要和尼克森會談以及決定邀請斯諾訪華這兩件事情似乎有直接關聯。[35]一九七○年八月，首次偕同第二任妻子訪華的斯諾第三度踏上共產中國的土地。美、中關係持續進展，兩國彼此陸續釋出善意。[36]

第二節　變調與壓抑——扭曲的天命

斯諾從六○年代初到七○年代初之間的三次訪華之旅，便是基於上述的歷史時空背景而成行的。根據史實，中共顯

---

[33] 尹均生、安危，《斯諾》（北京：人民日報出版社，一九九七年）頁八十至八十一。

[34] 尹均生、安危，前揭書，頁八十一。

[35] 曹桂生，〈學習毛澤東打開中美關係的戰略決策〉，《毛澤東外交思想研究》，前揭書，頁一八九。

[36] 隔年三月十五日，美國政府取消了她的公民前往中國大陸的旅行限制，同年六月十日又部份開放了對中國大陸的貿易，取消了對中方的實質禁運。參見姜濤，〈一年來中共的外交〉，《中共研究》，第六卷第三期（一九七二年）：頁九；亦參見 Richard P. Stebbins and Elaine P. Adam, eds., *American Foreign Relations 1971: A Documentary Record*（New York: New York University Press, 1976）347.

然並未在民主、人權或新聞自由等層面做出比國民政府時期
（包括退守到台灣以後的國民黨政權）更進步，或更接近美
式「普世」價值的施為。身為中共長期的同情者和支持者（而
非追隨者），斯諾只能在基本民生需求的比較上多作著墨，例
如「新中國」大體上已經看不到國府時期的戰亂與饑饉，這
就成為他替自己和替中共政權辯護的主要論據。雖然中國歷
經五〇年代末至六〇年代初的決策冒進，造成了人為的嚴重
饑荒，但是對他而言，不論日子過得好還是過得壞，畢竟是
中國人民自己的選擇，而中共政權正是中國人民意志的代
表。然而他卻忽略了一點，那就是中國人民即便有不滿，他
們再也無法「改選」或「推翻」執政當局了。這個現象不僅
使得「天命」第二邏輯完全站不住腳，也構成了「天命」第
一邏輯的主要矛盾。

　　斯諾對共產中國的妥協反應也是有跡可尋的。他對民主
的支持，不光是出於理想，有時確實也呈現出現實主義的面
向。他在二次大戰期間曾表示，為了維護美國的民主價值，
美國政府基於「反法西斯」的共同信念和戰略利益，應該給
予蘇聯支援，不論後者是民主國家或是獨裁國家。[37]

　　一九五〇年代，斯諾因為他和中共的特殊關係與淵源，以
致落入三面不討好的情境。美國右派反共人士指控他讓美國民
眾誤解了中共的本質，美國共產黨人對他的中國觀點不以為
然，蘇聯共產黨人則把他看作是反動份子，並且拒絕發給入境

---

[37] Manuscript, "Asia in the Fight against Fascism," 10/18/41;
Folder 252; KC:19/1/4, The Edgar Snow Papers; University of
Missouri-Kansas City Archives.

簽證。[38]事實上，類似的現象在當初*紅星照耀中國*一書出版後不久也曾發生過，只是當時美國國內反對他的是美國共產黨人。是以吾人有必要就他與各界人士的互動與認知詳作討論。

壹、與中共政權的互動意義

　　一九四九年後，斯諾憑著他在中國事務報導上的知名度，以及藉著他與中國執政者的私誼，總希望能夠扮演起中、美兩國政府間「非正式溝通管道」的角色。[39]一九五五年，斯諾希望能夠發表一些有關中國進步現況的文章，並且打算出一本書，於是在九月去函毛澤東，探尋重訪中國的可能性，並希望能比照當初撰寫《紅星照耀中國》時所獲得的採訪自由。[40]經過中共官方、美國國務院和斯諾出版商之間的一番折衝，斯諾終於能夠在一九六〇年六月二十八日代表美國《展望》（*Look*）雜誌，重訪中國。[41]作為自從韓戰爆發以來第一個踏上中國土地的美國記者，[42]他本身即象徵了突破僵局的意義。

---

[38] John W. Powell, "Edgar Snow," *Bulletin of the Atomic Scientists* 45・5（June 1989）: 41.

[39] Edward L. Farmer, "From Admiration to Confrontation: Six Decades of American Reporting about China," *Media Studies Journal* 13・1（Winter 1999）: 139.

[40] Letter, Edgar Snow to Mao Tse-tung, 9/15/55; Folder 44; KC:19/2/1, Claude Mackey Collection; University of Missouri-Kansas City Archives.

[41] 蔣建農、王本前，《斯諾與中國》（哈爾濱：黑龍江人民出版社，一九九三年）頁三一一。

[42] Terrill, *op. cit.*, 49.

　　他在這趟長達五個月的參訪行程中，於八月底和周恩來
進行了攸關中美關係議題的會談。[43]周在和斯諾的會談當中主
張，中、美雙方應依循和平共處的五項原則來交往。[44]此外周
還傳達這樣的訊息：一、美國必須尊重台灣問題是中國的內
政問題；二、中美兩國的任何爭端均應透過和平談判來解決；
三、美國必須自台海撤軍。[45]透過斯諾的筆，外界得以明瞭中
共對於中、美關係所抱持的基本立場。讀者在這裡看不到任
何粉飾扭捏，只見到如實報導、字字珠璣的外交訊息。然而
當時美國國內，自一九四五年以來，對於如何看待共產陣營，
並無最終定見，各界始終在激辯之中。[46]斯諾這個既未經授
權，也未受祝福的「信差」，寫出了這段文字以表達他為了促

---

[43] 其中七個比較主要的問題分別是：一，中國是否將主動建議
　　召開會議，討論中美兩國簽訂互不侵犯條約，並在太平洋地
　　區建立一個非核地帶；二，這一條約的可能內容為何；三，
　　如果美國總統邀請中共領導人到美國討論此約，中共是否接
　　受；四，中國是否歡迎美國統統因此而任命的特使訪問北
　　京；五，如果美國和台灣的防衛條約一直存在，中共是否簽
　　訂該互不侵犯條約；六，如果中國反對核武擴張，那為何她
　　仍積極製造核武；七，是否唯有中國擁核，才有能力與美國
　　達成協議。見蔣建農、曹志為，《走近毛澤東：一個外國人
　　與新中國元首的交往》（北京：團結出版社，一九九〇年）
　　頁八十二；亦參見 Edgar Snow, *Red China Today, op. cit.*, 115.

[44] 這五點包括相互尊重領土完整和主權，互不侵犯，互不干涉
　　內政，平等互利，以及和平共處。參見 Snow, *ibid.*, 116.

[45] *Ibid.*, 118-19.

[46] 廖朝陽、王鴻仁譯，《歷史的教訓》，Richard E. Neustadt and
　　Ernest R. May 原著，*Thinking in Time: The Uses of History for
　　Decision-makers* （台北：聯經，一九九一年）頁三四〇。

進兩國邦誼和相互尊重的苦心和憂慮：

> 有一點問題是值得注意的：即周（恩來）的理由完全
> 是從民族主義的邏輯出發。海外的人大概最不理解的
> 問題是：中國人（甚至反共的中國人）支持北京政府
> 究竟到那一個程度。那些處心積慮，陰謀推翻共產黨
> 的美國人，根本就不明白這個事實：即美國在十年來
> 推行武裝干涉中國內政的政策已使從前親美的、有影
> 響力的中國人在中國大陸上威望大失，並且反而為北
> 京在反帝的思想鬥爭中大大增強了力量。[47]

斯諾從美國對中國的干涉案例中，導引出一個重要的結
論，即：中共雖然是馬克思主義者，但是他們是講民族主義
的。他認為「對毛來說，美國力量在台灣既符合了舊式殖民
主義的定義，也是不折不扣的新帝國主義侵略。」[48]對他而言，
既然中共已經建政，與其不切實際地強調彼此意識型態上的
差距，不如多在國族情結的普世價值上多作著墨。前者作法
（強調意識型態差距）徒然只會引起中、美兩國緊張，後者
（強調中共也講「民族主義」，而非單純只是蘇聯的附庸）反
倒或許能夠增進彼此的尊重與瞭解，進而發揮雙方之間長遠
而正面的影響。

在此次一九六〇年重返中國的旅程中，斯諾隨後也參加
了中共建政十一週年的慶典，與毛澤東見了面，這是他們自

---

47 Snow, *op. cit.*, 114.

48 *Ibid.*, 178.

一九三九年以來的首度重逢。他感慨地認為，毛帶領中國人
民「在沒有俄國干預的情況下贏得了自主的勝利」，並且「設
法保持了不聽命史達林的獨立性」。[49]斯諾一方面想要藉由毛
的民族主義來突顯其統治中國的正當性，另一方面也試圖打
破外界對於中共是蘇聯傀儡政權的誤解。吾人因此不難發
現，中國的「民族主義」是斯諾用來解決「天命」第一邏輯
矛盾的重要論點。

　　或許由於與中共第一代領導班子的私誼，也或許由於現
勢的不可改變，斯諾既不願，也無法再堅持「天命」第二邏
輯——像他以往對國民黨政權的要求那樣。他只有繼續維持
其一貫對中共意識型態的尊重態度（抑或對中國人民的尊
重），盡力以志願「信差」的身份，完成其促進中、美關係的
心願和使命。這次他分別從周恩來和毛澤東那裡帶回了中方
所發出的微妙善意訊息。周說「中美兩國人民之間沒有根本
的利害衝突，而友誼則是長存的」，[50]毛則說希望能在老得走
不動以前「到密西西比河和波多馬克河（the Potomac）中暢游
一番」。[51]在這睽違多年的首度接觸中，毛、周二人並未和他
談論太多關於國際大勢的細節，除了表達中共的原則性立場
以外，便是上述這兩條具有強烈試探意味（似欲拉近中、美
距離）的善意信號。

　　一九六四年一月，斯諾代表法國《新直言》（*Le Nouveau*

---

[49]　裘克安，《斯諾在中國》（北京：三聯書店，一九八二年）頁
　　二二九。
[50]　Snow, *ibid.*, 119.
[51]　*Ibid.*, 176.

Candide）週刊前往非洲幾內亞首都康那克立（Conakry,
Guinea）與中共總理周恩來進行了五個小時的訪談。這次的訪
談內容除了在法國各報有大篇幅的報導之外，亦見諸歐、亞
各地及美國各大報刊，包括擁有廣大影響力的《華盛頓郵報》
和《紐約時報》。[52]斯諾在報導中主要轉述了周的立場，反對
任何有意造成「兩個中國」的圖謀。[53]

　　一九六四年十月起，得到義大利《時代》雜誌的贊助，
斯諾再度訪問中國大陸。曾經是他燕大時期的學生，參與過
「一二‧九」學運的龔澎告訴他，[54]「你不同於其他一些也想
進入中國的美國人」，「人人都知道你是中國的朋友」。[55]此話
能夠出自這位周恩來總理的祕書的口中，表示中共方面對斯
諾的友誼是十分信賴的。揆諸過往，斯諾總是在中共最危難，
最需要幫助的時候站出來替他們「說話」，例如一九三六年的
陝北報導、一九四一年的新四軍事件、以及一九六〇年初為
中國大陸的糧荒呼籲各界伸出援手等等。他並且通過冷戰時

---

[52] Letter, Edgar Snow to Mildred Snow, 3/8/64; Folder 53;
KC:19/1/4, The Edgar Snow Papers; University of
Missouri-Kansas City Archives. 斯諾表示，自己在歐洲「相
當出名」（fairly well known），而且在平面和電子媒體相當活
躍；當地許多人開始對他的作品譯本感到興趣，包括*紅星照
耀中國*。

[53] 尹均生、安危，前揭書，頁七十九。

[54] 龔澎（喬冠華之妻）為曾經領導「一二‧九」運動的燕大學
生會副主席龔普生之妹，曾任周恩來聯絡員近三十年，於一
九七〇年去世。

[55] S. Bernard Thomas, *Season of High Adventure: Edgar Snow in
China*（Berkeley: University of California Press, 1996）312.

期（尤其是五〇年代）的考驗，一向站在共產中國的立場論
事，甚至為此失去了在母國安身的機會，和妻兒徙居異國。

這次斯諾一樣先和周恩來（一九六四年十月和十二月）
進行談話，然後是毛澤東（一九六五年一月）。與周、毛對話
便是他此次訪華期間最引人矚目的事例。在談話當中，周首
先表示對美、中關係能否立刻得到緩解並不抱任何希望；他
強調中國反對台灣獨立的立場，如果聯合國竟也承認了獨立
的台灣政權，那麼中國將拒絕加入聯合國；他表示台灣問題
依然是原則問題，原則問題是不能退讓的。[56]另一個僅次於台
灣的原則問題是越南問題；他重申美國必須自南越撤軍的立
場，依照一九五四年日內瓦協定的精神，讓越南人民決定自
己的未來；關於核武的問題，他表示中國雖然已有能力製造
原子彈，卻如同其他核武大國一樣，不會輕易使用它。周似
乎在暗示，中共亦將擁核視為一種戰略嚇阻的作用。[57]

在和毛澤東「山南海北」式的談話當中，[58]斯諾發現毛對
使用原子彈的看法比較沒有保留，後者雖然認為原子彈會造
成大量死傷，卻相信原子彈不見得能夠滅絕得了人類。[59]提到
中、美關係，毛問斯諾，現任的詹森總統是否會在越南問題
上改弦易轍；斯諾答說「大概不會」，並且說明目前詹森糾結

---

[56] Edgar Snow, *The Long Revolution*（New York: Vintage Books,
1973）159-61.

[57] *Ibid.*, 160-63.

[58] 作陪的兩位官員是龔澎和她的夫婿，時任中國外交部副部長
的喬冠華。

[59] Snow, *op. cit.*, 208-09.

在內政和越戰之間無法脫身的窘境；毛針對越南問題進一步表示，只要美國不侵犯中國，中國就不會越境作戰。[60]但是當斯諾表示願意幫他向詹森總統傳話時，毛卻遲疑了一下，先是說不必，然後回應斯諾，表示中、美關係的改善雖然不能立刻實現，但仍對之抱持希望。[61]在這次的對談當中，吾人可看出斯諾積極主動擔任中、美兩國之間「信差」的意願，也能嗅出中共方面欲迎還拒的善意訊息。

斯諾以韓戰（一九五〇年至一九五三年）為例，認為各國應該尊重越南的主權獨立，並且（根據毛澤東等中共高層的講法）指出，除非「越南民主共和國」主席胡志明向中國提出派兵要求，中共軍隊才會開進越南。[62]三十年後，季辛吉（Henry A. Kissinger）在評論這段歷史的時候也指出，[63]美國先是不顧中共的警告，將中共引入韓戰，然後又忽視毛澤東透過斯諾轉述中共「不會出國作戰」的宣示，使自己陷於越戰泥淖之中，以致造成策略上的失敗。[64]從這點看來，斯諾或

---

[60]　*Ibid.*, 214-16.

[61]　*Ibid.*, 219.

[62]　Manuscript, "If China Intervenes in North Vietnam, 2/17/65; Folder 311; KC:19/1/4, The Edgar Snow Papers; University of Missouri-Kansas City Archives.

[63]　季辛吉出生於一九二三年，為躲避納粹迫害，隨家人移居美國；一九五四年獲哈佛大學博士學位；一九六八年十一月由尼克森總統延攬出任國家安全事務助理；一九七三年起擔任國務卿。

[64]　Kissinger, *op. cit.*, 660-61. 一九六九年四月一日，中共國防部長林彪在中共第九次全國代表大會中，重申毛澤東於一九六五年會見斯諾時所講的，表示除非中國受到進犯，否則不會

許多少具有先見之明，但更重要的是，他在傳遞中共政權外
交政策訊息的精準度和可信度上，似乎恰和美國當局忽視他
們的程度成正比。

斯諾站在維護中國主權的立場，認為中共僅因支持北
韓，就遭美國和聯合國扣上侵略者的帽子，那麼美國介入台
灣和越南問題的爭端，又將作何解釋，因此他認為美國將中
國隔離起來，陳兵鄰國，拒絕將她視為一個對等的國家，這
種在強硬反共政策主導下的亞洲外交政策若一直為美國所追
求，並且持續運作下去的話，中、美雙方終將不免一戰。[65]

無論如何，斯諾一九六〇年和六四年這兩次「傳遞信息」
的努力顯然沒有受到美國政府應有的重視，到了一九七〇年
的訪華，才開始引起了各界廣泛的注意。[66]由於中、蘇兩國剛
發生過邊境衝突，美國政府在抬面上下與中共政權之間亦互
動頻頻，斯諾在此際造訪中國大陸便顯得意義非凡了。

斯諾在一九六九年中共建政屆滿二十周年前夕致函毛澤
東，希望中國政府能允許他再度來到中國訪問，他尤其想「看
看無產階級文化大革命的結果」：

> 我希望您不會忘記，多年來我一向是在您的偉大領導之
> 下的堅定支持者。容我再次熱烈地慶賀您卓越的成就。

對外派兵；亦參見 p. 725。

[65] Interview with Edgar Snow, ca. 1966-1970; Folder 205;
KC:19/1/4, The Edgar Snow Papers; University of
Missouri-Kansas City Archives.

[66] 譚外元、郭六雲編著，《斯諾》（瀋陽：遼海出版社，一九九
八年）頁一八四。

在我看來（正如我在最近新版的《紅星照耀中國》中所寫道），您的成就在中國歷史上是無與倫比的，如果不是和全世界相比的話。我感到非常幸運，偶然地，承蒙特許，能認識您，和您交談，也就是因為這樣，我能夠使得一個足以和列寧齊名的革命家為世界所周知。[67]

這段讚詞和他過去長久以來不卑不亢的筆風相較，稍嫌失調。不論他是否真心推崇毛澤東若是，吾人已足以從他極力表達個人對毛的善意和崇景，體會到他急於重返中國瞭解真相的迫切感。他也另外寫了一封信給黃華，希望能和中方進一步討論此次訪問行程安排事宜。[68]

一九七○年八月十四日，斯諾抵華訪問。這是他生前最後一次訪問中國大陸。三天後，他寫信給北京官方友人，對於中國此次的接待表示感激，並表明自己多年來義助共產中國的歷程與心跡。他在信中強調，自己總是以「中國共產革命的朋友」自居，並且把這種承諾看做是「第一要緊的責任」；此外，為了彰顯其客觀及獨立的立場，他強調自己身為一個記者兼「自由撰稿人」，「雖然不是共產黨員」，卻也不曾仰「資本主義新聞界」之鼻息，主要是「靠寫書、發表文章和演講

---

[67] Letter, Edgar Snow to Mao Tse-tung, 7/30/69; Folder 46; KC:19/1/4, The Edgar Snow Papers; University of Missouri-Kansas City Archives. 亦參見附錄。

[68] Letter, Edgar Snow to Huang Hua, 7/20/70; Folder 78; KC:19/1/4, The Edgar Snow Papers; University of Missouri-Kansas City Archives.

來維持生計」，生活上大抵還過得去。[69]

　　斯諾抵達北京後，周恩來向他請教了一些有關美國正在面臨的內政危機等問題，似乎對於美國是否會因此減少在亞洲的軍事干涉進而與中共結盟，感到熱切的關心；周仍然重申美國必須自台灣抽離她的軍武人員和設施，並且表示尼克森政府派兵高棉（一九七〇年三月）的事件令他們覺得美國當局想和中國修好的誠意不夠。[70]關於核武問題，周同斯諾的講法有其一致性，而且比起五年多以前更為明確。他除了表示中國的核爆試驗都是有節制的，其目的不外是為了「打破核壟斷和核訛詐，制止核戰爭」，同時也顯現出中共政權取代台灣的國民黨政府成為聯合國會員國的樂觀與決心。[71]

　　斯諾從來不敢高估自己對中共決策的影響力，雖然他主觀上一直希望為促進中、美兩國的良性交往做些事情。他在一九六三年曾一度表示，自己「作為一個中產階級記者，無論如何，對北京所擬定的決策沒有絲毫的影響力。」[72]同樣地，他對美國當局的影響力也屬有限。毛在一九七〇年十二月接受斯諾的訪談時，除了表達中方歡迎美國各界人士來訪之

---

[69] Letter, Edgar Snow to "Friends", 8/17/70; Folder 78; KC:19/1/4, The Edgar Snow Papers; University of Missouri-Kansas City Archives.

[70] Snow, *op. cit.*, 11-12. 斯諾人仍在中國大陸的時候，即從毛澤東那裡得知尼克森將派特使來北京。

[71] *Ibid.*160-62.

[72] Letter, Edgar Snow to Ernet T. Nash, 6/10/63; Folder 48; KC:19/1/4, The Edgar Snow Papers; University of Missouri-Kansas City Archives.

外，便對他「代表不了美國」感到惋惜。[73]毛對於斯諾在美國長期遭受打壓的名聲與處境不是不知道的。言下之意，是說美國的決策者若也能像斯諾這樣對共產中國抱持同理心，事情就好辦多了。二個月以前，毛才和斯諾夫婦同登天安門城樓檢閱了中共建政二十一週年慶典。最後，看似以「信差」自期，斯諾以代言者的口吻，為這次訪華期間得自毛、周等人的外交訊息下了一個註腳：

> 通過這次和其他幾次非正式的交談，我相信，在今後的中美會談中，毛主席一定會堅持那些指導中國全部對外政策、中國在意識型態方面和對世界的看法以及中國的地區政策的基本原則。另一方面，我也相信，在國際緊張局勢得以緩和以後，中國將謀求同歡迎它充分參加世界事務的一切友好國家和敵對國家中的一切友好人民進行合作。[74]

貳、對美國官方的互動、影響與認知

一九四九年八月四日，美國政府發表〈白皮書〉，[75]決定對國民黨政權採「袖手政策」（hands-off policy）；此時一群支持國府的美國反共要人如麥克阿瑟（Douglas MacArthur）將

---

[73] Snow, *The Long Revolution, op. cit.*, 172. 毛澤東認為斯諾「不是一個壟斷資本家」（not a monopoly capitalist）。

[74] *Ibid.*, 175-76.

[75] 英文全名 *UNITED STATES RELATIONS WITH CHINA: WITH SPECIAL REFERENCE TO THE PERIOD 1944-1949*，簡稱白皮書（*THE WHITE PAPER*）。

軍、[76]加州共和黨參議員諾蘭（William F. Knowland）等，[77]形
成了一個與中華民國政府相互運作的「中國遊說團」（China
Lobby），開始追究「丟失中國」的責任。[78]從一九四〇年代末
期至一九六〇年代間，斯諾即不斷遭受來自美國各界反共勢
力，包括「中國遊說團」的質疑。[79]一九五〇年代初期，斯諾
和前妻寧謨就曾雙雙遭指控為「經過宣誓的共產黨員」。[80]斯

---

[76] 麥克阿瑟（一八八〇－一九六四）為美國五星上將，出生自
　　軍人世家；一九〇三年畢業於西點軍校；參與過第一次世界
　　大戰；一九四五年任太平洋美軍司令；一九五〇年韓戰爆
　　發，出任聯合國部隊總司令；由於力圖擴大韓戰規模，一九
　　五一年四月遭杜魯門總統撤職。

[77] 諾蘭（一九〇八－一九七四）於一九四五年經遞補成為參議
　　員。擔任「中國遊說團」領袖後，曾指控拉鐵摩爾等人為親
　　共份子，致使後者失去公職。一九五二年連任參議員，於繼
　　任共和黨參院領袖後，強烈支持有關反共的決議。

[78] 陳一新，《斷交後的中美關係，一九七九－一九九四》（台北：
　　五南，一九九五年）頁九十四和頁九十七至九十八。其他重
　　要成員還包括國防部長強生（Louis Johnson）、《時代》雜誌
　　發行人魯斯（Henry Luce）、眾議員周以德（Walter H. Judd）
　　等人。

[79] Karen Garner, "Season of High Adventure: Edgar Snow in
　　China," *Pacific Affairs* 71 · 1（Spring 1998）: 95.

[80] Tydings Committee Hearings, Part 1, 4//25/50, pp. 594, 595;
　　McCarran Committee Hearings on IPR, Part 2, 8/23/51, p. 680;
　　Folder 31; KC:19/1/4, The Edgar Snow Papers; University of
　　Missouri-Kansas City Archives. 泰丁（Millard Tydings，一八
　　九〇－一九六一）一九二七年後擔任參議員，曾以反對羅斯
　　福（FDR）總統的內政與外交決策聞名；一九五〇年二月二
　　十二日，經參議院多數黨領袖魯卡斯（Scott Lucas）提議，
　　主持一個隸屬於參院「外交關係委員會」（the Foreign
　　Relations Committee）的小組委員會（即所謂「泰丁委員會」

諾甚至投書給核發護照的官員，表示美國政府遲遲不批准加簽他的護照，可能會嚴重阻礙其實現新聞寫作的專業和「謀生的權利」。[81]

在寫給參議員蒙特（Karl Mundt）的一封信中，[82]斯諾憤慨地表示受到國務院的不平對待，因為他竟然名列「禁書」作家的黑名單。[83]他於是針對一九五三年六月十八日《紐約時報》所刊登的艾森豪（Dwight D. Eisenhower，任期一九五三

（the Tydings Committee）），目的在調查麥卡錫（Joseph McCarthy）參議員所提出的一些有關共諜的指控，並於三月八日開始舉行聽證會；七月二十日，該委員會提出報告，駁斥了麥卡錫的指控。同年十二月，來自內華達州（Nevada）、秉持強烈反共立場的麥卡蘭（Pat McCarran）參議員主持參院「司法委員會」（the Judiciary Committee）下轄的「內部安全小組委員會」（the Senate Internal Security Subcommittee）；這個「麥卡蘭委員會」自一九五一年七月至一九五二年六月間，陸續舉了許多有關政府官員忠誠問題的聽證會。

[81] Letter, Edgar Snow to Mrs. R. B. Shipley, 6/12/53; Folder 31; KC:19/1/4, The Edgar Snow Papers; University of Missouri-Kansas City Archives. 希卜莉（R. B. Shipley）女士時任美國護照局（Passport Office）主任。

[82] 蒙特（一九〇〇－一九七四）來自南達科塔州（South Dakota），從一九三八年起擔任五屆美國眾議員和四屆參議員，秉持反共立場，注重環境保護和野生保育議題。

[83] Letter, Edgar Snow to Senator Mundt, 6/24/53; Folder 42; KC:19/2/1, Claude Mackey Collection; University of Missouri-Kansas City Archives. 斯諾過去曾與蒙特參議員同遊蘇聯，對當地缺乏新聞和資訊自由頗有同感，且交換了許多意見。斯諾在信中試圖請求蒙特為他說項，解除美國政府加諸在他身上的一些違反新聞自由的舉措。

－一九六一）總統所建議的「禁書」標準（即為了維護信息
自由，得以銷毀國務院海外圖書館當中宣揚教導以暴力革命
顛覆美國政府之著作，但美國海內外圖書館中「僅具爭議性」
之著作不在此列），[84]分別投書蒙特參議員、《紐約時報》主編
和艾森豪總統，列舉多項理由來為自己辯白，大意如下：第
一、他從未要求任何人要把自己的著作陳列在官方的圖書館
中，而今政府卻將他列入黑名單，這無疑對他是一種傷害。
第二、他從未宣揚「以暴力推翻美國政府」。第三、他個人「未
曾從政，也從來不是任何政黨的擁護者」。第四、他有長期的
新聞專業背景和經驗。第五、他的作品均在「確證及詮釋事
實」，乃「公開的紀錄」，可供史家檢驗。第六、他的著作曾
普受各界肯定，甚至作為軍事機關和政府部門之閱讀參考或
指定讀物。第七、他作品的主要內容在過去十六年間曾陸續
刊登在《星期六晚郵報》，而該報顯然並不具「極權」、「反民
主」或者「顛覆叛亂」色彩。七、他的著作不僅為一九四二
年以前的德、日等獨裁國家所禁，也為二次大戰後的蘇聯集
團所禁，連「西班牙和台灣的國民政府」都禁他的書。八、
假如他的作品這麼具有破壞力，那麼諸如〈對華白皮書〉之
類的文件豈不都應在被禁之列。[85]他特別強調自己某部分的作
品充其量只能算作「僅具爭議性」之書，不應在禁書之列。[86]
　　一九五三年六月，《星期六晚郵報》主編希伯（Ben Hibbs）

---

[84] Letter, Edgar Snow to President Eisenhower, 6/30/53; Folder 42;
KC:19/2/1, Claude Mackey Collection; University of
Missouri-Kansas City Archives.

[85] Letter, Edgar Snow to Senator Mundt, *op. cit.*

[86] Letter, Edgar Snow to President Eisenhower, *op. cit.*

曾寫了一封帶有聲援性質的信給斯諾，信中說明斯諾過去和
該報之間的往來和去留，並未牽扯到任何「政治或意識型態
因素」，並對他在申請獲照方面受到阻礙以及他的作品被美國
新聞處海外圖書館列為禁書這兩件事情感到遺憾。[87]雖然這場
「禁書」風波為時不長，而且事後國務院也回函表示並未正
式將斯諾的作品列為禁書，甚至已經訓令一些自作主張的圖
書館員重新將他的書置回架上，但是斯諾自認聲譽已遭破
壞。[88]他表示不僅是自己，在這波麥卡錫主義（McCarthyism）
風潮下受害的還包括他的朋友，[89]如拉鐵摩爾、謝偉志（John

---

[87] Letter, Ben Hibbs to Edgar Snow, 6/16/53; Folder 30;
KC:19//1/4, The Edgar Snow Papers; University of
Missouri-Kansas City Archives.

[88] Letter, Edgar Snow to Mildred Snow, 8/8/53; Folder 42;
KC:19/2/1, Claude Mackey Collection; University of
Missouri-Kansas City Archives.

[89] 麥卡錫主義泛指因反共所而引起的白色恐怖氣氛和作為。麥
卡錫（Joseph McCarthy，一九○八－一九五七）為美國共和
黨參議員；一九四六年首度當選參議員，並於一九五二年連
任成功；一九五○年二月，公開指稱國務院已遭二百零五名
共黨份子滲透，但由於始終未能提出有力的證據，逐漸受到
海內外各界的質疑；在艾森豪第一次總統任期間，與共和黨
高層決裂；一九五四年，在公開舉行了指控政府官員和軍隊
從事顛覆活動的聽證會之後，其個人聲望大幅下滑；同年十
一月期中選舉，共和黨在參議院淪為少數黨。隨後參院以表
決通過對麥氏的譴責，從此他一蹶不振，不久抑鬱而終。參
見 Eric Foner and John A. Garraty, eds., *The Reader's
Companion to American History*（Boston: Houghton Mifflin
Company, 1991）709-10.

S. Service)、[90]戴維思（John P. Davies）、[91]范宣德（John Carter Vincent）等，[92]他們都是「才智出眾且忠貞報國」的人。[93]

斯諾當時年近半百，在與其兄霍華德爭辯美國的言論自由程度時曾提到，自己愈來愈容易動怒，但他不會傻到一直去重覆「經驗已經教導我要去懷疑的年輕時候的巧辯和宣傳」。[94]這句話表面上看來好像是斯諾對於自己過去的信念產生了動搖，然而從他和霍華德幾度書信往還且常各執己見的情形研判，此話明顯反映出斯諾在麥卡錫風潮肆虐之下的無

---

[90] 謝偉志為傳教士謝安道（Robert R. Service）之子，出生於一九〇九年。他在一九三八至一九四一年間任職於美國駐上海總領事館，後升任駐重慶使館二等祕書；一九四三年擔任中印緬戰區司令官史迪威（J. W. Stilwell）的政治顧問；一九四五至四六年間任職於東京麥克阿瑟將軍司令部；一九五一年因遭受「親共」指控而停職，經查證無罪後，於一九五七年復職。

[91] 戴維思於一九〇八年出生在中國四川一個美國傳教士家庭，於三〇年代至四〇年代中期之間歷任美國駐北京、瀋陽、重慶等地領事館、使館的隨員和外交官，後亦擔任中印緬戰區司令官史迪威的政治顧問；一九四四年隨美國軍事觀察組（Dixie Mission）訪問延安；一九四七返美後在國務院任職；五〇年代間亦受麥卡錫風潮波及，最後獲得平反。

[92] 范宣德（一九〇〇－一九七二）於一九二四年來華，任職於美國駐長沙、漢口領事館；一九三〇起歷任濟南、瀋陽、南京、大連等地領事；一九四一年升任駐華使館一等祕書、參事；一九四三年返美，翌年擔任國務院中國科科長，三年後接任遠東司長；一九五一年因遭「親共」指控而免職。

[93] Letter, Edgar Snow to Mildred Snow, *op. cit.*

[94] Letter, Edgar Snow to Howard Snow, 5/25/53; Folder 15; KC:19/3/1, Howard Snow Collection; University of Missouri-Kansas City Archives.

奈與反諷。在當時全國濃厚的反共氣氛下，他似乎也感受到，外界對他個人既定的成見，不是光靠幾次的辯護就能夠加以扭轉或改變的。

斯諾經常和美國一些認為中、美關係必須有所突破的參議員交換意見。一九五九年，他表示在參議院之中，只有傅爾布萊特（John William Fulbright）、[95]曼斯斐爾德（Michael Mansfield）、[96]韓福瑞（Hubert Humphrey）等議員皆認為美國

---

[95] 傅爾布萊特（一九○五－一九九五）自一九四三年至一九七四年間歷任美國眾議員、參議員、參院「外交關係委員會」主席（一九五九年起）；一九五四年支持中共以彈性方式加入聯合國，並公開駁斥麥卡錫；一九六四年提出與共產國家（包括中國）「東西方搭橋」（Bridges East and West）之說；一九六五年開始反對越戰（一九五五－一九七五）；一九七四年首度造訪中國大陸。和斯諾一樣，他也贊成中、美兩國間「競爭性共存」（competitive co-existence）的概念。參見黃乃琦，〈國際主義的不同面貌：傅爾布萊特對中國政策理念演變之研究（一九四三至一九七四）〉，淡江大學博士論文，一九九九年，頁一三五。

[96] 民主黨參議員曼斯斐爾德出生於一九○三年，擔任過歷史教授，專精於亞洲問題，人稱「China Mike」；一九二一至二二年間在美國海軍服役，足跡遍及中國和菲律賓；一九四四年以羅斯福總統特使身份訪華，會見蔣介石和中共黨人，完成了《使華團報告》（China Mission Report），把中共視為單純的土地改革者；從詹森政府時期起就積極爭取到北京訪問，認為借重中國的力量可結束越戰；一九七七年起擔任美國駐日大使。參見 Gregory A. Olson, *Mansfield and Vietnam: A Study in Rhetorical Adaptation*（East Lansing, Michigan: Michigan State University Press, 1995）10-13. 亦參見 James H. Mann, *About Face: A History of America's Curious Relationship with China, from Nixon to Clinton*（New York: Alfred A. Knopf,

需要與中共「和平共存」（peaceful coexistence），可惜他們在
參院僅佔少數。[97]然而，與其說這些重量級的國會議員或許如
他所言，在參院中是「少數」，不如說他們的影響力尚且不足
以在中、美關係未見大幅改善的情況下促使美國當局立即改
變對華決策的走向。

一九六三年，斯諾參加了一場為國務院所贊助，名為「中
國與核子彈」（China and Nuclear Bomb）的電視政論節目，時
任遠東事務助理國務卿的哈里曼（William Averell Harriman）
也在節目中發言。[98]斯諾認為這件事情透露著三種訊息：一是
美國政府正試圖讓大眾正視中國成為核子強權的事實，二是
美國準備將中國視為世界強權之一，並將採取較為彈性的政

1999）28.

[97] "Japan Should Be Neutral Power, Says Edgar Snow," *The
Mainichi*（November 5, 1959）; Folder 555; KC:19/1/4, The
Edgar Snow Papers; University of Missouri-Kansas City
Archives. 韓福瑞（一九六五至六八年間擔任副總統）後來
於一九六八年代表民主黨參選總統，建議取消部分美國對中
國的禁運，並「打造通往中國大陸人民的橋樑」（the building
of bridges to the people of mainland China）。參見 Mann, *op.
cit.*, 18.

[98] 斯諾早在二次世界大戰遊俄期間就結識了哈里曼，後者當時
擔任美國駐蘇聯大使（一九四三－一九四六）。參見 Letter,
Edgar Snow to Kung Peng, 9/5/64 Folder 54; KC:19/1/4, The
Edgar Snow Papers; University of Missouri-Kansas City
Archives. 哈里曼（一八九一－一九八六）歷任駐蘇聯大使、
駐英大使、商務部長、紐約州州長（一九五五－一九五九）、
政治事務次卿（一九六三－一九六五）以及無任所大使（一
九六五－一九六八）等職。

策，三是美國試圖撇清長期以來阻礙中、美交流的責任。他並且相信北京將不會忽略這些訊息。[99]無論如何，他還是感歎美國當局沒能聽取他的建言，首先是在中共建政後對中國大陸實施禁運，以致錯失了與中國交好的先機，繼而於一九六〇和六一年間中國缺糧情況最嚴重的時候袖手旁觀，至到共產中國恢復生機，並擁有自製核武的能力，才迫於時勢不得不正視中共政權作為一個國家的事實。[100]八年後，已任美國參議院「外交關係委員會」主席多年的傅爾布萊特致函斯諾，也表達了類似的觀點，即為了增進中、美關係，美國有必要與中國進行對話，並且在中南半島和台灣問題上有所回應。[101]

除了羅斯福以外，美國歷屆恐怕很少有總統像尼克森這樣在意斯諾的一些有關中共領導人的評斷，雖然斯諾在冷戰期間對美國外交決策的影響力可說是微乎其微。[102]尼克森曾寫道：

---

[99] Letter, Edgar Snow to Ernest T. Nash, 6/10/63, *op. cit.* 哈里曼認為，過去吾人將那些批評美國對華政策的人士扣上叛國的帽子，這種作法是不正確的。

[100] Letter, Snow to Nash, *op. cit.* 斯諾認為中共急起直追，不外乎出於民族尊嚴和恐外心態。

[101] Letter, J. William Fulbright to Edgar Snow, 5/12/71; Folder 81; KC:19/1/4, The Edgar Snow Papers; University of Missouri-Kansas City Archives. 傅氏先前和費正清教授在幾次聽證會中幾番討論，咸認台灣問題應留給中國人自行解決，這點和斯諾五〇年代末期以來的想法一致。

[102] 斯諾遺孀在美國波士頓（Boston）接受筆者訪談時亦曾強調這點，她認為，總的來說，斯諾對美國政府外交決策者幾乎沒有影響力。參見 "An Interview with Mrs. Lois Wheeler Snow," conducted by Chi-yu Chang（July 20, 2000）at Harbor Towers, Boston.

在一九五四年越南問題的日內瓦會議上發生的一件
事，表明周恩來對藐視中國民族尊敬的敏感程度。……
周恩來伸出手來準備握手，杜勒斯搖搖頭，走出了會
議室，完全藐視這位中國外交部長，六年之後，當周
恩來向他的朋友埃德加・斯諾重提此事時，還露出痛
徹心扉的表情。……我深知這件事傷害了周恩來。因
此，當我走下首次抵達北京的飛機扶梯的最後一級向
他走去時，就主動伸出了手……。[103]

一九七一年，季辛吉秘密出訪中國返美後，向尼克森報告
中共領導人對文革的認知和反應時，提到周恩來雖然「同情文
革的目的」，但是也為文革過程中所引發的破壞感到痛苦；對
此，尼克森回憶道：「正如埃德加・斯諾有一次描述周恩來的
時候談的那樣，他是『一個建設者，而不是一個詩人』；當他
看到紅衛兵狂暴地破壞他精心奠定的現代化基礎時，一定會極
其痛苦。」[104]他在一九七二年二月九日發表了一份政府文件，
提到過去一年美國對華外交上的幾項突破性進展，其中包括
「斯諾稍早在（一九七〇年）四月三十號《生活》（*Life*）雜誌

---

[103] Richard Nixon, *Leaders: Profiles and Reminiscences of Men Who Have Shaped the Modern World* (New York: Warner Books, 1982) 224. 杜勒斯（John Foster Dulles，一八八八－一九五九）出身官宦世家；一九四五年至四九年間出任美國駐聯合國大會代表；一九五一年出任無任所大使；一九五三年由艾森豪總統任命為國務卿之後，強調美國和盟邦之間的集體安全，支持「強鉅報復」（massive retaliation）與圍堵共產勢力的政策。

[104] *Ibid.*, 230.

上所報導的他和毛澤東主席的一席談話，證實了中國人有意讓我訪問中國，而這正是我們私下已經接收到的一些信息。」[105] 然而這些都已經是後話。事實上，尼克森本人及其政府於斯諾尚在世期間，並未善加以「信差」的角色託付予他。

參、對美國非官方人士的互動、影響與認知

斯諾的好友史沫特萊（Agnes Smedley）也是一名來自美國密蘇里州的記者，和他同年抵達中國，但隔年才來到上海。她在一九三六年秋接受中共和張學良東北軍之間的聯絡人——紅軍軍官劉鼎的邀請，前往西安，但斯諾比她早一年進到陝北蘇區採訪。[106]她於一九四九年遭美國軍方指控為共產黨員兼蘇聯間諜，此後忙於一邊撰寫朱德自傳，一邊反駁不實指控，身心俱疲。這本朱德自傳後來定名為《偉大的道路：朱德的一生》，[107]是她參酌一九三七年於延安專訪中共紅軍領袖之一的朱德後所寫成的鉅著。[108]斯諾對此提供了不少寫作

---

[105] Richard Nixon, "Third Annual Report to the Congress on United States Foreign Policy," *Public Papers of the Presidents of the United States: Richard Nixon 1972*（Washington, D.C.: United States Government Printing Office, 1974）217.

[106] Peter Rand, *China Hands: The Adventures and Ordeals of the American Journalists Who Joined the Great Chinese Revolution*（New York: Simon & Schuster, 1995）172.

[107] 原文書名為 *THE GREAT ROAD: THE LIFE AND TIMES OF ZHU DE*。

[108] 朱德（一八八六－一九七六）參加過北伐戰爭；三十六歲留學德國，並加入中國共產黨；三十八歲留學蘇聯；一九二六年返國，投身中共「革命」，參與「長征」；抗戰後擔任八路

上的建議。[109]不久軍方撤銷指控，並提出道歉聲明。她赴英
國繼續完成上述鉅著，於隔年辭世。史氏先前已指定斯諾等
人為她的遺囑執行人。[110]斯諾曾於一九五四年致函時任國務
次卿的史密斯（Walter Bedell Smith）將軍，[111]力圖澄清參議
院「外交關係委員會」中有關史沫特萊的不利證詞，並說明
她絕對不是共產黨員，更沒有將全部財產遺贈給毛澤東和中

軍總指揮；四〇年代擔任中央軍委副主席、解放軍總司令；
中共建政後，歷任國家副主席、「國防委員會」副主席、「全
國人大常委會」委員長、「中央政治局」常務委員等職；為
中共十大「元帥」之首。

[109] Ruth Price, "Agnes Smedley and Her Biography of Zhu De,"
Beijing Reiview 31 · 36 （September 5-11, 1988）: 33.

[110] Letter, Edgar Snow to Jack Belden, 1/26/52; Folder 26;
KC:19/1/4, The Edgar Snow Papers; University of
Missouri-Kansas City Archives. 貝爾登（Jack Belden）比斯諾
晚了四年才到中國，是史沫特萊的另一位遺囑執行人；一九
三七年至四九年間擔任《星期六晚郵報》的自由撰稿者；一
九四九年以描寫中國二次大戰後從內戰爆發到建立「新中
國」歷程的《中國搖撼世界》(*CHINA SHAKES THE WORLD*)
一書聞名。斯諾曾經為他撰寫書評，大力向讀者推薦此書；
參見 Edgar Snow, "In China the People Decided," *New
Republic* （November 7, 1949）: 18; Folder 373; KC:19/1/4,
The Edgar Snow Papers; University of Missouri-Kansas City
Archives.

[111] 史密斯（一八九五－一九六一）出身印第安那州（Indiana）
國民兵（National Guard）行伍；轉入美國陸軍服役後，累
陞至中將，擔任過艾森豪（Dwight D. Eisenhower）將軍的
幕僚長（一九四二－一九四五）；一九四六年至四九間出任
美國駐蘇聯大使；一九五〇年至五三年間出任「中央情報局」
（the Central Intelligence Agency）局長；一九五三年至五四
年間出任國務次卿（Undersecretary of State）之職。

國共產黨（他強調遺囑上的白紙黑字可資證明）。[112]

　　美國《時代》雜誌於一九五六年三月五日刊登一篇標題為「中國：恐怖的高潮」的文章，內容詳述中共實施激烈土地改革，大量屠殺地主和反動、反革命份子的實況。斯諾仔細閱讀之後，去函該雜誌創辦人魯斯，對於該篇報導的統計數據和消息來源可信度表示質疑，認為報導當中所披露的死亡人數「至少二千萬中國人」似乎太過誇張，令他驚訝。[113]斯諾似乎無法接受這樣的事實，即一個他過去所同情，所支持的一個口口聲聲為人民爭自由、爭平等的政黨，如今卻為了達成目的而不擇手段。他忖度自己和中共領袖之間的情誼，依據自己過去長期在中共紅區的親身體察和實際經驗，選擇了繼續為中國辯護。不過，地主的人權也是人權，斯諾並非不瞭解中共的理念和可能作為，因此在無法親赴中國大陸採訪真相的情況下，他也並未斷然否認中共濫殺人命的事實，只是在數字和消息來源上對作者提出批評。

　　一九五〇年代初期，斯諾仍不時受邀前往各界演講，發表其遠東經驗及對美、蘇外交政策的看法。他雖然自稱「怯於演說」，但是也強調自己「第一手」的海外經驗，使他「覺

---

[112] Letter, Edgar Snow to General Smith, 1/6/54; Folder 26; KC:19/1/4, The Edgar Snow Papers; University of Missouri-Kansas City Archives. 當時中共官方在紀念史沫特萊的典禮上也表示她不是共產黨員，而是中國一位偉大的朋友。

[113] Letter, Edgar Snow to Henry Luce, 3/23/56; Folder 35; KC:19/1/4, The Edgar Snow Papers; University of Missouri-Kansas City Archives.

得有資格」來討論有關東方的各類主題。[114]未幾，斯諾對於
有人在著作裡指稱他是「間諜活動代理人」（espionage agent），
大表不滿，後來雖然得到了作者來函致歉並承諾將該書自各
大圖書館回收及更正錯誤，他仍寫信請求其姊米爾德里德
（Mildred）到堪薩斯城的總圖書館去查詢該書的流通情形以
及內容更正與否，以查證對方事涉誹謗的情節；若對方未信
守諾言，則將委請律師採取法律行動。[115]即便有這種令人厭
煩的瑣事，斯諾依然忙於四處發表演說，間或從事一些寫作
活動。[116]

　　或許不時受累於「親共」的盛名，斯諾在一九五六年的
一篇講稿中指出，雖然過去杜魯門總統（Harry S. Truman，任
期一九四五－一九五三）指派馬歇爾（George C. Marshall）將
軍調處國、共內戰的結果是失敗的，[117]但是這種努力依然值

---

[114] Letter, Edgar Snow to Gentlemen, Foreign Policy Assn., 8/8/54;
Folder 32; KC:19/1/4, The Edgar Snow Papers; University of
Missouri-Kansas City Archives. 此函受信者為「外交政策協
會」在 Arizona 州鳳凰城的分部。斯諾曾因行程不便，婉拒
過該會的演說邀請。

[115] Letter, Edgar Snow to Mildred Snow, 6/5/56; Folder 45;
KC:19/2/1, Claude Mackey Collection; University of
Missouri-Kansas City Archives.

[116] Letter, Edgar Snow to James E. Snow, 11/21/56; Folder 45;
KC:19/2/1, Claude Mackey Collection; University of
Missouri-Kansas City Archives. 此時斯諾甫獲華盛頓國際
關係研究所之邀，即將前往發表一場重要講演。

[117] 馬歇爾（一八八〇－一九五九）畢業於維吉尼亞（Virginia）
軍事學院，參加過第一次世界大戰；一九三九年擔任陸軍參
謀長；一九四五年擔任杜魯門總統調解中國內戰的特使；一

得肯定;他認為當前麥卡錫參議員等「偏激右翼」勢力把馬歇爾的調處任務「和叛國行為相提並論」乃言過其實。[118]斯諾的言下之意,是指像自己和馬歇爾這樣的人士,只是因為在對華政策上持不同政見或觀點,便遭到點名批判,他對此感到莫名其妙,不能釋懷,並堅持美國當初促進國共和解的正確性。

　　一九六三年,斯諾在寫給毛澤東的一封信中表示自己屢受美國「反動」人士或報刊攻訐,例如《紐約時報》的林邁可(Sir Michael Lindsay),他常嫉妒毛和周恩來給他的採訪時間不如給斯諾的多;又如《時代》(Time)雜誌和一些「自由派期刊」(liberal journals)一再以訛傳訛,說他「為中共發明了『土地改革者』(agrarian reformers)」一詞。[119]八年後,當斯諾獲悉《紐約先鋒論壇報》有人撰文說他把四九年建政前的中共稱為「農民民主主義者」(agrarian democrats)時,立刻去函提出指正,表示該報對他的轉述是完全不合事實的。[120]

九四七年出任國務卿,同年六月提出振興歐洲經濟以遏制共黨勢力的方案(通稱「馬歇爾計畫」(Marshall Plan));一九五〇年出任國防部長;一九五三年獲諾貝爾和平獎。

[118] Speech by Edgar Snow, "China and the World Crisis," 1956; Folder 168; KC:19/1/4, The Edgar Snow Papers; University of Missouri-Kansas City Archives.

[119] Letter, Edgar Snow to Mao Tse-tung, 5/10/63; Folder 48; KC:19/1/4, The Edgar Snow Papers; University of Missouri-Kansas City Archives.

[120] Letter, Edgar Snow to the Editor of the *New York Herald-Tribune*, 4/18/71; Folder 81; KC:19/1/4, The Edgar Snow Papers; University of Missouri-Kansas City Archives.

兩年後，他更對於《紐約時報》拒絕刊登其毛澤東專訪，卻從國外「偷取」原文並以摘述方式刊出的作法，感到十分不滿。有鑑於此，他在同意將該篇專訪刊登在《華盛頓郵報》時，設定了兩個條件，一是「保留備份的完整性」，二是「不可將原文同時供給其他報刊發表」。結果《郵報》不僅違約，而且扭曲了原文，為此他對上述兩家報社提出告訴。[121]

即使已經遷居瑞士，斯諾仍透過密集的演說活動，繼續發揮他對華政策觀點的影響力。他在一九六四年訪問中國大陸前夕，已經兩度巡迴美國共三十幾州發表演說，場合遍及五十家大專院校、商人俱樂部和各型研討會議或論壇。[122]這種作法，同樣具有鼓動或導引輿論的效果。一九六九年二月，費正清致函斯諾，稱他是中國文化大革命「主要的目擊者」（the principal witness），同時希望也能邀請他到哈佛大學為學生發表演說。[123]斯諾的好友韓素音（Han Su-yin）便認為斯諾所寫的書以及他個人所產生的影響力，使得許多人，包括她自己，[124]以他為仿

---

[121] Letter, Edgar Snow to Howard Snow, 4/13/65; Folder 18; KC:19/3/1, Howard Snow Collection; University of Missouri-Kansas City Archives.

[122] Letter, Edgar Snow to Mao Tse-tung, *op. cit.*

[123] Letter, John K. Fairbank to Edgar Snow, 2/7/69; Folder 73; KC:19/1/4, The Edgar Snow Papers; University of Missouri-Kansas City Archives.

[124] 韓素音（本名周光瑚）一九一七年生於中國，父親是中國人，母親是比利時人，十七歲時考取燕京大學，後就讀比利時布魯塞爾大學醫學系，於一九三八年畢業返華，與國府官員唐寶煌結婚。一九四二年，隨奉派駐英的夫婿前往倫敦。一九四九年赴香港行醫和創作，寫出成名作《愛是如此輝煌》（原

效的目標，在報導中國實況和促進中美友誼等方面奮鬥不懈。[125]

　　隨著中、蘇交惡，中、美關係出現轉圜，以及斯諾歷次訪華所帶來的中國熱潮，美國在一九六〇年代中期以後有愈來愈多的民間人士屢屢向斯諾請益，希望汲取其中國經驗，甚至希望透過他與中共高層特殊且深厚的關係，經由他的推薦，以便順利取得中方的簽證。面對各方的殷殷企盼，斯諾不僅陸續將一些可能對中、美關係起積極作用的人推薦給中共官方，而且不時向中共透露美國對華政策的最近走向，形同扮演起一種非正式或非官方訊息傳遞者（messenger）的角色。[126]綜觀密蘇里大學斯諾檔案館所提供的書信資料，筆者

文書名 *A MANY SPLENDORED THING*）。一九五二年赴東南亞，陸續完成多部小說作品。一九五六年獲准訪問中國大陸。她對研究毛澤東亦有心得，《早晨的洪流》為其代表作。她自承此書多處得力自斯諾的建議和資料。參見楊青譯，《早晨的洪流》，韓素音原著，*The Morning Deluge: Mao Tsetung and the Chinese Revolution, 1893-1954*（香港：南粵出版社，一九七四年）頁一。

[125] Letter, Edgar Snow to Han Suyin, 12/24/69; Folder 46; KC:19/1/4, The Edgar Snow Papers; University of Missouri-Kansas City Archives. 韓在信中提到一些所謂左派進步的人士以勾心鬥角和破壞他人名譽來突顯自己正統為能事，她和斯諾顯然對這類人物感到十分不齒。

[126] Letter, Edgar Snow to Chiao Kuan-hua, 5/15/71; Letter, Edgar Snow to Mao Tse-tung, 5/16/71; also Letter, Edgar Snow to Huang Hua, 5/19/71; Folder 81; KC:19/1/4, The Edgar Snow Papers; University of Missouri-Kansas City Archives. 斯諾經常將一些與他友好的參議員，如傅爾布萊特（John William Fulbright）、巴伊（Birch Bayh）、麥高文（George McGovern）等，所發表的聲明、意見或書信轉附給中共官方友人。亦參

發現另一位後來也以撰寫中共長征事而蹟聞名的新聞作家，算
是與斯諾同輩的哈里森・沙茲伯里（Harrison E. Salisbury），[127]
在六〇年代間便經常通過書信向斯諾請益。其他受過斯諾推
薦訪華的後輩，尚包括像譚若思（Ross Terrill）這類從事東亞
研究的學人。[128]

見 Letter, Edgar Snow to Birch Bayh, 6/16/71; Folder 82;
KC:19/1/4, The Edgar Snow Papers, University of
Missouri-Kansas City Archives. 在本注「斯諾給喬冠華」的
信中，斯諾特別附上一封「人民友好運動委員會」
（*People-to-People Sports Committee*）（該委員會於推動乒乓
外交居功厥偉，其下轄的「外交顧問會議」（Diplomatic
Council）為副總統安格紐（Spiro Agnew）所主持）寄給斯
諾的函件，提醒中共方面留意此函委員名單當中所透露出來
的微妙訊息。

[127] 沙茲伯里（一九〇八－一九九三）完成大學學業後，擔任合
眾社（The United Press）駐芝加哥（Chicago）、華府、紐約、
倫敦等地記者；一九三八年，《閱讀紅星照耀中國》之後，
深受感動；一九四四年，奉派前往蘇聯，在當地認識了時任
《星期六晚郵報》戰地記者的斯諾。沙氏後來成為《紐約時
報》的資深記者，曾榮獲普立茲獎（the Pulitzer Prize）；其
鉅著包括《長征：向未揭露的故事》（*THE LONG MARCH:
THE UNTOLD STORY*，一九八五年出版）、《新皇朝：毛澤
東鄧小平的權力遊戲》（*THE NEW EMPERORS: CHINA IN
THE ERA OF MAO AND DENG*，一九九二年出版）等。參見
游正名，〈導讀〉，《長征》，文林譯，Harrison E. Salisbury 原
著，*The Long March: the Untold Story*（台北：麥田，一九九
五年）頁八至十二。

[128] Letter, Edgar Snow to Tang Ming-chao, 6/16/71; Folder 82;
KC:19/1/4, The Edgar Snow Papers; University of
Missouri-Kansas City Archives. 譚若思為研究中國政治與國
際問題專家，曾因撰寫有關中國的報導，榮獲喬治・波克

肆、對共產中國政、經局勢的看法

　　斯諾在中共建政前夕預估，中共將來在執政之後必有許多建設要做，必有許多內部問題要解決，所以不但不致於鹵莽到單獨或聯合蘇聯向美國開戰，反倒是需要進口大量的資金、技術和重工器械來促進現代化發展。[129]對他而言，此時的中國或許正是需要外界援助的關鍵時刻，因此美國不必，也不應該以敵國視之。另一方面，他也很早就看出共產集團國家存在著矛盾，這種矛盾尤其存在於中共和蘇聯之間。他瞭解當初史達林和毛、蔣之間是存在著矛盾的──史氏原先押注在蔣方，未料毛方得勝，取得了中國政權，同時也粉碎了蘇聯稱霸東北亞的美夢。[130]斯諾認為美國若仍然採取積極干涉中共的對華政策，那麼這種矛盾將不致被明顯地激化，然而他推斷蘇聯的擴張威脅或將受到包括「正統資本主義」國家以及各類共產勢力的制衡。[131]這種預言後來果真變成了

（George Polk）紀念獎的優良報導獎；其著作包括《毛澤東大傳》（*MAO: A BIOGRAPHY*，一九八〇年出版）、《毛夫人：江青傳》（*MADAME MAO THE WHITE-BONED DEMON: A BIOGRAPHY OF MADAME MAO ZEDONG*，一九八四年出版）、《我們這個時代》（*CHINA IN OUR TIME*，一九九二年出版）等。

[129] Manuscript, "The Riddle of Communist China," 2/1/49; Folder 269; KC:19/1/4, The Edgar Snow Papers; University of Missouri-Kansas City Archives.

[130] Speech by Edgar Snow, "China and the World Crisis," 1956; Folder 168; KC:19/1/4, The Edgar Snow Papers; University of Missouri-Kansas City Archives.

[131] Manuscript, *op. cit.*

現實：中蘇共分裂，「國際主義」式微，[132]以各國自主為優先的「社會國家主義」（socialist nationalism）代之而興。[133]

　　斯諾認為麥卡錫主義對美國人瞭解共產主義和共產國家的實情沒有幫助，只會加深彼此誤解和軍備競賽。[134]他認為中共取得政權的關鍵在於利用「耕者有其田」抓住了農民的心，得到了他們的支持與力量，而在這點，蔣介石則不如毛澤東；除了農民之外，另外兩股支持中共的力量，一是知識青年、失業勞工等中產階級份子，二是婦女，前者意圖使中國儘早步上現代化和工業化的富強軌道，後者希望掙脫父權

---

[132] 國際主義即國際社會主義（international socialism）的概念，指無產階級者（proletariat）並無國界之分；參見 Roger Scruton, *A Dictionary of Political Thought*（London: Pan Books, 1983）232.

[133] Manuscript, "The Challenge of China," ca. 1968; Folder 333; KC:19/1/4, The Edgar Snow Papers; University of Missouri-Kansas City Archives.

[134] Manuscript, "McCarthyism: Its Death Grip on the Republican Party," June 1954; Folder 290; KC:19/1/4, The Edgar Snow Papers; University of Missouri-Kansas City Archives. 這就是斯諾在中共建政後一直爭取重訪中國的主要原因之一。對斯諾而言，披露共產中國的政經發展現況，將其虛實供作美國朝野參考，一方面可促進中、美雙方的相互瞭解，另一方面可幫助美國當局作出具有前瞻性的決策。他或許急於向外界介紹中共政權治下中國美好和進步的一面，但他卻未曾因此假造或歪曲事實，雖然吾人有充分理由懷疑他或許基於與中共和中國人民的友好情誼而有「隱惡揚善」（選擇性報導的一種）的傾向。他亦深知自己可能受到「保護」和刻意安排，故在中共建政後歷次訪華的行程中，除了面見中共領導人物和實地走訪各地之外，首重取得與民生、經濟相關的數據資料。

桎梏，爭取兩性機會平等。[135]

　　斯諾雖然同情並理解社會主義制度，卻不認為這種制度能
夠適用於美國。[136]他把共產中國所施行的制度看成是一種毛澤
東式的、清教徒式的社會主義。[137]他在中國建政以來第一次訪
問中國大陸後指出，中國正在過一種「斯巴達」（Spartan）式
的生活，「以便迅速累積資本」來從事促進現代轉型的工業化
進程，並在農業上力求機械化，以期達到自給自足的地步，但
是「美國的禁運手段已經使得這項前景更加艱難。」[138]因為對
華實施禁運只會使得中國更加毫無選擇地仰賴蘇聯。[139]關於台

---

[135] Speech by Edgar Snow, "China and Its Impact on Us," ca. 1955; Folder 171; KC:19/1/4, The Edgar Snow Papers; University of Missouri-Kansas City Archives. 斯諾認為中共正帶領著中國努力建設，在各方面急起直追，但最起碼已經達到了下列目標，即：「統一在一個中國的中央政府之下」（unification under a central Chinese government），「恢復了中國的失地」（the recovery of China's lost territories），「祛除了外國勢力的統治」（the elimination of foreign domination），並且被「承認為一個與世界各主要國家平起平坐的強權」（recognition of China as a great power and equal among the leading nations）。

[136] Letter, Edgar Snow to Howard Snow, 6/1/55; Folder 16; KC:19/3/1, Howard Snow Collection; University of Missouri-Kansas City Archives.

[137] Helen Snow, *Long Thoughts* (1985) 13; Box 56; Nym Wales Collection; Hoover Institution Archives.

[138] Letter, Edgar Snow to Mildred Snow, 2/5/61; Folder 18; KC:19/3/1, Howard Snow Collection; University of Missouri-Kansas City Archives.

[139] Manuscript, "Recognition of the Chinese People's Republic," July 1959; Folder 293; KC:19/1/4, The Edgar Snow Papers;

灣在聯合國地位的問題，他則主張美國不應介入其中；因為他
覺得或許情勢的發展會逼使蔣介石下台，而國府的後繼者或許
將以談判的方式來尋求解決之道。[140]他認為美國援助台灣，一
方面在現實上不可使蔣介石重返中國大陸奪回政權，另一方面
也形同干涉了中國的內政，因此美國和聯合國若能承認中共政
權，將使後者在國際間的聲望大為提高，有助於化解冷戰僵
局，延續中、美兩國「競爭性的共存」（competitive co-existence）
狀態，這對美國來說並非百無一利。[141]總之，他覺得美國現行
的對華政策顯然不利於促進中、美交往，甚至還可能會失去爭
取中國這個盟友的良機。

　　一九五八年，經其他記者轉述，斯諾表示中國高達百分
之八十的人口是農民，故解決其溫飽問題才是最具意義的。[142]
無怪乎他在爭取到重新訪問中國大陸的機會後，首重取得中
共建政以來農、工生產等第一手統計數據資料。而這正是他
防衛「天命」第一邏輯的方式之一。

　　文化大革命前夕，斯諾暗示吾人不應對中共政權治下的
中國過於苛責。他指出：中國正處於邁向現代化轉型的陣痛

University of Missouri-Kansas City Archives

[140] Manuscript, *ibid.* 亦參見 "Japan Should Be Neutral Power, Says Edgar Snow," *op. cit.*

[141] Speech by Edgar Snow, "Recognition of the Chinese People's Republic," July 1959; Folder 173; KC:19/1/4, The Edgar Snow Papers; University of Missouri-Kansas City Archives.

[142] Mary Lobanov-Rostovsky, "U.S.-China Policies Called 'Out of Step'," 4/8/58; Folder 555; KC:19/1/4, The Edgar Snow Papers; University of Missouri-Kansas City Archives.

期，同時也處於將理論應用於實際的試錯階段，況且她在近代所經歷的社會革命歷程與美國、蘇聯相較是艱辛的，所承受的衝擊更是莫大的。[143]

　　有關中共在文革時期所進行的變革，斯諾認為，其目的不僅在強調社會利益重於個人自由，以消弭城鄉之間和知識份子與貧、農之間的鴻溝，而且在矯正舊時代的封建、逸樂習氣，以建設一個「喀爾文式的純淨社會」。[144]他把封建、官僚的「反動」勢力與舊時代「孔夫子式的士紳階級」相提並論，認係阻礙改革的力量，並指出文革的出發點，不僅在維繫革命思想的純淨，而且在避免這些反動勢力死灰復燃。[145]他同時相信毛澤東在對內取得了政治優勢，對外認識到美國陷入越戰泥淖之際，並不怕（中國）遭受孤立，因而不願在「和平共存」議題上做出任何原則上的讓步。[146]

---

[143] Edgar Snow, "One Fourth of Humanity," *Honnold Lecture*（April 26, 1966）: 3-5; Folder 377; KC:19/1/4, The Edgar Snow Papers; University of Missouri-Kansas City Archives.

[144] Snow, *ibid.*, 6-7. 喀爾文主義（Calvinism）在此被引申為一種用以「激勵人們行動、獻身」（a goad to action and to self-dedication）的信念、使命和生活方式；參見 George H Sabine and Thomas L. Thorson, *A History of Political Theory*, 4th ed.（Fort Worth: Harcourt Brace, 1973）685.

[145] Manuscript, "Lin Piao, The Helsman's First Mate," 9/26/66; Folder 318; KC:19/1/4, The Edgar Snow Papers; University of Missouri-Kansas City Archives.

[146] Edgar Snow, "There Has Been a Revolutionary Seizure of Power: Mao and the New Mandate," *The New Republic*（May 10, 1969）: 20-21；日本的《*Asahi Evening News*》亦在同日刊出該文，並稱譽斯諾為聞名全球的、精通中國問題的美國

伍、對共產中國新聞自由的看法

　　一九六二年三月，斯諾在美國一次記者會中談到有關中共
新聞自由的話題時，面對齊聚一堂的新聞系師生，竟直言「共
產中國有新聞自由，但不是美國所認同的那種」，明顯採取了
「只揭不批」的態度。[147]他語焉不詳地把話題轉移到中國文盲
太多和中共一九五七年「百花齊放」實驗的失敗這兩件事上，
似乎認為這兩者與目前中國式的新聞自由有著某種程度的關
聯。在此吾人完全看不到斯諾於三〇、四〇年代期間批評國府
打壓新聞自由時的辛辣言辭，也看不出斯諾有將任何美式（或
普世）新聞自由的「理想性」向外顯露的痕跡。[148]

　　現在的斯諾，完全是站在中共政權所代表的「中國人民」
的立場來考量。一些使不少中國人民深受創傷的政治運動如
「百花」、「反右」（一九五七年）、「人民公社」等，[149]在他的
筆下都被潤飾成一種正面的表述。[150]因為在他內心深處的兩

記者。參見 Folder 324; KC:19/1/4, The Edgar Snow Papers,
University of Missouri-Kansas City Archives.

[147] "Snow: China Press Not American Type," *University Daily
Kansan* （March 8, 1962）: 8; Folder 556; KC:19/1/4, The
Edgar Snow Papers; University of Missouri-Kansas City
Archives.

[148] 斯諾並未以相同的標準看待國民政府和中共政權；參見
Bruce R. Erickson, "The Reporting of Edgar Snow," thesis,
University of Kansas, 1976, 158.

[149] 一九五八年，中共喊出「社會主義總路線」、「大躍進」和實
施「人民公社」，即所謂三面紅旗。

[150] Farmer, *op. cit.*, 139.

個邏輯產生了矛盾，他只有犧牲掉其中一個，以保持道德秩序的平衡感。

前章已言，斯諾在一九二八年至四九年期間「由近國到親共」的認同轉變過程可歸納出兩個內在邏輯：一是中共反映了大多數中國人民的意志，所以中共政權即代表中國人民，也就代表了全中國；二是中共比國民黨更具有推行民主和保障基本人權的誠意和決心，所以中共政權在中國才是最值得擁護和支持的政權。然而事實證明，中共為了維持革命的純淨性，在打擊政治異己方面是絕不手軟的。由於民眾的狂熱與當局的失措，中國在文革之前的一連串政治運動中就已經有不少冤、錯、假案發生，在單一標準和單一思想的社會氣氛下，新聞自由和基本人權自然很難獲得超碼的保障與尊嚴。[151]至此，斯諾也只能仰賴前一個邏輯來繼續完成自己「天命信差」式的使命。也唯有這樣，他才能維持住內心強烈的道德秩序，繼續從事其「撥亂反正」和「濟弱扶傾」的事業，進而做出一些超出記者本份而往往被視為親共之舉的善行。

第三節　孤掌難鳴的信差

一九五五年三月初，斯諾在「唯一神教派公共論壇」（Unitarian Public Forum）中表示，共產主義和民主主義兩大陣營之間以武力相拼，只會造成相互毀滅；美國若真想遏阻

---

[151] 陳永發，前揭書，頁一〇〇九至一〇一一。

共產勢力，不如從自身做起，設法改善國內的民主制度，同
時集中全力幫助貧窮落後的國家。[152]同月，他在基督教青年
會（YMCA）所贊助的論壇當中預測，中國在聯合國下一個
會期結束以前將會被接納進入聯合國。他表示：「聯合國若將
亞洲最大的人口中心排除在外，就不能成為一個真正的國際
組織。」並認為蔣氏政權已經眾叛親離。[153]五〇年代以來，
斯諾經常宣揚其所謂「競爭性共存」（competitive co-existence）
的理念。他的理論基礎是，在冷戰核武威脅的陰影之下，美、
蘇等擁有核武的國家都不願輕啟戰端，所以全球勢必「處於
一種以經濟宣傳政治施壓為武器的競爭性共存」狀態。[154]

　　一九六二年三月七日，斯諾在母校堪薩斯大學六百位聽
眾面前發表演說，預料中共在一九六三、六四年間將擁有核
武能力，認為把共產中國排除在聯合國之外是「危險」的，
並預測最遲在一九六三年以前中共政權就會被接納進入聯合
國。[155]據他的觀察，中共軍備和以往相比已經大為更新，後

---

[152] "Snow Urges U.S. Beat Reds with Aid to Backward Lands,"
The Independent Press Telegram, 3/6/55; Folder 34; KC:19/1/4,
The Edgar Snow Papers; University of Missouri-Kansas City
Archives.

[153] "Edgar Snow Sees China in UN within a Year," *Daily People's
World*, 3/14/55; Folder 34; KC:19/1/4, The Edgar Snow Papers;
University of Missouri-Kansas City Archives.

[154] "Author Sees U.S.-Red China Talks," *The Honolulu Advertiser*
（Octorber 30, 1959）; Folder 555; KC:19/1/4, The Edgar Snow
Papers; University of Missouri-Kansas City Archives.

[155] "Red China Slated as No. 3 Power in Industry Field,"
Lawrence-Journal（March 8, 1962）: 1; Folder 556; KC:19/1/4,

勤補給無虞，兵力數量亦相當可觀。[156]

　　斯諾昔日固然從毛澤東身上發現了一些中國的特質，然而毛何嘗也不是第一次，以如此長的時間和如此近的距離，觀察到一個美國人的行事作風。毛對此想必「也有些感受」，而這段自一九三六年以來所埋下的種子，終於在多年以後發芽。[157]深受斯諾影響的愛潑斯坦（Israel Epstein）也指出：[158]「中國的毛澤東和美國的斯諾雖然在歷史背景上完全不同，但自一九三六年首次接觸，他們卻找到一條通向相互理解之路，

The Edgar Snow Papers; University of Missouri-Kansas City Archives.

[156] Manuscript, "If China Intervenes in North Vietnam," 2/17/65; Folder 311; KC:19/1/4, The Edgar Snow Papers; University of Missouri-Kansas City Archives.

[157] Ross Terrill, *Mao: A Biography* (New York: Harper & Row, 1980) 154.

[158] 愛潑斯坦（一九一五－）為波蘭人，一九一七年隨父母到中國定居，在天津接受啟蒙教育；一九三五年至四六年間，陸續擔任合眾社、《紐約時報》、《紐約先驅論壇報》、《聯合勞動新聞》（*Allied Labor News*）等報記者；於一九三六年發表文章評論斯諾的報導作品《遠東前線》（*FAR EASTERN FRONT*，一九三四年，倫敦出版），兩人開始有了互動；一九三七年答應斯諾付托，將周恩來妻子鄧穎超從天津護送出去；一九四四年五月至十月間，參加中外記者團，赴陝北等地採訪，會見毛、周等多位中共領導人；一九五七年入中國籍；六四年加入中國共產黨；文革期間曾坐牢五年；平反後，一九七九擔任《中國建設》（*China Reconstructs*）雜誌主編；自一九八三年起連續擔任「全國政協」常委。總的來說，斯諾之於愛氏，相當於宋慶齡之於斯諾；參見張彥，《愛潑斯坦》（北京：人民日報出版社，一九九六年）頁一四八。

通向個人友誼之路。這在更大的範圍內代表著中美友誼的可
能性，在若干年之後在發展兩國關係中發揮了作用。」[159]斯
諾不僅想方設法要報導中共建政後的實況，也積極想扮演好
一個「信差」的角色。

斯諾在結束一九六〇年的中國之行返美後，本欲拜見剛
剛自杜勒斯手中接下國務卿職務的魯斯克（Dean Rusk），[160]但
後者卻只給了他二十分鐘的會面時間，根本無心聽取他的心
得或建言。[161]滿腔為了促進中、美兩國相互瞭解和友誼的熱
情，頓時被澆了一盆冷水。對此，斯諾顯然感到十分不悅。

斯諾在一九六四至六五年訪問中國大陸期間和毛澤東的
訪談當中，揭露了毛所釋放的微妙善意訊息：「我個人自然對
於歷史的力量把中、美人民分開感到遺憾……然而，我自己
並不相信這樣將以中、美戰爭收場。」[162]斯諾進而主動請纓

---

[159] 愛潑斯坦，〈愛潑斯坦同志的發言〉，第九屆埃德加・斯諾研
討會上的講話，二〇〇〇年十月十八日。

[160] 魯斯克（一九〇九－一九九四）於一九四六年開始任職於國
務院；一九五〇年擔任遠東事務助理國務卿；一九五二年至
六一年間擔任洛克斐勒基金會（the Rockefeller Foundation）
會長；隨即被甘迺迪總統延攬出任國務卿（一九六一－一九
六九）；於國務卿任內力主經援未開發國家，堅決以武力為
後盾，遏制共產勢力擴張；一九七〇年從公職退休後，在喬
治亞大學（the University of Georgia）教授國際法。

[161] John K. Fairbank, *China Perceived: Images and Policies in
Chinese-American Relations*（New York: Alfred A. Knopf,
1974）183-84

[162] Manuscript, "China—And War and Peace", 1965; Folder 329;
KC:19/1/4, The Edgar Snow Papers; University of
Missouri-Kansas City Archives. 毛並且樂觀地表示，歷史的

要幫毛傳話給詹森總統，並希望請他提供一些意見給美國政府，可是毛似乎對此並不抱期待：「他們不會聽我的……」[163]縱使斯諾這個志願「信差」表達出強烈的傳話意願，但在國際大環境和美國對華政策並未改變的情況下，中共對於他的傳話所能夠引起的作用是十分保留的。儘管如此，毛澤東應該不是信不過斯諾，而是不願在時機尚未成熟的時候，再讓斯諾（像一九六○年返美見魯斯克那樣）回去碰一次釘子，以免減損了這個長期與他們友好的「信差」的威望。

一九六八年，斯諾亦針對中、美關係的僵局，撰文透露了毛澤東想要明確傳達給美國當局的訊息。這些帶有預言性質的訊息包括：一、美國終將自越南撤兵；二、美國終將放棄圍堵中國的策略；三、中國在解決國際問題上必然會是個具有舉足輕重的地位的強權；四、美國在海外的軍事干預行動一律會被中國（不論誰當政）視為帝國主義作風，並將使和平遙遙無期。[164]關於第三點，斯諾早在一九五九年便撰文表示其意見：

> 沒有中美之間的蹉商，無論如何，裁軍談判舉行了也是浪費時間；除非有中國的參與，否則無法執行這些談判的條件。沒有中國，有關核武管制、軍事基地、

力量終將回頭拉近中、美人民的距離。

[163] *Ibid.*

[164] Manuscript, "Who Is Mao Tse-tung?", ca. 1968; Folder 323; KC:19/1/4, The Edgar Snow Papers; University of Missouri-Kansas City Archives.

武裝占領、國際航路等問題——或者關乎韓國、台灣、
越南和德國未來的協議亦將無法達成。[165]

一九六九年，斯諾撰文披露了兩項攸關國際戰略的重要
訊息。第一，毛澤東認為「美國人不是亞洲人，他們遲早要
回家的」；第二，自從中國有了核子彈以後，在蘇修和美帝之
間，毛可能已經轉而將前者視為更大的威脅。[166]斯諾所傳遞
的訊息再度重申了中、美友好契機之所在，即：「彼此尊重」
和「中蘇矛盾」。

六〇年代中期，斯諾有關中國的單篇文章很難在美國的
報刊發表，而多見諸於歐洲、澳洲和日本等地的重要期刊；
有關他和中共領袖毛、周的訪談及相關報導，在美國不是遭
到拒登，就是受到「扭曲」。[167]美國的各大媒體此時對斯諾的
態度顯然並不友善。

一九七〇年下半年，斯諾「沒有想到」會接到中國駐巴
黎使館通知，核發他重訪中國的簽證，同時也首度給洛伊斯
簽證。[168]他提及這次有妻子洛伊斯同行，好比「多了一雙眼

---

[165] Edgar Snow, "From 'Brinkmanship' to Negotiation: The New
Conditions of U.S. Foreign Policy," *United Asia* (April 1957):
103; Folder 375; KC:19/1/4, The Edgar Snow Papers;
University of Missouri-Kansas City Archives.

[166] Snow, "There Has Been a Revolutionary Seizure of Power:
Mao and the New Mandate," *op. cit.*

[167] Letter, Edgar Snow to Mildred Snow, 4/13/65; Folder 53;
KC:19/2/1, Claude Mackey Collection; University of
Missouri-Kansas City Archives.

[168] Letter, Edgar Snow to Howard Snow, 7/16/70; Folder 58;

晴」來幫忙觀察中國的事物。[169]他告訴洛伊斯，說她看待中
國時的新鮮、好奇的目光對他來說非常具有意義。[170]這句話
有兩種可能的含意，一是他終於能夠帶洛伊斯一同去中國遊
歷了，一是洛伊斯或許可以較為客觀地彌補他在中國的體察
之不足。以前她都無緣訪問中國，原因是美國國務院的阻撓。
但是這次不一樣，華盛頓方面立刻就批准了她的護照。[171]

　　斯諾在與毛澤東會談時，後者表示歡迎代表著「壟斷的
資本家」身份的尼克森總統訪華，並直指中、美之間的問題
必須要通過他來解決。[172]此次訪華適逢中共十月國慶，斯諾
夫婦與毛澤東等中共領導人同登天安門城樓觀禮，對中美雙
方而言確實是一項強烈的訊息。

KC:19/2/1, Claude Mackey Collection; University of Missouri-Kansas City Archives.

[169] Snow, *The Long Revolution, op. cit.*, 8.

[170] Lois Wheeler Snow, "The China I Have Known," excerpts from Mrs. Snow's lecture for the Carolyn Benton Cockefair Chair（October 26, 1972）; University of Missouri-Kansas City Archives. 洛伊斯在這篇演說稿中除了感謝中共方面在斯諾彌留之際所給予的醫療幫助，還似乎有意拿美國社會的現況作為對照，列舉數十項「新中國」進步的現況。她指出自己看見了中國「好的一面」，但並不足以使她成為一個「中國專家」（「China Expert」），例如中國沒有色情，沒有性病，沒有垃圾問題，沒有污染，老人和幼童皆受國家妥善照顧等等。和斯諾一樣，洛伊斯也認為，中國大陸的共產主義並不純粹，充其量只是一種社會主義制度。

[171] Snow, *op. cit.*, 7.

[172] *Ibid.*, 179.

　　雖然斯諾儼然是一條足以與中共政權溝通的非正式渠
道，可是尼克森總統和季辛吉為了「不受官僚們的既得利益
和傳統儀式的阻礙」，決定另行建立一條秘密的通信途徑。[173]
一九七〇年十月二十五日，尼克森利用巴基斯坦總統訪問華
盛頓的機會，請後者向中國傳達美國欲實現美、中關係正常
化的意圖，並探詢進行兩國高層對話的可能性，是為「巴基
斯坦渠道」；隔天，尼克森亦以類似方式和前來訪問的羅馬尼
亞總統希奧塞斯古建立了「羅馬尼亞渠道」。[174]

　　斯諾和洛伊斯於一九七〇年一同受邀登上北京天安門城
樓檢閱慶典遊行隊伍時，與毛澤東、周恩來等中共領導人並
肩而立。論者多謂這是中共對美國發出的一項十分明確的訊
息。據邰培德（Patrick Tyler）透露，[175]周恩來事後「親自監
督工人用噴漆塗去當時拍下的照片中，斯諾妻子洛伊斯和其
他人的面孔，以突顯毛澤東對美國的姿態」，[176]顯見中共到了
此時，對於斯諾是否能夠起到「信差」的作用，應該是抱有
相當大的期待的。[177]雖然斯諾稍後也在他的文章裡面寫道：

---

[173] 宮力，《毛澤東與美國》（北京：世界知識出版社，一九九九
　　　年）頁二一八。

[174] 前揭書，頁二一八至二二〇。當時巴、羅兩國總統以參加聯
　　　合國成立二十五週年紀念大會名義訪美。這兩條秘密渠道皆
　　　達到了傳遞訊息的預期效果。

[175] 邰培德為《華盛頓郵報》和《紐約時報》駐外資深記者，曾
　　　任《紐約時報》駐北京辦事處代表。現派駐莫斯科（Moscow）。

[176] Patrick Tyler, *A Great Wall: Six Presidents and China* (New
　　　York: PublicAffairs, 1999) 82.

[177] 季辛吉亦認為「中共過份高估斯諾在美國的重要性」，因為

「中國領導人公開做了的事情，不是沒有目的的。」然而中共的暗示和斯諾的明示，並沒有引起美國當局決策者和情治系統足夠的重視。[178]美國國家安全會議裡的官員亦不贊成去詢問斯諾有關他和毛澤東的對談內容。[179]不過美國政府顯然立即掌握了，而且十分重視毛所發出的關於歡迎尼克森訪問中國大陸的訊息。[180]就這點來看，斯諾作為一名志願的「信差」，雖然有實無名，卻也達到了一定信息傳遞的效果。

研究韓戰板門店會談多年的中、美談判專家文厚（Alfred D. Wilhelm, Jr.）指出，中共外交舵手周恩來經常透過民間信

美國當局早把斯諾看成是「共產黨的工具」，所以「不打算相信他所享有的秘密」。參見 Henry Kissinger, *Diplomacy* （New York: Simon & Schuster, 1994）725-26.

[178] Seymour M. Hersh, *The Price of Power: Kissinger in the Nixon White House* （New York: Summit Books, 1983） 364-65. 關於毛所釋放的訊息，有論者以為「太過間接」（too indirect）了。關於這點，當時在輔佐尼克森總統推動中、美關係正常化中扮演過吃重角色的季辛吉後來回憶道：「當它事關緊要的時候，我們已經錯失了重點。過度的細緻已經造成了溝通的失敗。」（[w]e had missed the point when it mattered. Excessive subtlety had produced a failure of communication.）尼克森雖然從未試圖利用斯諾作為中、美兩國之間的「信差」（messenger），卻也未曾打消親訪中國的決心，他繞過國務院系統，以季辛吉作為穿梭兩國和加強溝通的秘密信差。亦參見 Hersh, *ibid.*, 367.

[179] William Burr, ed., *The Kissinger Transcript: The Top Secret Talks with Beijing and Moscow*（New York: The New Press, 1998）82.

[180] Michael Schaller, *The United States and China in the Twentieth Century*（New York: Oxford University Press, 1979）45.

差來「影響其他國家領袖的抉擇和決定」，他將這種信差稱作
「第三者」：

> 通常這些第三者就是中方所稱的「民間關係」的參與
> 者。中共國務院外交部透過其外圍組織「友好協會」
> 進行民間往來，在美國諸如體育團體（最著名的應推
> 乒乓球隊）、學校、教會、記者、科學家和商人等利益
> 團體之中，發展出「朋友」。在雙方關係正常化之前許
> 久，中共已透過這一類利益團體對美國決策人物施加
> 壓力。[181]

斯諾正是中共所屬意的第三者。雖然他並未正式獲得授
權擔任中共和美國之間的「信差」，可是在兩國關係尚未正常
化以前，斯諾主觀的意願與行動，使他成為事實上的「居間
傳播者」（middleman）。雖然尼克森當局注意到了這次斯諾與
毛澤東的對談，但是頭號外交幕僚季辛吉由於對斯諾「的左
傾名聲很敏感」，於是似乎刻意淡化由斯諾個人所建立的與中
共溝通的渠道。[182]事實上，在美國和中共政權中斷接觸的期
間，便是由少數個人，來維持兩國之間「某種非正式的些微

---

[181] Alfred D. Wilhelm, Jr., *The Chinese at the Negotiating Table: Style and Characteristics*（Washington, D.C.: National Defense University Press, 1994）19.

[182] Tyler, *op. cit.*, 86. 當時曾任甘迺迪──詹森政府時期外交官
的艾倫・惠亭（Allen Whiting）自願替季辛吉向斯諾請益。
季氏的反應相當冷淡。不久，中央情報局（CIA）秘密派員
和斯諾在日內瓦碰面，但值得玩味的是，斯諾隻字未提「斯
毛對談」的內容。

接觸」，其中尤以斯諾最引人注目；他扮演了一個關鍵的志願信差角色，無形中促進了中、美之間的「非正式對話」。[183]

一九七一年斯諾訪華結束返抵瑞士後去函周恩來，建議其破除美國右派和反動勢力當道的迷思，與各界同情中國的人士廣泛接觸，並表示自己雖然無意也無力推薦所有想要訪問中國的人，但是如果有人找上他，存心端正，他也會樂觀其成。[184]一九六〇年以來，在美國，有愈來愈多的人士試圖親近和瞭解中共，這當中找斯諾投石問路的不計其數，但是這些訪客或信函絕大部分是不請自來的，而且他也一再地向外界釐清自己在這件事情上所扮演的角色。他表示，自己並不是一個「經過授權的媒介者」。[185]儘管如此，有求於他的人依然絡繹不絕。連毛澤東都認為斯諾在為美國中央情報局（the Central Intelligence Agency）工作，以為透過他可以傳達自己的訊息給華府當局。[186]

---

[183] Tsan-Kuo Chang, *The Press and China Policy: The Illusion of Sino-American Relations, 1950-1984*（Norwood, N.J.: Ablex Publishing Corporation, 1993）71-72.

[184] Letter, Edgar Snow to Chou En-lai, 3/17/71; Folder 80; KC:19/1/4, The Edgar Snow Papers; University of Missouri-Kansas City Archives.

[185] Letter, Edgar Snow to Chou En-lai, 6/16/71; Folder 82; KC:19/1/4, The Edgar Snow Papers; University of Missouri-Kansas City Archives.

[186] Burr, ed., *op. cit.*, 82. 在斯諾最後一次訪華期間，毛澤東選定他作為打開中、美關係的重要管道；亦參見 Israel Epstein, "Smedley, Strong, Snow—Bridge Builders from People to People," *Beijing Review* 28 · 28 （July 15, 1985）: 18；Seymour

民主黨參議員麥高文（George McGovern）在尼克森總統
因越戰與中共陷入僵局之際，[187]決定自尼氏手中接過中國議
題（the China issue），於一九七一年一月宣佈參選美國總統後
的政策演說中，主張美國應承認中共政權，並應支持北京取
代國府在聯合國的席位。[188]麥高文在參議院提出建議美國政
府承認中共政權與和平解決台灣問題的決議案之前，曾數度
和斯諾聯繫，一方面參考了斯諾與周恩來近期兩次的訪談內
容，另一方面也向他探詢了走訪大陸的門道。斯諾以為，麥
高文訪華若能成行，這在美國輿論可能會引起震撼的效果，
對於中、美協商以及中國進入聯合國都將有所助益。[189]

中國桌球隊邀請美國桌球隊於一九七一年四月間訪華，
這是自毛澤東透過斯諾表示願邀美國左、中、右各界人士訪
華以來向尼克森政府送出的另一個重要訊息。斯諾在結束一

M. Hersh, *The Price of Power: Kissinger in the Nixon White House*（New York: Summit Books, 1983）367.

[187] 麥高文出生於一九二二年，當過歷史學教授（一九四九－一
九五三）和民主黨眾議員（一九五七－一九六一）；一九六
二年當選參議員，反對美國介入越戰；一九七一年宣布參選
美國總統，承諾結束越戰及大幅削減國防經費。

[188] 斯諾的夫人洛伊斯也是這次政策演說的座上嘉賓。會後，她
向麥高文傳話，說「她丈夫有重要消息要告訴他，而且很快
會和他接觸」（her husband had something important he wanted
to tell him and would soon be in touch）；參見 Tyler, *op. cit.*,
88-89.

[189] Letter, Edgar Snow to Chou En-lai, 3/17/71; Folder 80;
KC:19/1/4, The Edgar Snow Papers; University of
Missouri-Kansas City Archives.

九七〇年的訪華之旅後，尼克森政府對中共的反應與態度轉趨積極。斯諾因病返回瑞士後，美國兩個月內便通過官方機構，宣稱美國一直希望同中華人民共和國改善關係，並且表示尼克森總統希望有朝一日能到中國大陸訪問。[190]一九七一年七月，美國國務卿季辛吉自巴基斯坦祕訪北京，同周恩來進行了首度交談；七月十五日，尼克森總統出人意表地宣布他將訪問中國大陸。[191]難怪日本《讀賣新聞》認為斯諾此次訪華的報導影響之大是「超乎想像」的。[192]

斯諾同情和支持中共政權的行動並不侷限在國內。他在中共取代台灣成為聯合國會員國前夕，於一封與以色列副總理艾隆（Egal Allon）交換意見的密函（Confidential）當中表示，一旦中共進入聯合國，地中海地區的「權力平衡」將會受到影響，故建議重新考量以色列與台海兩岸政權的關係。[193]未幾，他也以密函建議中共駐瑞士大使陳志方，為使中國大陸順利進入聯合國，中共可考慮採用「一般性原則的基礎」而非以特例方式排除台灣，即：一國之內存在兩個敵對政權，若一方取得了聯合國安理會席位的資格，則另一方甚至不能在聯大佔有一席之位。[194]

---

[190] 尹均生、安危，前揭書，頁八十二。

[191] 前揭書，頁八十三。

[192] 前揭書，頁八十二至八十三。

[193] Letter, Edgar Snow to H. E. Egal Allon, 8/7/71; Folder 82; KC:19/1/4, The Edgar Snow Papers; University of Missouri-Kansas City Archives.

[194] Letter, Edgar Snow to Tchen Tsche-fang, 8/10/71; Folder 82;

一九七一年，斯諾的健康情形每下愈況。在寫給喬冠華
一封信中，他提及自己在中、美之間所扮演的橋樑角色，老
驥伏櫪之情溢於言表，並寫道：「我恐怕我是，無論如何，一
個無可救藥的新聞記者。」[195]即便在他過世前四個月不到，
他還念念不忘希望能親自抵華採訪美國總統首度訪問中國大
陸這件破天荒的大事。[196]

一九七三年九月中旬，洛伊斯依照斯諾生前一封信中的
遺願，將他骨灰的另一半攜往中國，安葬於北京。[197]斯諾在
那封信中表示，「假如你不介意，請某人把我的部分骨灰灑佈
到北京，並說我*熱愛過*中國。」同時也希望將他的部分骨灰
灑佈在美國的哈得孫河（the Hudson River），因為「美國化
育、滋養了我。」；他希望他的骨灰能在流入大西洋之前拍擊
河岸，然後流向歐洲拍擊到那兒的岸邊，因為他感到自己也
是那裡人的一部分。[198]就性格上看，斯諾做出如此決定，顯
示他是十分念舊的。揆諸他一生的歷程，在美國前後待了將

KC:19/1/4, The Edgar Snow Papers; University of
Missouri-Kansas City Archives.

[195] Letter, Edgar Snow to Chiao Kuan-hua, 5/15/71; Folder 81;
KC:19/1/4, The Edgar Snow Papers; University of
Missouri-Kansas City Archives.

[196] Letter, Edgar Snow to Huang Hua, 10/20/71; Folder 83;
KC:19/1/4, The Edgar Snow Papers; University of
Missouri-Kansas City Archives.

[197] Letter, Lois Wheeler Snow to Mildred Mackey, 7/25/73; Folder
2; KC:19/3/1, Howard Snow Collection; University of
Missouri-Kansas City Archives.

[198] *Ibid.*

近四十一年，中國十三年，瑞士十三年，他應該是藉著這樣的舉措來表達對這三個地方的親友及所轄人民的一種關懷、眷戀和感激。就文化上看，斯諾似乎暗示了一條文明傳遞的路徑和方向。這裡指的是他長期以來所執著的民主和自由理念，而這種理念，不可諱言，除了淵源自美國開國以來的立國精神，往更早推，亦可能是承襲自歐洲近代自由主義政治思想先賢的遺緒。

第四節　寬以待「共」的「天命」特質

　　吾人從斯諾自一九四九年中共建政以來的思想、行誼觀之，可發現他已經從一個「身處中國的天真美國人轉變成為一個具有開擴胸襟的世界公民」。[199]當初這個嚴以律「國（民黨政府）」、懷抱積極「天命」的「天真美國人」，如今卻搖身一變，成了寬以待「共（產中國）」、完全將心比心的「世界公民」。本節即欲透過斯諾的言行來探討造成這種轉變的可能成因和思維模式。

　　五〇年代初，斯諾因為承擔不起苛捐雜稅，賠本賣掉在康乃狄克州（Connecticut）的住所，轉到紐約安家，所以對於美國政府的重稅和福利制度頗有微詞；他暗示有不少像他這樣勤奮工作的人，卻必須變相去養活那些不事生產的人；他甚至認為若拿蘇聯的福利措施和美國的相比，他寧可變成一

---

[199] Garner, *op. cit.*, 94-95.

個紅色分子（a Red）。[200]他還認為國會殿堂裡的袞袞諸公不瞭
解民瘼，只會在意識型態上大作文章。[201]他在家書中時常以
諷刺性的筆調批評美國當政者為了扼制共產勢力而在公民自
由、經濟民生和海外派兵之間所造成的一些矛盾。[202]對他而
言，似乎既然美國國內也有叢生的問題和弊端，那麼又何必
苛求別國的制度和意識型態也要完全像美國一樣？

有了過去的經歷與心路轉變，斯諾已經把中共政權視為
中國與中國人民的唯一代表，是一股帶領中國走向進步、繁
榮、民主的主導力量。針對這點，斯諾顯然是過於一廂情願
了。縱使中共領導階層有心建設國家，讓人民生活過的好些，
然而事實的發展是，「新中國」一連串的政治運動，包括後來
的文化大革命，扼殺了無數百姓的人權，阻礙了國家的發展
和進步。[203]斯諾面對許許多多不利於中共的報導和傳言，心
中的憂慮和關心是可想而知的。如果一個長期以來被寄予深
刻同情的革命力量在執政之後表現差強人意，他將何言以
對？擺在他面前的兩項選擇，一是由中共的「難友」變成「諍
友」， 是繼續為「新中國」仗義執言。何以說是「仗義執言」，

[200] Letter, Edgar Snow to Mildred Snow, 3/17/52; Folder 41;
KC:19/2/1, Claude Mackey Collection; University of
Missouri-Kansas City Archives.

[201] *Ibid.*

[202] Letter, Edgar Snow to Mildred Snow, 11/9/52; Folder 41;
KC:19/2/1, Claude Mackey Collection; University of
Missouri-Kansas City Archives.

[203] 王紹光，《理性與瘋狂：文化大革命中的群眾》（香港：牛津
大學出版社，一九九三年）頁二至三和頁三一二。

而不是「為共喉舌」呢？首先，現存史料不足以佐證斯諾拿了中共的「好處」，反倒是有幾次他為了避嫌，委婉拒絕了中共所提供的補助或酬勞。例如：中共方面原本有意支助斯諾夫婦在一九七〇年時訪華的旅費，後者卻加以婉拒。[204]這從斯諾自青年時期以來對金錢素不重視的價值觀來看，是很可以理解的。其次，他既不為利，則顯然是為了堅持自己一貫的信念，並維護其報導和寫作的公信力。所以自從五〇年代以降，他就不斷爭取親自走訪中國大陸瞭解實況的機會，並試圖影響和扭轉美國當局恐懼、防杜、圍堵中共的外交政策。

他曾在一九五六年一篇演講中這麼說道：

> ……中國，對中國人來說，是世界的中心。她一直以來都是的。中國是這樣的一個世界，她的起源湮失於遠古的神話之中——她是一座存續千百年以上，漂浮於蠻夷之海的世界之島。對中國人來說，她的文明、她的藝術和她的成就已經達到化外荒原所無法想像的高點。[205]

這顯示他在看待中國的時候，常能將心比心，故在早期，其心態有別於西方列強之掠奪和貶抑中國，以言論和行動支持中國抗日及共產革命；而在後期（中共建政後），又能獨排美國敵視中共之主流意見，鼓吹各界接納和扶助共產中國。

---

[204] Letter, Edgar Snow to Howard Snow, *op. cit.*

[205] Speech by Edgar Snow, "China and the World Crisis," 1956; Folder 168; KC:19/1/4, The Edgar Snow Papers; University of Missouri-Kansas City Archives.

美國三大斯諾傳記作家之一的漢密爾頓博士便認為，一個記者的難處莫過於以採訪對象的觀點來寫作，而斯諾卻做到了。[206]例如，當他提到中共的威脅性時，即表示中共和蘇聯革命新成，為了維繫內部士氣於不墜，仇外情緒和沙文主義難免油然而生。[207]

斯諾的姊姊認為他做起事來就像在完成一項「使命」，而且要求做到完善，不計較個人得失。[208]自從六〇年訪問中國大陸以來，斯諾就一直想實現其再度訪華的計畫。他所扮演的天命信差（博愛利他的訊息傳遞者）角色在他給毛澤東的一封信中可看的很清楚：

> 這次寫信給您，有兩個原因：一是為了提供您我自中國歸來以後的活動紀錄以及我對美國的觀感印象，二是為了針對如何增進中國與有意改良現狀的美國人之間的情況，做成一項總括評論和重要建議。我以為，您會認為這將符合中國的利益。[209]

他慨言此刻自己有責任在中國和美國之間扮演必要的推

---

[206] Yan Liqun, "Journalist Traces Life of Edgar Snow," *Beijing Review* 31・40（October 3, 1988）: 37.

[207] Speech by Edgar Snow, *op. cit.*

[208] Letter, Mildred Mackey to Mr. Alexander, ca. 1958; Folder 47; KC:19/2/1, Claude Mackey Collection; University of Missouri-Kansas City Archives.

[209] Letter, Edgar Snow to Mao Tse-tung, 5/10/63; Folder 48; KC:19/1/4, The Edgar Snow Papers; University of Missouri-Kansas City Archives.

動角色，並透露國會議員是不受國務院出入境禁令限制的，因而有不少美國參議員曾向他請益有關前往中國訪問的事宜。[210]由此可見，斯諾不放棄提及任何一個有利兩國關係發展的因素。

同時，斯諾也在這封信中表達了自己的理念。他相信中、美兩國應藉由對話來相弭衝突，因為「兩國之間的歧異不可能靠戰爭來擺平」，然而「戰爭卻可能會永遠地『擺平』兩方人民──以一種壞的方式」。他認為「既和平又競爭的共存」（peaceful but competitive co-existence）狀態最符合中、美兩國的利益。[211]揆諸過往，斯諾在面對「法西斯」和帝國主義侵略者時從不假以辭色，主張以武力自保，對「反戰」持保留態度。然而基於自己對共產世界的「瞭解」，以及對二次大戰以後局勢的認知，斯諾從不把共產中國（包括蘇聯）當作侵略者看待。他在冷戰時期一向是反對輕啟戰端的。假設他的「天命」第二邏輯依然存在，再者，假設中共政權的施為總是不符美式民主價值的期望，甚至被視為是中國人民福祉和美國國家利益的威脅時，那麼上述的看法就彷彿顯得似是而非了。

一九六三年，斯諾在一封寫給龔澎的信中指出，自己與中國患難見真的情誼是建立在發掘中國真相和同情中國人民

---

[210] *Ibid.* 如來自緬因州（Maine）的穆斯基（Edmund S. Muskie），來自猶他州（Utah）的摩斯（Frank E. Moss），以及來自華盛頓州（Washington）的麥格納森（Warren E. Magnuson），皆屬民主黨籍。

[211] *Ibid.*

的基礎上。[212]一九六六年，他自費拍攝紀錄片《四分之一人類》，[213]片中揭示了「中國社會主義的面目」，呈現出中國人民自己從帝國主義者的手中掙脫出來之後所選擇的路道——關於這點，他覺得對中國而言，已經是一種巨大的成就。[214]這樣的想法和他的「天命」第一邏輯是比較接近的。總之，十分明顯地，他已不再（對中共政權）發表像過去他加諸在國民政府之上的如民主、人權和新聞自由之類的批評了。

　　斯諾對於有關文革的發言十分謹慎，而且似乎多所保留。他很可能（而且顯然）並不瞭解當中的實情，即便瞭解了實情，也不願多加闡述。要他去批評中國大陸上的「朋友」，去揭他們的醜，這叫他情何以堪。所以在私誼和道義上，毫無疑問，斯諾維持了他的理想和信念，可是在志業上，則多少有損記者不偏不倚的職業道德標竿。為了掩飾這樣的窘境，斯諾常常歸咎於客觀因素的阻礙，然而他的回答卻也耐人尋味，其弦外之音可供各界以不同的方式解讀。例如，斯諾在生平最後一次訪華之前，與人有過這麼一段對話：

---

[212] Letter, Edgar Snow to Kung Peng, 9/21/63; Folder 49; KC:19/1/4, The Edgar Snow Papers; University of Missouri-Kansas City Archives.

[213] 原文片名為 ONE FOURTH OF HUMANITY。

[214] Irwin Silbes, "800 million Chinese Can't Be Wrong," 10/19/68; Fold 531; KC:19/1/4, The Edgar Snow Papers; University of Missouri-Kansas City Archives. 影片當中的素材大多出自三〇年代以來斯諾在中國攝取的片斷。一般而言，外界對本片的評價並不高，一方面可能因為片中隱惡揚善的成份太過明顯，另一方面則是由於本片的內容並未超出斯諾以往中國報導所達到的成就。

訪問者：……在文化大革命之後，或者文革期間，你曾經試著再去看他（指毛澤東）嗎？

斯諾：沒有。自從那次（指一九六五年）以後，我就沒回過中國了。

訪問者：為什麼你沒有回去呢？

斯諾：我不知道。你問北京好了。（笑聲）

訪問者：因為在文革之後或文革期間去中國走走不也挺有意思。

斯諾：當然囉，我想要……

訪問者：你想去嗎？

斯諾：正如我說過，我想去，可是我一直沒有辦法取得簽證。

訪問者：的確，要取得簽證非常困難。我了解。現在比以前更困難。

斯諾：我也這麼認為。在那些以前就認識中國的人當中，很少有人回去過。如果你以前從來沒有去過，好像比較容易去的成。

訪問者：以前沒去過比較容易？

斯諾：看來是這樣。[215]

---

[215] Interview with Edgar Snow, ca. 1966-1970; Folder 205; KC:19/1/4, The Edgar Snow Papers; University of Missouri-Kansas City Archives. 斯諾在接受訪談的過程中，除了重申自己既無權也無意反映任何官方的說法，故所言所論純屬個人意見，然而他在被問及中共政權治理中國的實況時，則多回答以中國進步的一面或是正在努力的方向，至於

「以前就認識中國」的外國人，一旦重訪中國，自然就
會比較「新中國」和「舊中國」的異同。如果重新訪華對他
們來說是一件不容易被批准的事，那麼中共方面是否有些見
不得人的怕人比較之處？這是頗值得推敲的。

斯諾一再提出警語，雖然國際政治形勢日趨現實，但是
吾人仍不應對中共政權懷有不切實際的認知：

> 目前的危險在於，美國人也會想像中國人正在放棄共
> 產主義而變成溫和的農業民主主義者……或者認為中
> 國將不再相信革命手段，那只能使深淵在幻想破滅時
> 再次變得更深。一個沒有通過革命實現的變革的世
> 界……對北京來說是不可想像的。但是，一個國與國
> 之間相對地和平相處的世界，對中國以及對美國來說
> 都是必要的。如果希望得到更多的東西，那將是自尋
> 失望。[216]

在斯諾眼中，中共政權治下的中國，雖然唯革命教義是
尚，卻也並非窮兵黷武。在中國方面，即使周恩來在他的面
前轉述毛澤東的意思，說世界革命風潮沛然莫之能禦，就連
美國自己也有發生革命的可能性，然而毛並不把對美外交政

共產中國負面的部分，他則以揭露數據統計和介紹事件梗概
的方式一筆帶過，絕無如過去對國民黨一般的尖銳批判。

[216] Snow, *The Long Revolution, op. cit.*, 188. 亦參見 Manuscript,
"Nixon's Reach for the Forbidden City," 7/23/71; Folder 338;
KC:19/1/4, The Edgar Snow Papers, University of
Missouri-Kansas City Archives.

策建立在這種假設之上。[217]因此，斯諾的結論是：中國當前以穩定內部政、經局勢為優先考量，希望能協同那些中、小型國家共同結束超強（指美、蘇）獨霸的局面，所以不致於對外尋釁。[218]另外，他主張美國應該和共產中國和平共存。他強調如果不此之圖而對中共產生不切實際的幻想，那麼「只能使深淵在幻想破滅時再次變得更深」，甚至「自尋失望」。有論者以為這段話顯示了斯諾最終想要甩開過去自己的「中共辯護者」（an apologist for the Communist Chinese）形象。[219]然而根據斯諾內在邏輯的妥協過程看來，與其說他想藉由這段文字來自我撇清或故作清高，不如說這不僅是他對世人的警語，而且也是他不經意流露出來的一段自我告白。

　　自中共建政以來，斯諾已不復用美式價值的高標準來評判中國的政權和社會生活模式。他原先設定在國民政府和中國人民頭上的雙重理想──希望人民生活富足和享有政治參與和言論上的民主──已經面臨了嚴重的考驗。觀察敏銳的他，在中共執政十年來的波折之後，為了避免失落感愈來愈深，在「保持對中共的期待」和「與中共決裂」之間，斯諾始終選擇前者，這證明他「天命」未失，使命感仍在。然而

---

[217] Edgar Snow, "Edgar Snow's Talks with Chou En-lai," *Congressional Record—Senate* （Aprill 22, 1971）: S5434.

[218] *Ibid.*

[219] Jay Mathews, "Edgar Snow Told You So: Why China's Great Leap Backward Should Come as No Surprise," *The Washington Monthly* 21・6 （July-August 1989）: 54.

這種期待終究抵擋不住現實的衝激而日趨妥協。[220]這「天命」
的最後防線之一，就是兩國之間必須和平共存。和平共存有
其國際現實利害的考量，也有其長遠理想的寓意。唯有兩國
持續交流，相互瞭解，中國與世界才能共存共榮，美國和世
界也才不會受到傷害。因為朋友之間，尚且能夠彼此傾聽；
敵人之間，恐怕就很難做到了。

　　斯諾的友人謝偉志回憶道：「引起他（斯諾）注意的並非
思想或意識型態，也不是國際事件或外交上的偉大事件。充
塞在他心中的力量，是溫暖的、強烈的，而且幾乎是熱情的
人道精神。」[221]漢密爾頓在他早期的研究當中也暗示，斯諾
身後骨灰的一部分之所以是葬在北京大學燕園，而沒有葬在
中國的革命烈士公墓（筆者按：斯特朗、史沫特萊等「中國
友人」即葬於北京八寶士革命烈士陵園），多少反映出他個人
基本上是心繫中國人民，和中國人民站在一起的。[222]這或許
就是他「天命」的最後防線之二──只問中國人民的福祉，
不問當政者的意識型態。[223]無論如何，就斯諾個人理念的一

---

[220] 妥協就是一種適應。就「天命說」原型而言，拓荒者的本質
之一便是要適應於新、舊世界之間，他們「必須在荒野和文
明之間架設一座橋樑（一座相互適應的橋樑）」(a bridge—of
adaptability—between the wilderness and civilization had to be
built.)；參見 James Oliver Robertson, *American Myth,
American Reality*（New York: Hill & Wang, 1980）135-36.。

[221] John Service, "Edgar Snow: Some Personal Reminiscences,"
The China Quarterly （April/June 1972）: 213.

[222] John Maxwell Hamilton, "Edgar Snow: A China Hand in
Perspective," thesis, Boston University, 1974, iv.

[223] Erickson, *op. cit.*, 159.

貫性而論，這同他三〇、四〇年代的言行相較，當然是一種
明顯的退卻和妥協。儘管遭受過麥卡錫勢力長期打壓，斯諾
最終還是對美國制度的價值表示肯定。一九七〇年，斯諾在
寫信給拉鐵摩爾時提道，他相信美國民主程序當中「好的一
面」必能收束美國的帝國主義傾向。[224]

　　美國哈佛大學一篇研究斯諾的碩士論文即指出，斯諾對
中國的認知及反應，使吾人認識到，「美國經驗在中國」一旦
陷入兩難（dilemma），如何調適自己和對方的價值體系就變
得十分重要。[225]中共執政，是既定事實；中國在共產政權主
導下有其獨特的思維和意念，也是事實。對斯諾而言，中、
美兩國之間，既然各有各的邏輯與價值，與其出言不遜，敵
視彼此的意識型態，不如表現善意，增進相互之間的交往和
瞭解。

---

[224] Letter, Edgar Snow to Owen Lattimore, 5/19/70; Folder 77;
KC:19/1/4, The Edgar Snow Papers; University of
Missouri-Kansas City Archives.

[225] Robert Olsan Boorstin, "Edgar Snow and America's Search for
a Better China: The Making of *Red Star Over China, 1928-38*,"
thesis, Harvard University, 1981, 10.

第五章　報導作品中所反映的內心世界，一九四九年前後

　　斯諾從事中國報導的寫作動機和立場，可從一九四九年七月他以《星期六晚郵報》主編的身份在一場名為「中國友誼貨物」（the Friendship Cargo for China）餐會的評論演說中，得到一個較為明確的答案：「事實上，假如我寫過任何有利於中國的文章，那都只是因為我傾聽了我所認為的、聽見的中國人民自己的心聲。我儘可能誠實和坦白地寫下這種心聲——而我相信四海一家——所以我和中國人民都屬於這個家——人類的家。」[1]因此讀者不妨可以從他的文章和作品當中尋找線索，分析其個人理念的變與不變，及其背後所反映出來的政治文化價值上的意涵。

　　「九一八事變」（一九三一年）後，[2]斯諾以他在中國東北

1　Remarks by Edgar Snow, "I Heard the Chinese People," 7/11/49; Folder 170; KC:19/1/4, The Edgar Snow Papers; University of Missouri-Kansas City Archives.

2　事變發生前夕，東北軍即查覺日軍似欲尋釁的跡象。唯蔣介石正忙於第三次「剿共」之軍事部署，指示「攘外應先安內」。事變之時，東北邊防司令長官張學良正在北平，半數留守在關外的東北軍亦無準備，而蔣則親赴江西「剿共」（此乃「不抵抗政策」的起源）。短短一百餘日，整個東北地區全部淪入日本關東軍手中。一九三二年，日本在中國東北佔領區扶植成立「滿洲國」政權。參見郭廷以，《近代中國史綱（下

（滿洲）的採訪閱聞，寫成了《遠東前線》一書。[3]這是他生平所撰寫的第一本報導作品。他深知這本以報導日軍侵華史實為內容的著作，一定會引起日本當局的不滿，甚至不准他再進入他們的佔領區。所以他趕在付梓前夕，再度前往東北採訪。[4]雖然如此，他在一九三六年找到了下一個新聞熱點，也成為他記者生涯中的第一個獨家——陝北。

第一節　《西行漫記》的群英形象

一九三五年十月，[5]中共紅軍歷經國軍五次圍剿（一九三〇年十月起）後抵達陝北，打通了就近與蘇聯連絡的管道，但是在國府的軍事與新聞封鎖之下，仍未能讓外界，尤其是西方媒體瞭解他們的處境。[6]斯諾察覺到這種情勢，但是在此

　　冊）》（香港：香港中文大學，一九八六年）頁六〇七至六〇八和頁六一二。

[3]　原文書名 *FAR EASTERN FRONT*，一九三四年於倫敦出版。

[4]　Letter, Helen F. Snow to James E. Snow, 9/27/33; Folder 6; KC:19/1/4, The Edgar Snow Papers; University of Missouri-Kansas City Archives.

[5]　毛澤東率領一支先遣支隊北上進入陝北，與徐海東和劉志丹所部紅軍會合。參見郭廷以，前揭書，頁六二八。

[6]　蘭德表示，國府對紅軍的新聞封鎖「成功地讓紅軍在公眾面前消失」（……had successfully blocked the Reds from public visibility），即便「他們被認為還存在著，那也僅僅是被看作是蔣介石即將消滅的土匪」（……they were believed to exist, but only as bandits, whom Chiang was trying to exterminate.）；參見 Peter Rand, *China Hands: The Adventures and Ordeals of the American Journalists Who Joined the Great*

之前他從未到過蘇區採訪，也沒會見過中共紅軍及其領導
人，加上坊間流傳許多紅軍殺人越貨的傳聞，令他覺得要爭
取這趟可能震撼舉世的「獨家」之旅可能要冒著失去生命的
風險。[7]然而基於好奇、同情與發掘獨家的強烈動機，他終於
透過宋慶齡與中共地下黨人的居間牽線，爭取到中共方面的
初步信任，然後將妻子寧謨留在北平，於一九三六年隻身和
美國醫生馬海德冒險突破國府封鎖線，平安抵達陝北，一路
探訪了紅軍的陝甘寧邊區，[8]以在當地的見聞寫成了《紅星照
耀中國》。他在進行此次採訪和寫作之前，預先設想擬定了一
些問題，包括如何打破國民政府當局對陝北蘇區的新聞封鎖
以進行對中共紅軍的平衡報導？蘇區的真實情況如何？使紅
軍支撐下去的信念和力量為何？中共的群眾基礎何在？紅軍
領袖們到底是怎麼樣的人物？紅軍的軍力、士氣和紀律如
何？他們真的有心抗日嗎？其外交政策為何？中共提出抗日
統一戰線的意義何在？[9]

Chinese Revolution（New York: Simon & Schuster, 1995）157.

[7] *Ibid.*, 19.

[8] 斯諾以陝北蘇區生活條件不佳為由，婉拒寧謨同行，寧謨對
此大表不滿。她為了證明自己一樣可以勝任這段旅程，隔年
四月亦獨自前往延安訪問，待了六個多月才回到北平，繼斯
諾的《紅星照耀中國》之後，出版了《紅色中國內幕》（*INSIDE
RED CHINA*）一書，中譯本亦稱《續西行漫記》。參見"News
about Mr. Edgar Snow," 香港《大公報》（August 4, 1939）；
Folder 553; KC:19/1/4, The Edgar Snow Papers; University of
Missouri-Kansas City Archives.

[9] Edgar Snow, *Red Star Over China*（New York: Grove Press,
1968）34-39.

　　因此，對斯諾而言，這趟歷險的過程，也就是發掘問題和解答問題的歷程。他絕不想要戴上任何有色眼鏡（那怕是「馬克思、列寧、墨索里尼，甚或羅斯福式的」政經教條）來詮釋「他所觀察到的事實」。[10]更深一層地探討，陝北之行正是斯諾個人對中共愛憎程度的強化抑或個人信念的檢證。既然答案都在《紅星照耀中國》一書當中，吾人可藉由檢視書裡相關人、事的描寫來推定斯諾的「天命」要素。

壹、似曾相識的親近感

　　最令斯諾和他的讀者印象深刻的是有關有紅軍人物的刻畫。[11]他在深為紅軍領袖和戰士們的英雄形象所著迷的同時，也將這種情緒感染給了讀者。他偶爾也用類比的方式來觀察他筆下的紅軍人物。這種筆法雖然或許有些不倫不類，卻掩藏不住他對他們的正面期待。這多少反映了他在個人政治文化背景意識的投射下，試圖印證他和中共黨人之間的「天命」契合程度。

　　譬如，最常為人所引用的例子，是斯諾對毛澤東的第一印象。當他初次見到毛時，後者削瘦的面容與堅毅和善的氣質竟讓他聯想起美國一位偉大的總統—— 林肯（Abraham

---

10　Letter, Edgar Snow to Howard Snow, 7/20/35; Folder 15; KC:19/3/1, Howard Snow Collection; University of Missouri-Kansas City Archives.

11　尹均生，〈傑出的報告文學西行漫紀〉，《斯諾怎樣寫作》，尹均生編（孝感：湖北人民出版社，一九八六年）頁一二二至一二三。

Lincoln）；[12]他認為毛有張「極其精明的知識分子面孔」、純樸自然、生動幽默、笑起來有孩子氣、集聰明絕頂和老練圓熟於一身，「有可能成為一個非常偉大的人」；據斯諾觀察，毛不但精明好學，而且自奉甚儉，既反對國民黨壓迫，也堅決反抗日本侵略；他並且提到毛對於美國羅斯福總統的新政措施和反法西斯的外交政策懷有相當的好感與好奇。[13]

　　雖然當時毛是國民黨亟於緝拿的頭號「赤匪」，斯諾反而覺得他既親和又勇敢，並認為從他身上無論找到多少優點，皆可看到代表著千百萬中國人民（尤其是農民）的迫切需求。[14]通

---

[12] 林肯（一八〇九－一八六五）未受過正規教育；一八三六年，取得律師資格；曾經擔任伊利諾州（Illinois）州議員；一八六〇年，當選美國第十六屆總統；南北戰爭（the Civil War，一八六一－一八六五）後，被視為黑奴的解放者與維持國家統一的象徵。

[13] Snow, *Red Star Over China, op. cit.*, 90-94. 傳統上，美國民主黨政府的大政府施政一向帶有社會主義的色彩，如羅斯福（FDR）總統任內的「新政」（New Deal）、詹森（LBJ）總統任內的「大社會」（Great Society）等。這裡斯諾把毛和羅相提並論，似乎在暗示讀者，儘管像毛這樣主張共產主義的中共領袖，也存有若干和美國相互契合之處。

[14] 斯諾回憶當他第二次見到毛澤東時：「毛正沿著土街走著，沒戴帽子，正同兩青年農民談天，還不時地打著手勢，樣子十分親切。我沒認出他來，直到別人指給我看──儘管南京當局出二十五萬元懸賞他的首級，他仍若無其事地和其他行人一塊走著。」（Mao was walking hatless along the street at dusk, talking with two young peasants and gesticulating earnestly.　I did not recognize him until he was pointed out to me—moving along unconcernedly with the rest of the strollers, despite the $250,000 which Nanking had hung over his head.）

過了斯諾的筆，毛被描繪成一個平凡中見偉大的英雄人物。
另一位同樣遭到南京政府通緝的紅軍將領彭德懷，[15]平時幾乎
不帶貼身護衛，還下令保存那些懸賞他的傳單，以便回收再
利用；斯諾是這樣描寫彭的：「他說話開誠布公，直截了當，
語氣堅定，一如他的為人。他動作敏捷……妙語橫生。」[16]這
樣的觀察和描述大致是不錯的。彭氏身為遭國民黨軍隊追剿
的一員，不但沒有給人落魄猥瑣的印象，反倒顯得是個樂觀、
堅毅、鐵錚錚的漢子，給*紅星照耀中國*的讀者留下某種傳奇
英雄的形象。而這類傳奇英雄的形象，相信或許會給喜愛遊
歷冒險的斯諾帶來一些親切感。

　　另一位紅軍將領朱德給斯諾的感覺是「秉性裡肯定有一
種理想主義的氣質和天生潛在的革命熱情」。[17]這是他所有針
對朱德的描寫當中最具典型和最能表現後者風采的一段文

See *ibid.*

[15] 彭德懷（一八九八－一九七四）原名彭得華；參加過北伐戰
爭；一九二八年加入中國共產黨；一九三四年參加了長征；
抗戰時期擔任八路軍副總指揮；中共建政後，歷任西北軍區
司令員、解放軍副總司令、國務院副總理兼國防部部長。彭
為中共開國十大「元帥」之一，個性豪爽，直言不諱，因在
一九五九年批評毛澤東推行的「人民公社」運動（一九五八
年）為左傾冒進，被毛解職並軟禁，後又因上「萬言書」（時
值一九六二年中國大陸發生嚴重饑荒）直陳毛的經濟政策失
當，終在文化大革命期間被折磨至死。參見李谷城，《中共黨
政軍結構》（台北：淑馨，一九九二年）頁三三三至三三四。

[16] *Ibid.*, 265.

[17] *Ibid.*, 334. 斯諾在西北蘇區訪問期間未曾和朱德碰面，唯透
過李長林等人轉述得知朱德風采一二。

字。八年之後，斯諾仍津津樂道於好友卡爾遜上校對朱德的
看法，說他「具有李將軍（Robert E. Lee）的仁慈、[18]格蘭特
（Ulysses S. Grant）的堅忍，[19]和林肯的謙遜」等偉大的個人
特質。[20]斯諾在此似乎仍延續他一貫不以「成王敗寇」論英雄
的態度，著重以革命理想的正當性來看待這群涉入到中國內
戰當中的「叛逆」人物。

　　其實斯諾在陝北第一個會見到的紅軍領袖是周恩來。周
屬於智囊型人物。他告訴斯諾，中共歡迎新聞記者到陝北蘇
區來採訪，而只有國民黨才不樂見記者前來此地。這種說法
相當成功地營造了善意的氣氛，也拉近了彼此的距離。雖然
斯諾早在來訪之前，心態上就已經不支持國民政府了，但是
周的歡迎及開放態度，或許才是構成開啟他和中共之間友
好、互信，及交流的重要原因之一。他對周的描寫是這樣的：

---

[18] 李（一八〇七－一八七〇）將軍是美國南北戰爭時期的南軍
　　統帥；一八二九年畢業自西點軍校；因反對國家分裂及內
　　戰，於一八六一年率部退出北軍而加入南軍；一八六二年出
　　任南軍總司令；在南北戰事初期曾獲致具大戰果；後敗於北
　　軍，於一八六五年投降。

[19] 格蘭特（一八二二－一八八五）將軍是美國南北戰爭時期的
　　北軍統帥，以剛毅果斷著稱；一八四三年畢業自西點軍校；
　　一八六四年受命指揮北軍；戰後奉命視察南方，提出了一份
　　重建南方的政策報告；一八六七年任陸軍部代理部長；一八
　　六八年當選總統，四年後亦連任成功。

[20] Anthony Kubek, *How the Far East Was Lost: American Policy
　　and the Creation of Communist China, 1941-1949*（Taipei:
　　China Academy, 1979）372; 亦參見 Edgar Snow, "Sixty Million
　　Lost Allies," *Saturday Evening Post* （June 10, 1944）: 44-46.

他打招呼時「柔和而溫文爾雅」，頭腦冷靜，「有著一副孩子氣的相貌」，是個擅長推理的中共頭號外交家。[21]

其他次要人物如紅軍某指揮員李長林，斯諾寫他「是個好人，一個好布爾什維克，也是一個講故事的好手」。[22]他在形容已故紅軍戰士劉志丹時，則寫他是個「現代羅賓漢」，身上流露著劫富濟貧的俠客氣質。[23]他對紅軍少年先鋒隊（紅小鬼）尤感好奇。他相信他們之所以喜歡紅軍，加入紅軍，是因為「在紅軍中間，他們頭一次被當作人看待⋯⋯覺得自己與任何人都是平等的」；因此，斯諾特別對這群少年充分寄予厚望。[24]另外，他對紅軍青年的一般印象是努力執著、謙沖致和的。[25]他總是以無邪、正面和讚譽的方式來描繪中共紅軍，由此可以看出他被紅軍英雄情操所感染的程度。例如他寫道：「紅軍的聲威是⋯⋯無法阻擋的」；[26]他對於紅軍長征有著如下的認知：

---

[21] Snow, *op. cit.*, 68-71, 76.

[22] *Ibid.*, 78. 布爾什維克（Bolshevik）指主張立刻由無產階級奪取政權的共黨激進分子。

[23] 對富人和地主階級來講，劉是土匪；對窮人和無產階級來講，劉是救星。*Ibid.*, 209. 劉志丹（一九〇三－一九三六）出生於陝西保安（今志丹縣）；一九二五年加入中國共產黨；曾參與「北伐」；一九三五年十月共軍撤入陝北後，擔任紅二十八軍軍長；翌年因率所部東渡黃河，與國軍戰鬥而陣亡。

[24] 斯諾認為，在這些少年身上看到中國的希望和未來，只要他們能夠重新塑造和覺醒，必能開創新局。*Ibid.*, 267, 270.

[25] *Ibid.*, 284.

[26] 這句話在描述中共欲從山西向長城進發抗日，收復失土。See *Ibid.*, 40.

冒險、探索、發現、人的勇氣和膽怯，狂喜和勝利、
痛苦、犧牲和忠誠，而烈焰一般貫穿這一切的是那萬
千青年不息的熱情、永不泯滅的希望和驚人的革命樂
觀主義，他們從不向人、或自然、或上帝、或死亡認
輸……。[27]

　　這段敘述和當初他從美國遠渡重洋來到東方之前寄給母
親信中所寫的內容精神頗為相似，[28]皆是他發自內心對英雄人
物的景仰和對冒險犯難的渴望的一種心理或文化背景上的投
射。他把紅軍的長征看作是歷史上堪稱的「偉大壯舉」，唯有
蒙古人在亞洲曾經超越過這項武裝大調動的紀錄。[29]對他而
言，相較於國民黨精銳卻似乎不積極抗日的部隊，紅軍的抗
日遠征軍行動被形容成一種「堂‧吉訶德式」的遠征。[30]

　　斯諾對於似乎已經揚棄了中國繁縟傳統的蘇區民眾的看
法，則是「直率坦誠，質樸自然，有科學的頭腦」。[31]他發現
中國農民普遍不怕紅軍；相反地，由於蘇區採行的土地政策
有利於廣大勞苦貧農的生計，他們反倒歡迎紅軍的到來。[32]他

---

[27]　*Ibid.*, 190.

[28]　參見本論文第二章第二節。

[29]　*Ibid.*, 205-06.

[30]　*Ibid.*, 354-55.

[31]　根據斯諾的說法，紅區人民的心理與性格已經脫離了中國人
的老式觀念，與舊式家庭觀念大相逕庭。*Ibid.*

[32]　紅軍的主要施政包括取消高利貸，禁販鴉片，重分田地，寓
兵於農，提倡教育，取消苛捐雜稅，革除官僚腐敗，禁止纏
足、殺嬰、販賣童奴、賣淫、一夫多妻或一妻多夫，尊重婦
女等等。*Ibid.*, 42, 83-85, 223-26, 259.

指出：「構成紅軍絕大部分的中國農民，其卓絕的個性、吃苦耐勞、毫無怨言的品德是舉世無雙的。」[33]特別是在長征以後，紅軍等於在中國各地沿路作了正面宣傳，導致不少弱勢民眾加入他們的行列。[34]斯諾自己也坦承：「……許多人臆想紅軍是一伙驍悍不馴的亡命徒和叛逆者。我自己也有類似的模糊概念。不久我就發現構成紅軍戰士群體的絕大多數都堅信是為自己的家庭、自己的土地和自己的國家而戰的青年農民和工人。」[35]這幾句話正代表著他對中共認知上的一種轉變。

斯諾的成長背景和經驗，使他一向對英雄人物崇仰有加。他認為：「在中國，一個人早年當過土匪，常常正說明他有堅強的性格和意志……。事實上，許多最壞的流氓、惡棍和賣國賊就是在冠冕堂皇，偽善透頂的儒家言辭和儒家權術的掩飾之下上台的……。」[36]對他而言，要成為英雄的，不見得必須位居要津或學富五車，只要他們有理想，有勇氣，敢冒險，富傳奇色彩，就是值得尊敬的人物。[37]總之，斯諾覺得「產生對英雄崇敬情緒的，是生存條件本身所產生的這場轟

---

[33] *Ibid.*, 279.

[34] *Ibid.*, 205.

[35] *Ibid.*, 258.

[36] *Ibid.*, 44.

[37] 斯諾眼中富傳奇色彩的紅軍領袖如周恩來、賀龍等人，多次被謠傳已經死亡，實際仍皆健在。他還以一廂情願的口吻描寫同情中共的陝西省綏靖公署主任楊虎城，說他可能是一個尋思救國救民而苦無對策的鹵夫。斯諾寫道：「（楊將軍）即使有這樣的夢想，他也不會向我訴說。」（But if he had such dreams he did not confide them to me.）參見 *Ibid.*, 44.

轟烈烈的人民運動。要想了解他們（紅軍）所取得的成就，
不僅需要更多地看看這些人為之奮鬥的目標，也要了解他們
所反對的東西。」[38]他對紅軍的推崇，或許正是由於後者是一
群有著堅定理想和信念的英雄人物，而不是一群專事打家劫
舍的匪類。[39]

期諾一洗外界加諸在紅軍身上的好戰土匪形象，認為中
共確實有心要停止內戰，服從政府，以「建立一個包括國民
黨在內的諸黨派合作成為可能的政治體制」。[40]他似乎一度相
信中共願意謹守忠誠的反對黨的角色。[41]如果中共果有實行政
黨政治的誠意，那麼和國民黨當時的「訓政」施為相較下，
前者的訴求顯然比較接近斯諾的「天命」第二邏輯。

質言之，第一，斯諾嘗試以對方的觀點觀察事物，不僅
發見了紅軍得人心的原因，而且預示了中共終將帶領人民走
上執政之路的前景。[42]第二，斯諾要報導和追尋的不只是皮相

---

[38] *Ibid.*, 213.

[39] 蘇錚、吳國學，〈論斯諾的人格魅力〉，《二十世紀永恒的紅
星》，尹均生主編（武漢：華中師範大學出版社，一九九八
年）頁二六一。

[40] *Ibid.*, 365-67.

[41] 斯諾寫道：「的確，若沒有反對派，民主就不成其為必
要⋯⋯。」（Indeed, without that Opposition no 'democracy'
now in prospect would have been necessary⋯⋯）並寫道，若
要維繫中國的和平與民主，南京政府方面就應該「愈傾向於
代表全國不同的和更廣泛的階級利益」（reflect a wider
representation of social stratifications.）。See *ibid.*, 405-06.

[42] Yan Liqun, "Journalist Traces Life of Edgar Snow," *Beijing
Review* 31・40（October 1988）37. 該篇文章作者引自漢密

上的事物（如英雄氣質或史詩般的英雄事蹟），還包括內在的精神特質與內涵（英雄所秉持的理想和信念）。[43]

貳、梁山泊式的夢土

根據斯諾的觀察，蘇區政治清明，禁販鴉片及婦孺，實施男女平權，沒有國民黨所指控的燒殺擄掠或貪污賄賂等恐怖行徑。[44]相較於外界的殘破及腐敗，斯諾顯然十分認同蘇區雖艱難困苦但簡樸清廉的生活景況。在談及中共和共產國際的關係時，毛澤東峻斥了國內外各界對中共黨人的污衊，同時重申：「中國共產黨僅僅是中國的一個政黨……，它必須對全民族負責。決不是為了俄國人民或第三國際的統治……，只有與中國大眾的利益完全共同的地方，才可以說是「『服從』莫斯科的『意志』。」毛令斯諾覺得他是一個以中國人民利益

爾頓（John Maxwell Hamilton）的看法，認為美國人經常會向外投射自己的價值觀念，以致模糊了他們所看見的事實真相；他們不是認為中國人徹底壞透，就是認為中國人純真善良；但是斯諾可算是例外，因為「一個記者最困難的任務在於用對方的觀點，而不是用自己的觀點，來看待事物。」（A journalist's hardest task is to see things from the viewpoint of the people he is writing about rather than from his own.）就這點來看，美國人似乎並不瞭解斯諾。

[43] 如同斯諾不僅認為毛澤東在外表上長得像林肯外，在事業、人格、誠懇、民主精神、開闊的胸襟，以及對窮苦大眾的同情等方面，均有點類似林肯。顯見斯諾對中共黨人的欣賞和期許有其內在的涵意。See Wang Fushi, "Red Star Over China: The First Chinese Edition," *Beijing Review* 31・41（October 1988）37.

[44] *Ibid.*, 65.

為重，追求主權獨立的愛國主義者。[45]離開陝北之前，斯諾下
了一個結論：「（毛澤東）的王牌是亞洲的馬克思主義、他對
中國和中國歷史的淵博知識、他對中國人民的無限信任和他
將泥腿子培養為將軍的實際經驗。他那循序漸進的論證漸漸
使我相信了它是『可能的現實』。」[46]毛似乎看來像是引領中
國人民邁向「夢土」（promised land）的摩西（Moses）。

　　紅軍重新分配蘇區人民財富的情形，和軍閥、地主、官
僚對待平民百姓的暴行相互對照之下，令斯諾印象深刻。[47]固
然紅軍多多少少是一支官逼民反的隊伍，然而它絕非一群沒
有訓練，沒有宗旨的烏合之眾。斯諾也理解共產黨的組織和紀
律嚴格，有一種壓制個人主義的特質存在，處處講求合作。[48]
但經過自己親身的觀察和解讀，終於瞭解中共紅軍原來不像
是國民黨政府所宣傳的那班「赤匪」（red bandits），而是有理
想，有目標，有組織，有戰略眼光的革命團體。

　　綜合以上所論，斯諾在陝北採訪期間，確實深受中共「延
安精神」的影響，[49]使他以為在紅軍的身上看到了中國的未來

---

[45] 蔣建農、曹志為，《走近毛澤東：一個外國人與新中國元首
　　的交往》（北京：團結出版社，一九九〇年）頁三十二至三
　　十三。

[46] Edgar Snow, *Journey to the Beginning*（New York: Random
　　House, 1958）162. 斯諾在此強烈暗示，中國共產黨將會走
　　獨立自主的路。

[47] *Ibid.*, 300.

[48] *Ibid.*, 354.

[49] 指在精神生活方面，毛澤東決心擺脫蘇共控制，走中共自己
　　的道路，號召同志群眾研讀中國史地，瞭解中國的國情與社

與希望之所繫。此時在他內心，「天賦使命」的正面因子有了進一步發酵的機會。

參、《西行漫記》的特色和影響

　　將人物形象刻劃、對白和故事情節等文學手法加入報導作品之中，或許是斯諾這部作品引人入勝之處，因為它符合了「新聞報導小說化」的兩項特點。第一，零星片斷的新聞事件在經過整合組織之後，可以給予讀者全面和整體的印象；第二，經過作者解釋、評論和文學化處理之後的新聞事件，可以達到有如歷史小說（如《三國演義》、《水滸傳》等）的傳播威力。[50]而本節在經過文本解析之後發現，《紅星照耀中國》正具備了上述特點。另外，書中以第一人稱手法敘述了毛澤東的生平事蹟，亦能增加說服力，使人印象深刻。[51]斯諾曾表示，因為文學和新聞是一體的兩面，所以一個以描寫現實為本務的記者也應該要具備基本的文學涵養，並且在他

　　會；在物質生活方面，由於物質缺乏，土地貧劣，因而實行供給制，各機關、學校等單位展開生產自給運動。由於物力維艱，處處不免有些清教式的自約色彩。參見萬亞剛，《國共鬥爭的見聞》（台北市：李敖出版社，一九九〇年）頁六十六至六十七。

[50]　陳勤，〈新聞小說研究〉，《報學》3・1（一九六三年六月）：頁三十三和三十八。

[51]　尹均生，〈西行漫記中文版出版前後──中國出版史上的一個範列〉，第九屆埃德加・斯諾學術研討會論文，二〇〇〇年十月十八日，頁四。以第一人稱手法寫出毛澤東自述，是出自寧謨的提議；亦參見 Ling Yang, "Helen Snow: A Living Bridge," *Beijing Review* 35・7 （February 17-23, 1992）: 35.

的報導當中注入一些「文學味道」。[52]雖然許多人認為這本書
中充斥了偏見，但是書中對於細節的敘述卻又十分詳盡。[53]這
又形成了另一層說服力。

　　斯諾在中國陝北的四個月當中，親訪了許多紅軍領袖，
和當地蘇區人民和紅軍戰士一起生活，一起玩樂，實地觀察
和體會蘇區人民的想法和言行。這段期間他和紅軍上下徹夜
長談已是家常便飯，水乳交融，相濡以沫，道雖不合（多處
資料均已證明，斯諾並不信奉馬列共產主義，也從未「入
黨」），志卻頗同（皆對國民黨政權不滿，反對法西斯主義和
帝國主義的侵略剝削，希望中國人民過民主、富足的生活），
因此會和中共黨人結下長久的友誼也是自然的結果。經過了
一段時間的相處，斯諾和毛澤東之間有了信任感——毛終於
願意透露自己的生平背景——這是他頭一次述說個人的身
世，而且對象是個美國來的記者。[54]

　　斯諾曾為寫作《紅星照耀中國》的原由辯護道：「正是紅
軍故事當中的人類史詩使我感到興趣，政治層面只是次要
的，而且我並不打算（事實上，也力有未逮）陷入贊成或反
對中國共產主義的激辯當中。」[55]他自陝北歸來以後，從北平

52　蕭乾，〈斯諾精神：紀念斯諾逝世二十周年〉，《人民日報》
　　（一九九二年七月三日）第八版。

53　Jespersen, T. Christopher, *American Images of China,
　　1931-1949*（Stanford, California: Stanford University Press,
　　1996）200.

54　徐學初、周永章，《毛澤東眼中的美國》（北京：中國文史出
　　版社，一九九七年）頁八至十。

55　Letter, Edgar Snow to L. M. MacBride, 12/29/36; Folder 10;
　　KC:19/1/4, The Edgar Snow Papers; University of

發了一封信給倫敦《每日先驅報》（Daily Herald），表示：

> 在最近九年的戰鬥以來，從來沒有一位中外人士真正
> 進入過紅區，拜訪過紅軍領袖，調查過蘇區生活，面
> 訪過紅軍戰士、指揮官和紅區農工百姓，並且歸來寫
> 出所見所聞。在此之前的報導，不是基於道聽塗說、
> 想像、「光復」區的遊記，和國民黨的文宣，就是基於
> 祕密流傳在共產黨或其同情者之間的第二手紀錄。[56]

　　他指出，紅區事實上正處於遭受新聞封鎖的狀態，由於當
時外界並不瞭解中共紅軍的虛實，以致沒有任何外國人甘冒生
命危險深入紅區採訪，而他卻是「唯一突破這種封鎖，進入紅
區，並將見聞帶回公諸於世的人」。[57]吾人或許可以認為正是這
種不入虎穴，焉得虎子的冒險精神使得斯諾取得這個獨家報導
的機會，然而事實上也未嘗不是因為斯諾與宋慶齡和左派青年
知識份子（他們當中有許多是中共地下黨人）等人取得了與中
共之間一定程度的默契和信賴有以致之。而這種默契和信賴又
完全建立在某種「志同道合」的基礎上。即：斯諾不見得信仰
或十分瞭解共產主義，然而他頗能認同且同情中共黨人和左派

Missouri-Kansas City Archives.

[56] *Ibid.* 斯諾甚至舉好友史沫特萊（Agnes Smedley）描寫中共
　　紅軍的著作《中國紅軍的長征》（*CHINA'S RED ARMY
　　MARCHES*）為例，說她所徵引的資料固然信實，可惜缺乏
　　真實性，因為她畢竟從沒在蘇維埃區待過，也從來沒親眼目
　　睹過紅軍。

[57] *Ibid.*

親共人士當時所倡導的對內反獨裁、對外反霸權的理念。[58]尤
其是中共方面所展現出來的——明顯有別於重慶官方的——
質樸的民主氣息，不僅吸引了像他這樣的美國自由派人士，也
經由他的報導作品把「革命熱情」感染了出去。[59]例如：《紅星
照耀中國》裡有關農民抗爭與民族自決的「毛主義」（Maoism）
便深深吸引了菲律賓的抗日游擊隊，使後者在一九四二年以後
採用這本書作為部隊的訓練教材。[60]

　　斯諾自從披露了陝北蘇區的實況之後，聲名大噪。由於《紅
星照耀中國》和先前所發表的相關單篇報導均屬獨家，加上斯
諾過去從事廣告文宣的專業背景，以及國際間反法西斯陣營的
氣勢的集結，在在使得這部作品受到各界廣泛的矚目。在紅星
成書之前，斯諾所描繪的紅軍形象和事蹟早就透過《新共和》
（*The New Republic*）、《太平洋事務》（*Pacific Affair*）、《星期六
晚郵報》、《時代》和《生活》（*Life*）等雜誌向外界披露，大大
地影響了輿論視聽。[61]美國藍燈書屋社長班奈特·瑟佛（Bennett

[58] 吳松江，〈論斯諾作為著名記者的人格風範和職業道德〉，《二
十世紀永恒的紅星》，尹均生主編（武漢：華中師範大學出
版社，一九九八年）頁二一九至二二〇。

[59] John K. Fairbank, *China: A New History*（Cambridge, Mass.:
Harvard University Press, 1992）317.

[60] Alexander Woodside, "Rise and Fall of the Southeast Asia
Obsession," *Dragon and Eagle: United States-China Relations:
Past and Future*, eds. Michel Oksenberg and Robert B. Oxnam
（New York: Basic Books, 1973）315.

[61] Nancy B. Tucker, *Patterns in the Dust: Chinese-American
Relations and the Recognition Controversy, 1949-1950*（New
York: Columbia University Press, 1983）136-37.

A. Cerf）撰文介紹《紅星照耀中國》的寫作緣起，稱該書為「世界性的獨家報導」。[62]這本書在英國首度出版的時候，才一個月就賣了五刷，被稱為「真正具有重要歷史和政治意義的著作」，後來在美國也被列為非小說類當中最暢銷的遠東叢書。[63]一九三八年諾貝爾文學獎得主賽珍珠更於一九四二年以專文推薦包括斯諾的《紅星照耀中國》、《為亞洲而戰》、《活的中國》在內的幾本書，認為它們有助於讀者瞭解中國。[64]美國記者伊羅

---

[62] 斯諾在一九三七年七月下旬完成《紅星照耀中國》的撰寫工作。參見 Bennett A. Cerf, "A Matter of Timing," Publishers Weekly（February 12, 1938）: 838-39; Folder 553; KC:19/1/4, The Edgar Snow Papers; University of Missouri-Kansas City Archives. 據 Cerf 社長表示，該書在美國出版以來僅四週，就已經銷出一萬二千冊，而且每天尚有六百多冊的訂購量。

[63] Dong Leshan, "Edgar Snow and 'Red Star Over China,'" China Reconstructs 31．2 （February 1982）: 13; Folder 559; KC:19/1/4, The Edgar Snow Papers; University of Missouri-Kansas City Archives.《紅星照耀中國》的中文譯本不下數十種，最早是王福時等人於一九三七年所譯，在北平出版的《外國記者西北印象記》，然後比較著名的是一九三八年由胡愈之等人籌資翻譯，上海「復社」出版，斯諾為之作序的《西行漫記》。這些譯本很快就在中國市面上流傳，十分風行，影響了許多知識青年，他們當中有不少人投筆從戎，不遠千里投奔延安陣營的抗日救國行列。本篇注釋的作者董樂山即為其中之一。

[64] 其他賽珍珠所列舉的書也包括林語堂的《吾國與吾民》；參見 Pearl S. Buck, "Pearl Buck Suggests These Books on China," Romeike Press Clippings （October 11, 1942）; Folder 554; KC:19/1/4, The Edgar Snow Papers; University of Missouri-Kansas City Archives. 賽珍珠（一八九二～一九七三）生長在中國，是美國長老教會傳教士之女，於上海接受啟蒙教育；一九一四年自美國取得學士學位後，返華擔任南

生（Harold R. Isaacs）則認為《紅星照耀中國》「給日益焦慮的、有世界意識的自由主義知識份子們留下了最深刻的印象。它在大多數美國人的頭腦中開始產生出與蔣介石的國民黨的笨手笨腳、腐敗、靠不住的領導人截然不同的，作為樸素的、全心全意的愛國者的中國共產黨形象。」[65]費正清教授以為書裡中共黨人長征後「那種樸實的懇切態度以及對農民事業明顯的獻身精神」躍然紙上，激發了世上讀者的想像空間，令人印象深刻。[66]正如蘭德（Peter Rand）所言：「《紅星照耀中國》激發年輕左翼份子、自由主義者、學生奔向紅色根據地。它使毛澤東在全國、全世界公開亮相，這正是他最初邀請斯諾訪問保安時所希望的收獲。現在，斯諾本人在中國也聲名大振。」[67]直到今天，斯諾與《紅星照耀中國》相關的系列報導，仍然是研究毛澤東生平和中共黨史的第一手文獻。[68]

京金陵大學英國文學教授；一九三五後移居美國。

[65] Harold R. Isaacs, *Scratches on Our Minds: American Images of China and India*（Westport, Connecticut: Greenwood Press, 1958）163. 伊羅生出生於一九一〇年，三〇年代初開始在中國從事採訪報導工作，先後任職上海《大美晚報》（*Evening Post*）和《大陸報》（*The China Press*）。一九三一年與史沫特萊共同創辦《中國論壇》（*China Forum*）雜誌。一九三三年加入「中國民權保障同盟」，擔任執行委員。一九四三年至五〇年期間擔任《新聞週刊》（*Newsweek*）副主編。一九五三年以後轉入學界，以研究中國和東亞政治為主。

[66] John K. Fairbank, *The United States and China*, 4th ed.（Cambridge, Mass.: Harvard University Press, 1979）295.

[67] Rand, *op. cit.*, 185；亦參見肖玉編，《周恩來：領袖交往實錄系列》，成都：四川人民出版社，一九九二年，頁四八二。

[68] Robert Olsan Boorstin, "Edgar Snow and America's Search for a Better China: The Making of *Red Star Over China, 1928-38*,"

第二節　《大河彼岸》的今是昨非

　　斯諾在中共建政後的中國報導作品，以《大河彼岸》和
《漫長的革命》最作代表性，雖然他們所造成的影響力和文
學造詣並未超過《紅星照耀中國》一書。首先，本節要探討
斯諾在描述和報導中共政權及其治下中國時，在寫作態度和
策略上有何轉變？其原因為何？

　　斯諾之兄霍華德寫過這麼一段耐人尋味的話給斯諾：「我
不喜歡有關共產主義的許多事情……即使你從未在你的寫作
當中說過任何批判共產黨的話，即使我也不總是同意你的想
法，我還是覺得他們的故事需要被公諸出來。你曾站在他們的
角度說他們的故事，當他們也站在『我們』這一邊時，當時每
個人都喜歡這樣。現在我覺得你應該試著看看另外一邊，正如
同狄托（Tito）看待南斯拉夫的方式一般。」[69]一些曾經對中
國共產黨人有過期待或好感的美國人，或許只是出自善意地、
策略性地、志同道合地「站在他們那一邊」，並且相信他們始
終，或者最終會「站在我們這一邊」，實行和「我們」一樣或
近似的價值、制度和生活模式。然而當理想變成了現實，國家

　　　thesis, Harvard University, 1981, 4.

[69]　Letter, Edgar Snow to Howard Snow, 6/17/53; Folder 15;
　　　KC:19/3/1, Howard Snow Collection; University of
　　　Missouri-Kansas City Archives. 狄托（一八九二～一九八〇）
　　　於二次大戰期間領導游擊隊抵抗德國入侵，建立社會主義政
　　　權，擔任南斯拉夫（Yugoslavia）總統；一九四八年抵制蘇
　　　聯控制，使南斯拉夫成為共產陣營中第一個走出獨立自主道
　　　路的國家。

利益和意識型態衝突開始浮出檯面，這種一廂情願的期待，不是造成了幻滅與決裂，就是激起了堅持與辯護。

斯諾曾投書指正一個批評者，因為這個人說他「洗了美國人的腦」，不僅「在我們當中啟動了共產主義的影響，還把中國出賣成了克里姆林宮的代理人」，又說他「十年前」在《星期六晚郵報》發表了「一系列」不實的言論。事實上，斯諾只在一九四五年於該報發表了一篇〈中國難道非得赤化？〉；即使二次大戰之後，也只在該報發表了有關周恩來的側寫和「中國難道非得變成俄國的附庸？」的文章，並非如所指控的「一系列」文章，況且他所寫的文章多半均在蘇聯或西歐國家發表。他反過來勸這個人如果能夠真正讀一讀他的作品，想法便會改觀，並強調他的作品必須放在特定的時空背景下閱讀，因為它們點出了中共崛起和國府失敗的緣由，預示性頗高，可惜當時美國決策者未能加以重視。[70]

中共建政後，內部鬥爭不止；西方媒體不時傳出關於中共政權的負面報導或宣傳。斯諾內心的憂慮是可想而知的。如果中共政權的「新中國」不能比國府執政時期的「舊中國」來得民主、進步、繁榮與和平，那麼外界對他自三〇年代以來親共的批評就將顯得十分合理。於是，斯諾的命運和事業，不免和共產中國（包括中、美關係）產生了緊密的關聯性。兩個大國之間自冷戰以來的隔絕，更加使得他急於親赴中國一探究竟，報導真相。但如果「真相」不盡如人願，也只有

---

[70] Letter, Edgar Snow to Robert Welch, 7/21/56; Folder 17; KC:19/3/1, Howard Snow Collection; University of Missouri-Kansas City Archives.

靠著真憑實據的數字和紀錄來隱惡揚善一番了。吾人於閱讀斯諾在一九六〇以後根據三次訪華見聞所寫成的兩部主要報導作品——《大河彼岸》、《漫長的革命》——之後，將發現他於公（無私的一面）在替老朋友（中共黨人和中國人民）主持公道，於私（現實的一面）則強調與中國「合則兩利」的美國國家利益觀。對他而言，發掘並報導共產中國的現況，而且證明「新中國」的進步性，就是對自己一貫信念最強而有力的辯護方式。

在《大河彼岸》一書的序文，斯諾一開始便坦率地寫道：「這本書當然是關於一塊土地，那兒的獨裁政府明確地決定那些事情是她的人民應該認識，那些是不需要知道的；那些地方准許記者去和那些地方禁止記者前往。」可是他隨即提醒讀者，中共的階級專政與言論控制乃植基於國家和全民利益的「積極信念」之上，並暗批美式民主與言論自由之不可靠——如果朝野只為一己之私，民主制度亦將蕩然無存。[71]想必這是他自認為可以用來替自己和中共政權辯護的堅強（或唯一）論點。事實上，這種論點的基礎十分薄弱，因為它必須依靠三套環節的相互配合才能實現，一是全民一致的共識，二是當政者強烈的決心，三是執行過程的落實，缺一不可。只要有任一環節出現徇私濫權的現象，整個專政體系的民主可能性便「蕩然無存」，所以這種論點並不能使人信服。無論如何，斯諾到底還是肯定「民主」的普世價值，否則他

---

[71] Edgar Snow, *Red China Today: The Other Side of the River* （Harmondsworth: Penguin Books, 1970）28.

又何必大費周章去組織這種掩耳盜鈴式的自圓其說？

　　根據斯諾的訪談，絕大多數的民眾，各階層均有，咸認
當下的生活比國民政府時代過的好，雖然現在暫時還富不起
來，食物也略嫌缺乏，不過總有些社會主義的配給和保障，
如醫療補助等，　同時也有了一些較為現代或嶄新的設備，如
汽車、戲院、博物館等。[72]但斯諾也指出，中國的天然資源十
分豐富，未來她的工業發展潛力無窮。[73]然而他只注意到中國
正積極從事各項建設，卻未提及在這些建設當中違反人權的
「勞動改造」；他只解釋中共的「民主獨裁」是有效的，卻未
能說明這種制度所票選出來的都是黨所規畫的候選人。[74]

　　斯諾此次訪問中國大陸，距離上次訪華已將近二十年。
他也是中共政權成立後，第一位來到中國參訪的美國記者。[75]
在這次行程當中，他一共拜訪了十四個省、十九座城市以及

---

[72] *Ibid.*, 43,155, 204, 441, 454.

[73] *Ibid.*, 189. 斯諾引述自美國內政部礦產局（the Bureau of
Mines of the U.S. Department of Interior）的報告，認為：「中
國目前和將來都決不會止於自給自足這個地步，她的煤和鐵
的基地十分雄厚；鐵礦已證實比前想像的更廣……。」
（Communist China appears to be more than self-sufficient in
most minerals both for the present and for the future. The
Coal and iron base is very strong; iron one has proved to be
much more extensive than formerly thought……）

[74] Steven W. Mosher, *China Misperceived*（New York:
BasicBooks, 1990）111-112.

[75] 尹均生、安危，《斯諾》（北京：人民日報出版社，一九九七
年）頁七十八。

十一處人民公社。[76]他根據這趟訪華的見聞，寫成了《大河彼岸》一書，書中揭示並印證中國在中共政權統治下各項發展情況。他後來送了費正清一本，但費氏讀後對此書的評語僅是：「……就極大部份而言，該書所描寫的是一個登上新舞台的新班子，人物形象模糊，不大容易理解。」[77]

　　大體而言，斯諾一九六〇年之行，他的交通和食宿均由「中國旅行社」（the China Travel Service）所安排，他的採訪和訪談均由中共傳譯和官員全程監控著，同時他也覺察到，欲從受訪對象發掘問題核心或與之談論敏感話題，確實有其困難。[78]首先，對中共而言，來者是客，又是記者，所謂家醜不外揚，焉能不拿出最好的一面給對方看？第二，既是朋友，中共對斯諾必然有一定程度的瞭解，所以不致給他難堪，讓他產生幻滅的感受。難怪後來斯諾在他的作品中暗示，對於中共一些接待他的官員的形式作風感到不滿。

　　總結這次訪華行程，斯諾除了讚歎中國人民的勤勞刻苦和自力更生，[79]也表達了對中國整體觀感的憂慮，這種憂慮來自大躍進時期的統計數據，中共官員的陳腔濫調與官僚氣

---

[76] 同前揭書。

[77] John K. Fairbank, *Chinabound: A Fifty-Year Memoir*（New York: Harper & Row, 1982）407.

[78] Edward L. Farmer, "From Admiration to Confrontation: Six Decades of American Reporting about China," *Media Studies Journal* 13・1（Winter 1999）: 139.

[79] Snow, *op. cit.*, 188.

息，以及人民崇拜毛澤東的現象。[80]無論如何，《大河彼岸》
在美國國內引起了廣泛的興趣，在讀者間廣為傳閱，使得許
多美國人士志願追隨他的腳步而從事促進中美兩國人民相互
瞭解的事業。[81]

第三節　《漫長革命》的共產天堂

　　因採訪活動而與中共結下不解之緣的美國記者斯諾，於
一九七〇至七一年間造訪中國大陸，這也是他有生之年最後
一次訪問中國。當時文化大革命已經進行了將近四年；斯諾
根據所見所聞對外界披露中國大陸的現況，包括醫護與人口
問題、個人崇拜與政治鬥爭、軍隊與人民之間的互動，以及
人民公社的現狀和展望；此外尚包括斯諾與毛澤東、周恩來
兩位中共領袖之間的晤談。他在這段期間參訪中國大陸的地
點，包括像農村醫院、各類工廠及公社，其中有許多是以前
曾經參訪過的。[82]他之所以選定這些地點是因為他們最具「社
會主義」的代表性。[83]然而吾人不禁懷疑，他的所見所聞是否
即為真相？抑或是經過刻意安排、修飾的假相？這種懷疑是
否合理？而他在筆法上是否有所保留？
　　長期以來，各方包括中國大陸對中國文化大革命的報

---

[80] *Ibid.*, 118.
[81] Wang Jian, "Edgar Snow and His Followers," *Beijing Review* 35（1992）: 47.
[82] Edgar Snow, *The Long Revolution, op. cit.*, 8-9.
[83] *Ibid.*, 27-28.

導、研究與批評多半集中在對毛澤東個人權力欲望的責難，對文革破壞中國傳統文化、教育和社會價值的浩歎，以及對文革受難者慘狀的披露。吾人不得不承認，文革十年對中華民族而言確實是歷史上一大浩劫，它對人性的扭曲和自由的戕害是非常嚴重的。當時西方的讀者對於發生在中國大陸的這齣悲劇的前因後果和實際狀況或許由於國際局勢的緊張及西方世界全面對共黨集團的封鎖打壓而無從一探究竟，因此美國記者斯諾一九七〇至七一年間在中國大陸的參訪活動便深具意義，其報導觀點更是值得吾人探討。

欲探究斯諾報導文革前期的觀點，有幾個問題是應當事先提出的：第一、美國政府或民間論者對文革有何看法？他們的看法和斯諾有何不同？斯諾的報導觀點及語氣是否較為和緩？其原因何在？第二、斯諾遊歷的地點是否經過中共的悉心規畫或安排，以致使其無從窺得文革前期中國大陸的實相？第三、斯諾採訪了許多與文革相關的人、事、物，其真實性和可信度如何？

基本上，斯諾並不願就意識型態來論斷文革時期的共產中國；相反地，他儘可能採取對方的觀點、對方的想法，以一種寫實的小說手法完成其報導，並不打算以「責難」的方式來挖掘中共文革真相的另一面。對斯諾來講，批判或許不是他最重要的工作；根據擇定的地點，依其所見所聞而忠實報導，不僅是斯諾採訪中共一向的原則，同時也不失為一種可行的採訪策略，如此既不會造成中共不悅，又可以因此發現更多見聞，透露更多絃外之音。

斯諾曾撰文提及「文革」當中有關階級鬥爭、意識型態

純化和知識份子受到奴化的情事，乃是中國歷史的一段進程，他表示自己因為識見有限，對此無從置喙，但仍強調毛澤東對於建設社會主義中國的堅持，以及中國在經濟、農業、教育、工業等方面所取得的成就。[84]雖然他也承認中共建政以來為了搞農業集體化，「長期且偶爾」存在著「血腥鬥爭」的情事，但他卻以篇幅有限，並未針對這點多作回顧。[85]這樣自然也避免了更多「只揭不批」的尷尬。美國堪薩斯城斯諾紀念基金會主席瑪麗‧克拉克‧戴蒙德（Mary Clark Dimond，其父乃斯諾友人之一，和斯諾一起參與過「世界和平運動」）表示，斯諾曾向她表達「他對中國的憂慮，但同時他又很理解中國的需要和所承受的壓力。……他不理解這場文化大革命，因為當時的新聞報導很少，而且又不準確。」[86]

斯諾對文化大革命的報導，詳載於其所著*漫長的革命*一書。就其描寫的手法以及採訪內容的可信度而言，一些是斯諾轉述或引述別人的話，一些是斯諾根據中共的透露的數據資料，一些是屬於斯諾個人的分析及預判，甚至還有一些僅僅是他個人的臆測。

---

[84] Manuscript, "China in Our Future," May 1966; Folder 316; KC:19/1/4, The Edgar Snow Papers; University of Missouri-Kansas City Archives.

[85] Manuscript, "China's 70'000 Communes—Success or Failure?", ca. 1970; Folder 339; KC:19/1/4, The Edgar Snow Papers; University of Missouri-Kansas City Archives.

[86] 瑪麗‧克拉克‧戴蒙德，〈在北京紀念斯諾逝世十週年大會上的講話〉，《紀念埃德加‧斯諾》，劉力群主編（重慶：新華出版社，一九八四年）頁十九。

　　斯諾在提到毛澤東認為「個人崇拜」討嫌的時候，並未意會到後者其實可能已經「察覺林彪一伙的用心了」。[87]毛認為四個偉大（偉大的導師、領袖、統帥和舵手）的恭維很令人反感，應該只留下導師（teacher）一詞。[88]然而我們亦可發現毛澤東並不主動或積極反對搞個人崇拜，特別是在文革前期，甚至可能默許群眾崇拜他，以作為奪權的一種手段。又如，在斯諾引述一位北京外交官的話，說文革「『最緊張的時期』將要過去」，[89]但是事實上，直到一九七六年以前，中國大陸內部的局勢其實一點也不「輕鬆」，迫害人權的事例不絕如縷。

　　由斯諾的訪談中可看出，毛似乎有強烈的草根特質，常企盼美國無產階級革命那天的到來；又例如他不信任知識分子和專業人士，反官僚，反城市，同時又有強調自我犧牲的革命英雄主義的浪漫氣息；這些都是中共長征結束後至建政之間延安時期的精神特質，即：「知識分子和黨員幹部，必須先當群眾的學生，才能當群眾的先生」。[90]斯諾曾坦言：「在解釋文化革命過去是怎麼一回事、現在又是怎麼一回事時，我只是推衍了從別人那裡聽來的話，這些人不僅有官員和毛主

---

[87] 宋一秀、楊梅葉編著，《毛澤東的人際世界》，北京：紅旗出版社，一九九二年，頁四九四。

[88] Snow, *The Long Revolution, op. cit.*, 5-6，71.

[89] *Ibid.*, 8.

[90] 杜蒲、李玉玲譯，《毛澤東的中國及後毛澤東的中國——人民共和國史》，Maurice Meisner 原著，Mao's China and after: A History of the People's Republic（成都：四川人民出版社，一九九〇年）頁五十九。

義積極分子，而且有受到毛思想『鍛煉』的人。」[91]

斯諾對於中共治下人民的日常生活是這麼總結描述的：「文化革命的效果，在工廠、在低級教育和高級教育、在農村公社、在保健服務、在各種文化活動以及在防衛力量的組織和政治改變中，表現得特別深刻。」[92]這也就是為何斯諾參訪的地點總是選定在「無產階級」特徵明顯或中共銳意琢磨之處。

就斯諾個人對文革現象的分析與預判來看，有些雖然一語中的，但有些則未免失之樂觀及天真。就前者言，例如第一、斯諾在描述一九七〇年十月他和妻子站在天安門城樓上時這麼寫道：「中國領導人當眾做的事情，總是有目的的」；第二、當時他認為毛澤東對中美關係的態度是「寄希望於美國人民」的，於是這麼寫道：　「毛主席盡力把人民同政府及其政策區分開來」；[93]第三、雖然斯諾點出了中共的不安與機警（以為美國想同時打中共及蘇俄牌），認為後者懷疑尼克森總統的和平建議，他仍在和周恩來晤談後這麼寫道：「（周恩來）使我想起，中國在北方有著第二個威脅——百萬蘇聯軍隊壓境。」[94]

簡言之，文革時期的中國大陸朝野，意識型態狂熱當道，人人自危，或出自真心，或急於表態，因此斯諾所採訪到的基層民眾，在面對他這樣一個外國人，會吐露多少「實情」，恐怕是有待商榷。他甚至可能因為文革尚未平息的緣故，而

---

[91] Snow, *op. cit.*, 21-22.

[92] *Ibid.*, 29.

[93] *Ibid.*, 3-4.

[94] *Ibid.*, 10-12.

未將這次行程中與宋慶齡之間密集的談話內容放在《漫長的革命》一書當中。[95]曾於一九七九陪同費正清訪問中國大陸的白禮博對於文革便有如下截然不同的看法與批評：

> 毛澤東發動一波比一波急進的運動，追求意識型態純粹，剷除政治對手，造成國內的混亂。報章、雜誌、電影以及在每一座鄉村的擴音器廣播，都聲稱中國不斷進步，快速成長，農作物大豐收，外交勝利，在全國製造歡愉的氣氛……但是事實上，在這三十年的大部分時間中，中國不論是在經濟、工業、軍事或文化方面，都停滯不前。在這半世紀的混亂中……出現了好幾次國家重生，但是每一個「新」中國或重生的中國，都未能實現領導人所宣布的承諾。[96]

他進一步指出，相對於昔日國府的「新生活運動」，毛澤東雖然大喊「破四舊」，但實際上「毛在晚年時儼然是一位帝王，他成為一個腐敗、貪污、封閉政體的獨裁首腦。」[97]破四

---

[95] 沈蘇儒譯，《宋慶齡傳：從孫中山到毛澤東的革命之路（下卷）》，Israel Epstein 原著，*Woman in World History: Life and Times of Soong Ching Ling*（台北：日臻出版，一九九四年）頁七〇七至七〇八。

[96] Richard Bernstein and Ross H. Munro, *The Coming Conflict with China*（New York: Alfred A. Knopf, 1997）55.

[97] 同前揭書。四舊乃文革初期中共中央號召紅衛兵掃除的目標。一九六六年六月一日，《人民日報》發表〈橫掃一切牛鬼蛇神〉社論，指出「無產階級文化革命，是要徹底破除幾千年來一切剝削階級所造成的毒害人民的舊思想、舊文化、舊風俗、舊習慣，在廣大人民群眾中，創造和形成嶄新的無

舊的激烈手段與過程不僅危害了基本的人身保障，造成社會
恐怖，使人無法享有「免於恐懼」的自由，而且強制剝奪了
人民的私產和思想自由，在在皆與「自由」、「平等」、「追求
幸福」和保有財產這樣的美國「普世價值」扞格不入。白氏
的中國經驗不如斯諾，他對中共政權的批判或許也過於強
烈，但是這正突顯了斯諾在他的報導作品當中所不敢，不願，
不能，甚或「不忍」觸及的部分。

第四節　「天命」的投射與退縮

　　根據本章分析，斯諾固然秉持著如實報導的精神，在不
歪曲事實的前提下，隱惡揚善，只揭不批，努力發掘他所要
求的「真相」。然而中國的新聞體系自中共建政以來，在本質
上已逐漸淪為官方的喉舌。[98]這卻正是斯諾在國府執政時期曾
大加反對和抨擊的。

　　中共建政後，斯諾在揭露中國大陸政、經發展現況時，

　　產階級的新思想、新文化、新風俗、新習慣。」八月八日，
中共八屆十一中全會通過所謂「十六條」關於「無產階級文
化大革命的決定」，重申破「四舊」和立「四新」。在林彪和
紅衛兵的推波助瀾下，民眾遭受批鬥，私產遭到抄沒，古蹟
遭受破壞，造成國家及個人生命財產不可勝計的損失；參見
李谷城，《中國大陸政治術語》（台北：淑馨出版社，一九九
二年）頁二一○至二一一。

[98] Brantly Womack, "The Dilemma of Centricity and
Internationalism in China," *Voice of China: The Interplay of
Politics and Journalism*, ed. Chin-Chuan Lee（New York: The
Guilford Press, 1990）236-37.

基本上避談了中共為非作歹的可能性，只是平鋪直敘或轉述他所看到、聽到的事實，而把批評的空間留給了讀者。當然，作為記者，這種態度無疑是中立而客觀的，然而和他過去批判國府當局的犀利程度相較，則顯得有些軟化和鄉愿。原因之一，在於他認識到中國的變革與轉型確實勢不可擋，而中共似乎也採取了某種形式的「民主」。[99]原因之二，在於他真的堅信中共有誠意和能力帶領中國人民走向光明的未來——至於在過程當中所發生的種種不幸和混亂，都只是不得不然的陣痛。對他而言，這種陣痛和昔日國府的無能相較，尚且情有可原。[100]

　　總結斯諾自一九六〇年以後的三次訪華行程，他從北到南參訪過三十處以上的人民公社。[101]他儘可大言不慚地稱讚共產中國的一切。但是他要的是實情和證據，因為唯有如此，他才能在報導公信上站得住腳。否則這對彼此都是一種傷害。例如，當他一九七〇年在中國採訪的過程中，意識到官方刻意對他所做出的一些安排時，不免感到難過和不悅。[102]

---

[99] Peng Deng, *China's Crisis and Revolution through American Lenses 1944-1949*（Lanham: University Press of America, 1994）60.

[100] Seymour Topping, "China's Best American Friend," *The New York Times Book Review* 94（January 8, 1989）: 13.

[101] Manuscript, "China's 70,000 Communes—Success or Failure?", *op. cit.*

[102] 王學珍、張注洪，〈斯諾對新中國的訪問與中美關係〉，《北京大學學報》，第三十八卷第二期（二〇〇一年）：頁一二四。亦參見張注洪，〈斯諾訪問新中國與中美關係的發展〉，《北京黨史》，第一期（二〇〇一年）：頁八。

　　一九七一年年初，斯諾離華前夕去函黃華，主動提議將
他和周恩來之間的訪談內容留給中方作必要的修訂，即使萬
一整篇訪談遭到刪除，他也會信賴周恩來的決定。[103]他表明
自己從過去以來一直「希望為中國寫一些有用的東西，正如
我假定你們也是如此希望，這就是我在這裡的原因」。[104]論者
或許會以為斯諾這種作法有違獨立客觀的原則，甚至難脫諂
媚之嫌，然而吾人未嘗不能以下列兩種角度觀察之：第一，
斯諾對於維持和中共的關係顯得十分小心翼翼，這種作法從
反面來看，透露了彼此的自信、尊重、善意，和信任；第二，
訪問者於訪談結束之後，與受訪者研修訪談內容，徵求受訪
者的意見和認可，本是無可厚非。尤其時值中、美關係逐步
緩和之際，這篇「斯、周對談」內容的重要性自是不言而喻，
務必字字推敲，句句斟酌，以收「正確傳達訊息」之效。

　　當然也有論者持完全不同的看法。白禮博對於斯諾的批
評便是十分犀利的。他直指自一九五〇年代以來，「幾乎只有
一小撮外國作家和記者能夠在中國一帆風順，這些人被稱為
『中國友人』，換句話說，也就是為共產革命宣傳的人」，他
們靠著和中共政權的特殊「關係」來獲取利益，除了斯諾，

---

[103] 黃華是斯諾在燕京大學任教時的學生，一九三六年擔任過斯
諾陝北之行的翻譯，一九四四年擔任朱德（時任八路軍總司
令）祕書，負責聯絡過羅斯福總統派駐延安的美軍觀察組。
參見 Alfred D. Wilhelm, Jr., *The Chinese at the Negotiating
Table: Style and Characteristics*（Washington, D.C.: National
Defense University Press, 1994）76.

[104] Letter, Edgar Snow to Huang Hua, 1/30/71; Folder 80;
KC:19/1/4, The Edgar Snow Papers; University of
Missouri-Kansas City Archives.

還包括韓素音、史沫特萊、斯特朗和艾黎等人，而「這些人之所以能夠進入中國，都是靠著他們的『友人』地位」，要是他們有任何『不友好』的舉措，「譬如揭露當局權力鬥爭的真相，說出毛澤東身邊的個人崇拜，或敘述毛澤東的經濟思想所造成的困苦生活」，他們就不能再享受這樣的地位。[105]然而他也不忘指出像斯諾這樣的「中國友人」或許發自內心對中共官員的說法深信不疑，但也不無可能是為了想保有與中國高層的關係和「管道」。[106]就像其他有類似經歷的記者一樣，斯諾不會不重視和維護這樣的關係。[107]

寧謨指出斯諾生平向來討厭崇拜英雄。[108]更精確一些地說，斯諾對於中國傳統貴族式、威權式的英雄崇拜是不帶好

---

[105] Richard Bernstein and Ross H. Munro, *op. cit.*, 111-12.

[106] *Ibid.*, 112-14. 白氏指出，中共經營了一群國際上的「支持者」，他們可自由進出中國，與中共官方高層接觸，如果有人竟「恩將仇報」，他就會遭受撻伐，「以儆效尤」。例如義大利導演安東尼奧尼（Michelangelo Antonioni）一九七二年獲准在中國拍攝一部紀錄片，由於內容寫實，遭到了中國方面長達數月的譴責；然而斯諾在中國所拍攝的紀錄片「便不會影響到他的下一次簽證」。一九九○年代間遭到中共類似排斥待遇的學者或作家，像譚若思（Ross Terrill）和謝爾（Orville Schell），即因關切中國的人權狀況而拿不到中共的簽證。謝爾因此斷言中共「以排斥做為威脅相當有力，對於那些靠著接近中國來謀生的外國記者和作家來說更是如此。」白氏認為這也就是為什麼像「韓素音或斯諾之類的人……就算是在中國最蠻橫的時期，也照常為中國辯護」。

[107] Jonathan Mirsky, "Message from Mao—*Edgar Snow: A Biography*," *The New York Review* 36·2（February 16, 1989）: 16.

[108] Helen Foster Snow, *My China Years: A Memoir by Helen Foster Snow*（London: Harrap, 1984）202.

感的。若果真如白禮博所批評的那樣，那麼斯諾又何必主動
向毛澤東問及有關「個人崇拜」的問題？顯見他對毛縱容或
親自搞領袖崇拜，是非常在乎的。毛也給了他一個答案──
一個可以維持他個人信念以及彼此信賴的理由。否則或許他
會和毛漸行漸遠呢？

　　反共不遺餘力的周以德（Walter H. Judd）根據他多年在
中國的親身體察，早在一九四五年指出，中共是個血腥的暴
力集團，不得民心，在走投無路的時候，參透「謊言說三遍
就是真的了」（if a big claim is made often enough, a lot of people
will come to believe it）之三昧，把民主、自由或統一（周按：
一如美國獨立革命之開國先賢所追求）等宣傳訴求拿來當作
護身符，將一切反對他們的勢力都打為「法西斯主義者和獨
裁者」，結果竟使成千上萬的美國人信以為真。[109]

　　有論者認為，斯諾對「人民」（people）的報導要優於對
「政治」（politics）的報導。[110]蘭德也指出，斯諾「儘管不是
中國革命的狂熱參與者，但他熟悉中國政治，是具有出色觀
察力和智慧的記者，他還敢於坦率批評國民黨。……對斯諾
和共產黨雙方來說，選擇他都是如此幸運。」[111]質言之，斯

---

[109] Walter H. Judd, "Vital Speeches: What Is the Truth about
China?", 6/1/45; Vol. 11; MSS#122, Agnes Smedley Collection;
Arizona State University Archives.

[110] Jan Alexander, "The Man Who Made Mao," *Far Eastern
Economic Review* 159 · 48 （November 28, 1996）: 63. 該篇
文章作者以為托瑪斯（S. Bernard Thomas）教授即抱持這種
看法。

[111] Rand, *op. cit.*, 158.

諾並不以單純報導新聞事件為滿足。相反地,他是一個具有強烈參與傾向的記者。而具有這類特質的記者,則往往帶有「預存立場」(predisposition),容易以自己的經驗、好惡與態度來評論和解釋新聞。[112]美國學者鄒讜認為「美國在傳統上對中國懷著仁慈的感情,對她的進步寄予很高的希望,對美國精神的影響感到自豪。這種富有同情心的態度使美國把美國人民自身的令人稱道的品質加到中國頭上。」[113]就「天命信差」角度觀之,斯諾似乎一直試圖在報導公信,國際友誼,和個人理念之間取得平衡點,可謂用心良苦。然而報導結果的差異性不免取決於記者本身對於事件的認知。[114]正如費正清所言:斯諾「是一名記者,不是一位理論家,但是和孫中山夫人以及別的許多人的友誼,使他同中國結合在一起了。」[115]若非內心仍存有對中共實現「天命」的一絲樂觀期望,斯諾也不會「為革命事業的曲折、後退而沮喪和焦慮」了。[116]

---

[112] 張崇仁,〈新聞報導者的預存立場與其報導新聞之關係〉,政治大學碩士論文,一九七九年,頁四和二十五。論者將這種預存立場剖析為三個部分,即選擇性的「暴露」、「理解」和「記憶」。

[113] Tang Tsou, *America's Failure in China, 1941-50*, Vol. 2 (Chicago: The University of Chicago Press) 225.

[114] 張寶芳,〈記者的認知形式與其報導新聞之關係〉,政治大學碩士論文,一九七六年,頁十六。

[115] John K. Fairbank, *Chinabound: A Fifty-Year Memoir* (New York: Harper & Row, 1982) 127.

[116] 引言出自黃華,〈序〉,《斯諾在中國》,裘克安編(北京:三聯書店,一九八二年)頁二。

第六章　不同陣營對斯諾的定位或評價

　　斯諾去世（一九七二年二月十五日）至今三十多年，長達四十年的東、西冷戰也已結束十年之久。多年來，台灣和中國大陸各自演化出截然不同的史觀，除了孫中山先生這位兩岸所共同尊崇的政治家之外，吾人研究中國近現代歷史人物，往往容易陷入意識型態的泥淖──不是親朋，便是寇讎。既是意識型態，則必有理論上的缺陷和實踐上的落差。這對於發掘歷史人物原貌和吸取歷史教訓顯然是不利的。因此本論文一直試圖以斯諾個人的性格、言行和著作當中所反映的思想為主軸，根據史實、訪談和第一手資料，期望歸納出一些攸關斯諾安身立命的可能要素及其角色扮演和理念特質的運作模式。本章則另闢蹊徑，以中共和國府兩方長期以來對斯諾的定位或觀感來襯托前面數章的論點，相互對照，最後以美國朝野對斯諾的評價作為小結。

　　歷來論者觀察斯諾生平所作所為，或謂他是開啟中共政權和美國關係正常化的先驅，譽之為中國友人；或謂他係共黨的同路人，斥之為中共的傳聲筒；或謂他並非純種的馬克思主義信徒，疑之為美國或蘇聯間諜。然而像「為共喉舌」或「中國友人」這類的論斷只是初步完成了敵友身份的認定。真正的結論尚且應該包括為何，如何，斯諾會給人這類的印象。

第一節　國、共兩黨對斯諾的評價比較

　　一九七二年二月十五日，斯諾因胰臟癌惡化病逝於瑞士，兩天後，尼克森總統前往中國北京展開歷史性的訪問。[1]中共外交部長喬冠華在北京人民大會堂為斯諾舉行追悼儀式，與斯諾相善的中共領導人包括毛、周、宋慶齡、李富春等均出席會場，這是中國歷來給予外國人士少有的哀榮。[2]

　　斯諾去世隔天，毛澤東在發給洛伊斯的唁電中，等於給斯諾畢生在中國所扮演的角色定了調：

> 獲悉埃德加‧斯諾先生不幸病逝，我謹向妳表示沈痛的哀悼和親切的慰問。
>
> 斯諾先生是中國人民的朋友。他一生為增進中美兩國人民之間的相互了解和友誼進行了不懈的努力，作出了重要的貢獻。他將永遠活在中國人民心中。[3]

　　這當中有兩個關鍵的詞彙，一是「相互了解」，二是「友誼」。證諸斯諾對待中國的態度，誠然不虛。這也就斯諾為後人所留下的啟示。

---

[1]　Yan Liqun, "Journalist Traces Life of Edgar Snow," *Beijing Review* 31‧40（1988）: 37. Also see 尹均生、安危，《斯諾》（北京：人民日報出版社，一九九七年）頁八十四。

[2]　楊玉聖，《中國人的美國觀——一個歷史的考察》（上海：復旦大學出版社，一九九六年）頁二五七。

[3]　裘克安編，《斯諾在中國》（北京：三聯書店，一九八二年）頁三一九。

周恩來所發出唁電則進一步加強了毛的說法：

> 斯諾先生的一生，是中美兩國人民誠摯友誼的一個見
> 證。早在中國人民進行民族、民主革命時期，他就同
> 中國的革命力量建立了友誼。他衝破當時的重重障
> 礙，熱情地把毛澤東主席領導下的中國革命鬥爭和中
> 國工農紅軍的二萬五千里長征，介紹給美國和各國人
> 民，在我國解放後，他又多次來訪，報導了毛主席領
> 導下新中國人民革命事業的進程。他的著作受到中外
> 廣泛的重視。甚至在他重病期間，他仍然念念不忘為
> 增進中美人民之間的瞭解和友誼而工作。對這樣一位
> 老朋友，中國人民是不會忘記的。[4]

這裡面除了重申斯諾在促進中美人民相互之間的「了解」
和「友誼」所付出的心力之外，也以「見證」二字彰顯了他
身為「信差」的特質——報導和傳遞訊息。然而正是這種「見
證」的歷程激發了他的「天命」——一種野人獻曝和與人為
善的渴望，致使他在國府時期以美式民主與人權標準要求國
民黨當局，在中共建政時期則退而努力拉近中、美兩國政府
和人民的距離。無論如何，他始終沒有放棄和中國的「友誼」。

周恩來的妻子鄧穎超曾於一九三七年為躲避日軍的追

---

[4] Condolence, "Chou En-lai to Lois Snow," 2/16/72; Folder 558; KC:19/1/4, The Edgar Snow Papers; University of Missouri-Kansas City Archives. 亦參見〈周恩來總理就埃德加‧斯諾先生逝世致斯諾夫人的唁電〉，《人民日報》（一九七二年二月十七日）：第二版。

捕，假扮成斯諾的僕人，瞞過日本衛兵的檢查，逃離天津，
接著由愛潑斯坦護送，搭船前往青島。[5]她是這麼回憶斯諾一
生功績的：

> 美國朋友斯諾是第一個進入我們共產黨領導的民主根
> 據地，第一個瞭解我們根據地的外國人。他是個新聞
> 記者，把我們根據地的情況，介紹給全世界，包括國
> 民黨統治區的中國人民。使他們瞭解了共產黨是什麼
> 性質的政黨，紅軍的奮鬥目標是什麼，共產黨的主張、
> 政策是什麼。這位美國朋友作了對根據地的情況非常
> 忠實、客觀的報導。他是我們最好的，也是熱愛我們
> 中國的朋友。[6]

時任中共國家副主席的宋慶齡在致洛伊斯唁電中，更以
積極的口吻肯定斯諾的貢獻，突顯了他利他的情操：「他在我
們抗戰期間堅定地支持了我們反對國內法西斯反動派和日本
軍事侵略的鬥爭，我們的堅強友誼也象徵著中美兩國人民在
正義事業中的互相支持……」[7]

國內曾經報導過斯諾生平行誼和其遺孀近況的《中國時

---

[5] Helen Foster Snow, *Women in Modern China*（The Hague:
Mouton & Co, 1967）252-53.

[6] Dong Leshan, "Edgar Snow and 'Red Star Over China,'" *China
Reconstructs* 31·2（February 1982）: 13; Folder 559; KC:19/1/4,
The Edgar Snow Papers; University of Missouri-Kansas City
Archives.

[7] 〈宋慶齡副主席就埃德加‧斯諾先生逝世致斯諾夫人的唁
電〉，《人民日報》（一九七二年二月十七日）：第二版。

報》資深記者林博文則指出:「斯諾夫婦是中共在國際宣傳上的大功臣,中共對外國媒體和記者的評價亦以『是否像斯諾』為準繩。」[8]基本上這些就是中共對斯諾的定位和歷史評價了。其他曾經與斯諾有過接觸的如黃華等人,他們對斯諾的評價亦殊無二致。中國大陸方面或許由於史觀的緣故,除了有關斯諾文學筆調之研究,或者有關斯諾的人格、事蹟和貢獻的頌讚文章之外,似乎看不到其他層面的討論。斯諾在共產中國,儼然已經蓋棺論定矣。

在另一方面,國民黨對於斯諾的看法和對「斯諾研究」的熱衷程度,則和中共完全相反。斯諾過世後,台灣歷來也沒有任何學者研究過斯諾。一個合理的懷疑是:國民政府對斯諾深惡痛絕,一如後者看待前者一般,鮮少彼此提及。國府方面似乎刻意「忘卻」他,好像歷史上從來沒出現過這個人。以現今台灣來說,即便有人仍記得,或者知道斯諾是誰,他們的印象也多半停留在諸如左派記者、親共作家、「共匪」的傳聲筒及同路人、對「中央政府」不友善的美國人,以及混淆大眾視聽並導致中國大陸「淪陷」的幫凶等等。其實這是可以理解的。不單是斯諾,其他親共色彩比斯諾還濃的,一些加入了中共黨籍和中華人民共和國國籍的「國際友人」,在中華民國台灣地區都變成了中、美關係研究當中無人碰觸或鮮為人知的題材。筆者在國內曾以〈一個與中國結下不解之緣的美國記者──斯諾的矛盾與悲劇〉一文,承蒙主編不

---

8 林博文,〈中國近代動亂目擊者臨終前獲北京封為『友好大使』:《西行漫記》作者斯諾前妻海倫病逝〉,《中國時報》,一九九七年一月十六日,第九版。

棄，刊載於二〇〇一年元月號的《歷史月刊》。拋磚引玉的結
果，亦未見有學者參與討論或提出針砭，可見與「親共」外
籍人士相關的議題仍然是一片有待開發的研究領域。

　　國民政府方面早期有關斯諾的記錄，較為具體者，例如
斯諾一九三六年穿過軍事封鎖線訪問陝北之舉，使國府當局
頗感錯愕。當時蔣介石委員長不僅把陝西省主席邵力子召去
南京問話，也改組了西安的憲警單位，並且宣稱斯諾夫婦是
收取了蘇聯賄賂的間諜，否認斯諾曾經和中共黨人有過接
觸。[9]蔣介石身邊的幕僚們體認到「斯諾的《紅星照耀中國》
因在美國助長了對中共過分友好的情緒而嚴重損害了中美關
係」，多認定斯諾根本就是「共產黨的特務或代言人」，而他
的中國報導自然「是不可信和不可靠的」。[10]台灣方面對斯諾
的地位和歷史評價，大抵如前大使沈劍虹（亦是斯諾的密大
新聞學院校友）所言，國府在抗戰前後的國際形象遭受兩位
美國記者莫大的打擊，其中之一就是斯諾。[11]

---

[9]　解力夫，《毛澤東面對美國》（北京：中央文獻出版社，二〇
〇〇年）頁十八至十九。

[10]　Owen Lattimore, *China Memoirs: Chiang Kai-shek and the
War against Japan*（Tokyo: University of Tokyo Press, 1990）
154-55.

[11]　沈劍虹，《半生憂患——沈劍虹回憶錄》（台北：聯經，一九
八九年）頁二二三。另一位記者是以撰寫《中國的驚雷》
（*THUNDER OUT OF CHINA*，一九四六年出版）一書聞名
的白修德（Theodore H. White，一九一五－一九八六）。白
氏師承費正清，畢業自哈佛大學歷史系；一九三九年起獲聘
擔任《時代》雜誌特約通訊員；一九四四年赴延安訪問；六
〇年代初期獲普立茲（Pulitzer）新聞著作獎；一九七二年尼

第二節 折翼的天命信差

美國朝野基本上多以國家利益的觀點看待斯諾在中美關係上所扮演的角色。五〇年代美國國內的政治風暴，讓許多曾經與中共過從甚密的（尤其二次大戰期間）各界菁英遭受挫折，不是丟掉工作，就是身敗名裂，甚至連謀生的機會都不保，流亡國外。曾幾何時，美、中關係解凍，美國朝野不乏爭相前往中國大陸建立政經關係之士，現實主義再度抬頭。

斯諾早年面對國、共兩黨的鬥爭，理想大過於現實，晚年面對中共政權，則反之。他那重視妥協，講求現實的對華態度，到了六〇年代末期逐漸和美國政府的基調一致。然而尼克森當局囿於自身一貫的政治立場形象，並未善加運用斯諾這條業已存在多年的，與中共交情和淵源最深的溝通管道。

撇開政治立場不論，相對於許多原本以「反共」發跡的政治人物，純粹就人格和情操上來說，斯諾對中國，對中共，可說是始終如一。一言以蔽之，他始終是美國在中國的「天命信差」，卻似乎被錯打為中國在美國的「天命信差」。斯諾在世時，沒能來得及親見中共政權和美國達成關係正常化和正式建交。不過他的「親共」名聲，至少在美國，已經得到平反。許多美國人民漸漸接受中共就是中國的現狀事實（de facto），也接受中共政權是廣義中國人民的唯一代表，而這正是斯諾自四〇年代末期以來所保留的一項的「天命」邏輯。

克森總統訪問中國大陸時曾隨同採訪。參見前揭書，頁二二五至二三一。

斯諾過世前一年，費正清在一封邀請他到哈佛大學發表演說的信函中，稱他是「現代中國歷史的一個重要部分」，[12]應該是不過分的。無疑地，斯諾「親共」，但不「信」共。他只是同情中共，相信中共具有某些實行美國天命的潛能，但他不信奉馬列共產主義，正如他一向不信仰任何教條或宗教一樣；他也未曾像許多中國「國際友人」那樣加入中國共產黨。例如，方思吾教授就認為，斯諾不過是個「左派」。[13]洛伊斯甚至覺得她的先夫是被中共利用的民主鬥士。[14]托馬斯認為斯諾「不過是眾多試圖『改造中國』，使之變得更好的西方人之一」。[15]這是在說明斯諾所懷抱的「天命」。漢密爾頓則認為斯諾過去以來始終扮演著「溝通者」（communicator）的角色，致力於化解美國和共產中國之間的「指控、誤解和成見」，最後竟未能親自見證尼克森總統訪華，這無疑是個「殘酷的反諷」。[16]這是在說明斯諾所扮演的「信差」角色，而且是個折翼的天命信使。

[12] Letter, John K. Fairbank to Edgar Snow, 5/25/71; Folder 81; KC:19/1/4, The Edgar Snow Papers; University of Missouri-Kansas City Archives.

[13] *"An Interview with Dr. Robert M. Farnsworth,"* conducted by Chi-yu Chang(July 14, 2000)at Dr. Robert Farnsworth's house, Kansas City, MO.

[14] *"An Interview with Mrs. Lois Wheeler Snow,"* conducted by Chi-yu Chang（July 20, 2000）at Harbor Towers, Boston.

[15] S. Bernard Thomas, *Season of High Adventure: Edgar Snow in China*（Berkeley: University of California Press, 1996）7.

[16] Hamilton, John Maxwell, "Edgar Snow—Finally a Prophet in His Own Country," *China and US* 2．5 （September-Octorber 1974）: 8; Folder 557; KC:19/1/4, The Edgar Snow Papers; University of Missouri-Kansas City Archives.

第三節　天賦使命的昇華或妥協

　　欲研究斯諾「天命」的昇華與妥協，勢必先要明瞭斯諾對於母國政治文化的認知及態度為何。首先，斯諾認為自冷戰後，美國汲汲於幫助和干預其他國家，卻始終未能有效解決國內的經濟困局，並指出「重整軍備」和對外經援不免將增加納稅人的負擔，這和政治人物經常掛在嘴上的減稅宣示是相互矛盾的，且無助於解決國內的經濟問題。[17]其次，他經常強調麥卡錫和尼克森之流乃嘩眾取寵的政客，他們的所作所為將大不利於美國所要維護的「公民自由」（civil liberties）。[18]他相信「個人的機會與自由」高於一切意識型態。[19]他對於一些以艾森豪為首的共和黨政客主張自由放任式（laissez-faire）的「無為」政府頗不以為然；他批評他們反對國家採行「計畫」和干預措施，卻縱容繼續對外擴軍備戰。[20]基本上他對民主、共和兩黨沒有明顯的好惡。他認為前者的「無賴」不亞於後者，雖然前者的無賴較少，而且「影響力較小」，即使對於心目中所支持的政治人物，斯諾也不抱太多的幻想。[21]

---

[17] Letter, Edgar Snow to Howard Snow, 10/2/52; Folder 15; KC:19/3/1, Howard Snow Collection; University of Missouri-Kansas City Archives.

[18] *Ibid.*

[19] Letter, Edgar Snow to Howard Snow, 10/27/52; Folder 15; KC:19/3/1, Howard Snow Collection; University of Missouri-Kansas City Archives.

[20] *Ibid.*

[21] Letter, Edgar Snow to Howard Snow, 10/2/52; *op. cit.*

　　斯諾認為司法部門和麥卡錫沆瀣一氣，對於拉鐵摩爾等
人審訊不公，詆毀了他們的聲譽和事業，在在都違背了開國
先賢所揭櫫的人權憲章（the Bill of Rights）。[22]他氣憤地指出
美國右派及反動勢力，因為恐懼「想像中的」（imaginary）左
派極權勢力擴張，已逐漸將這個國家變成如俄國、納粹德國
和戰前日本一般的保守，人們似乎不再能夠自由公開地表達
意見。[23]他反駁其兄霍華德「在這個國家中，個人享有比過去
歷史中曾有過的更多和更大的自由」的說法，並以其親身遭
遇和見聞證明美國憲法「前十條修正案」（即前述之人權憲章）
所保障的言論自由正遭受到侵害，其元兇便是以麥卡錫參議
員為首，一群善於蠱惑大眾，藉犧牲他人的思想自由來換得
個人政治成就的政客。[24]他甚至引用多年前習自印度聖雄甘地
的一句名言來提醒霍華德，「我們不應該認為那些與我們意見
相左的人必然是邪惡的」。[25]

　　一九五四年，斯諾已經無法單靠其寫作收入來維持基本
家用，若無洛伊斯戲劇工作所得的貼補，斯諾一家恐早陷入
生計危機。[26]這時他正在讀馬克吐溫的傳記，對於馬克吐溫晚

22　指美國憲法修正案前十條。Letter, Edgar Snow to Howard
　　Snow, 12/22/52; Folder 15; KC:19/3/1, Howard Snow
　　Collection; University of Missouri-Kansas City Archives.

23　*Ibid.*

24　Letter, Edgar Snow to Howard Snow, 5/17/53; Folder 15;
　　KC:19/3/1, Howard Snow Collection; University of
　　Missouri-Kansas City Archives.

25　*Ibid.*

26　Letter, Edgar Snow to James E. Snow, 12/20/54; Folder 43;
　　KC:19/2/1, Claude Mackey Collection; University of

年遭逢破產，卻能發奮在世界各地從事巡迴講演，進而在死前將所有的債務還清，頗有見賢思齊之意。[27]洛伊斯在此時成為家中的重要支柱，不論是物質還是精神上的。斯諾覺得她是如此地「活躍」和「能幹」，從而「彌補了我的短處」。[28]

斯諾曾經在論及美、日關係時，以他一貫的論點作為結論，即：美國不應該自行其是，而「必須瞭解亞洲人的觀點、情感，等等」，因為誤解往往容易衍生衝突。[29]固然他有這份將心比心的熱情，然而這並不表示他總是有能力做到這點，也不表示對方會全盤領情。對「中國通」問題頗多見地的蘭德即認為斯諾的態度可能是兩面不討好的：

> 從五○年代美國右翼參議員的觀點來看，他也許顯得對共產主義寬厚，但在共產主義者眼裡卻並非如此。他們認為他是一個自由主義份子和進步份子，一個誠實的記者，但當他試圖以一個馬克思主義者角度來描述事件，並借此試圖解釋中國的事情時，這就讓他們緊張了。周恩來一九四一年在重慶對拉鐵摩爾說：「問題是，斯諾這個人因為他的性格和知識，他一輩子也不會理解馬克思主義到底是什麼。」[30]

Missouri-Kansas City Archives.

[27] *Ibid.*

[28] *Ibid.*

[29] T. Nakao, "Today's Interview: Author of 'Red Star Over China'," *The Mainichi*（November 19, 1959）; Folder 555; KC:19/1/4, The Edgar Snow Papers; University of Missouri-Kansas City Archives.

[30] Peter Rand, *China Hands: The Adventures and Ordeals of the*

周恩來當然瞭解斯諾既不信仰共產主義，也非共產黨員的事實，但值得注意是，他似乎看出了斯諾懷抱「天命」的本質，認定他「一輩子也不會理解馬克思主義到底是什麼」。以統戰觀點論之，在中共領導者的心目中，與其說斯諾是相濡以沫的「同志」，不如說是他可以相互奧援的「黨友」。

斯諾在中共建政後第三度訪問中國的前夕，在一封寫給霍華德的信上感歎地說道：「人生是一段逐步幻滅的過程。」話雖如此，他還是表達他對六〇年代學生運動的同情，他說：「孩子們合理地起來反叛，縱使他們看穿了我們的失敗和偽善，卻也找不著任何的答案。無論如何，反抗總比當個木石人（a vegetable）要好。」[31]他認為美國正走向一條與帝國主義劃清界線的道路，「我們或許因此能夠自我救贖——在接受了嚴厲的懲罰之後。」[32]但在另一方面，斯諾自承本來大可在好萊塢發達致富，或者繼續待在《星期六晚郵報》，並且和共產中國劃清界線。可是他終究沒有這樣做，因為這是不合道德的。[33]寫作對斯諾而言，斷不是一項能夠致富的行業，但是

American Journalists Who Joined the Great Chinese Revolution （New York: Simon & Schuster, 1995）165. 亦參見 Owen Lattimore, *China Memoirs: Chiang Kai-shek and the War against Japan*（Tokyo: University of Tokyo Press, 1990）155.

[31] Letter, Edgar Snow to Howard Snow, 5/22/69; Folder 18; KC:19/3/1, Howard Snow Collection; University of Missouri-Kansas City Archives.

[32] Letter, Edgar Snow to Mildred Snow, 5/17/70; Folder 19; KC:19/3/1, Howard Snow Collection; University of Missouri-Kansas City Archives.

[33] Letter, Edgar Snow to Mr. Chen, 1/4/64; Folder 53; KC:19/1/4,

他也絕不願為了發財，就背棄朋友，不講義氣。他認為，寫作的意義和價值在於是否能夠增廣讀者的見聞，以及是否能夠促進窮苦和受迫大眾的福祉。[34]

斯諾來自太平洋彼岸，從二十三歲起便待在中國，中間雖然幾度短暫離華赴東、南亞各國採訪遊歷，但是大抵在中國度過了整個青年期，和第一任妻子寧謨在北平安家，直到三十六歲才正式離華返美。在美國，他度過了整個壯年期，在事業和聲譽上大起大落，直到年過半百之後，才和第二任妻子洛伊斯以及一對兒女徙居歐洲瑞士。簡言之，他的「中國經驗」對他而言，既是資產，也是負債。斯諾的事業因中國而起，因中國而落，也因中國而再起，但是讓他一再受挫的卻不是和他有著共同美好回憶的中共黨人或善良樸實的中國百姓，而是他心目中一些將反共旗號當作政治籌碼的美國政客。他個人的榮辱似乎已經和中、美關係的升、沈密不可分。[35]

縱使他在五○年代期間所寫的文章幾乎上不了美國的報刊雜誌，但他始終保有美國國籍，以美國記者自居，以身為美國人自豪。[36]這種自豪不是來自種族偏見式的驕傲，而是出於對母國政治文化背景的信心，並且以此為念，希望普世人民受惠——尤其是和他結下不解之緣的中國人民。漢密爾頓即指

The Edgar Snow Papers; University of Missouri-Kansas City Archives.

[34] *Ibid.* 就上述「標準」而言，斯諾表示他對自己仍不滿意。

[35] "Adventure-Paced Life of Edgar Snow," *Mainichi Daily News* （August 6, 1996）: 1.

[36] "Mao's Columbus," *Time*（February 28, 1972）: 31.

出：斯諾是美國人的同胞，而且因為他崇尚美國《獨立宣言》
（*the Declaration of Independence*）當中所揭示的「箴言」，同
情普羅大眾，重視基本人權，反對軍國主義，所以與其說他是
中、美兩國的橋樑，不如說他是中、美兩國「人民」的橋樑。
或許誠如邰培德所論：「假如斯諾的新聞事業有缺失的地方，
原因是他以典型的美國人眼光看中國，他充滿樂觀，很天真，
同時對中國也懷著一份善意。斯諾也是個浪漫的人。」[37]

　　不過值得注意的是，斯諾這個「天命信差」到了後期，
顯然「信差」本質多於「天命」理想。經過前面幾章的佐證
和探討，筆者發現斯諾在經歷一九六〇、六四和七〇年等三
次訪華之旅後，其對待中共政權（一向被他認為是最能反映
中國人民意志的唯一代表）的態度似乎已經寬容到了極致。
讀者不難從斯諾的言行和作品當中發現許多為共產中國「隱
惡揚善」的痕跡。他甚至和一些中共高層人士書信往返時
也不諱言，想要報導一些對中國有幫助的事情。他認為把美
國經驗強加到「一個很不同情況國家」的想法是荒謬的。[38]因
此他在理念和感情昇華的過程當中，一方面要照顧到自己與
中共黨人的情誼，另一方面要考慮到自己的事業基礎和美國
的國家利益，於是就產生了妥協。這種妥協便是，即使中共
政權執政後有一些不盡如人意之處，他也不希望美國在中國
最困難的時候「落井下石」。但他並不是要「助紂為虐」，而

---

[37] Patrick Tyler, *A Great Wall: Six Presidents and China*（New
York: PublicAffairs, 1999）82.

[38] 愛潑斯坦，〈愛潑斯坦同志的發言〉，第九屆埃德加‧斯諾研
討會上的講話，二〇〇〇年十月十八日。

是要美國以長遠計，應該雪中送炭，接納共產中國，如此方能化解中國的敵意，也才能對美國國家利益與世界和平造成正面的影響。不待多言，自尼克森總統上台以來，這些論點如今早已與美國政府對華政策的主軸隱隱相契。[39]斯諾終究試圖跳脫中、美意識型態的歧異，轉而放眼在兩國人民之間的長遠利益。[40]有論者便指出，斯諾在中共建政後的所扮演的政治角色，比他在發掘共產中國內部真相方面要出色的多。[41]難怪沙茲伯里（Harrison E. Salisbury）要把他看成是「浪漫的現實主義者」了。[42]

---

[39] 尼克森在第一次當選總統之前在《外交事務》季刊撰文指出，吾人固然不應忽視中國的威脅，但是美國也經不起繼續讓這個擁有龐大潛力和人口的國家繼續處於一種孤立和充滿敵意的狀態。他寫道：「除非中國轉變，否則世界就不能安全。因此我們的目標……應該是去促成這種轉變。」（The world cannot be safe until China changes. Thus our aim…… should be to induce change.）其具體作法是，說服中國轉變，讓她相信解決內部問題比對外擴張來得重要。參見 Richard M. Nixon, "Asia after Viet Nam," *Foreign Affairs* 46 · 1（October 1967）: 121.

[40] Yang Yuli, "Developing Friendship: The Spirit of Edgar Snow," *Beijing Review* 35.30（July 27-August 2, 1992）: 36.

[41] Edward L. Farmer, "From Admiration to Confrontation: Six Decades of American Reporting about China," *Media Studies Journal* 13 · 1（Winter 1999）: 139.

[42] Harrison E. Salisbury, "China Reporting: Red Star to Long March," *Voice of China: The Interplay of Politics and Journalism*, ed. Chin-Chuan Lee（New York: The Guilford Press, 1990）217.

第七章　結論

　　斯諾表示，他絕不是中共的「發言人」。[1]他這位與中國結下不解之緣的美國記者，一向被認為是親共色彩鮮明的左派新聞作家，從而中共、國民政府，和美國三方當局者自然對他的事蹟行誼有著南轅北轍的解讀和評價。然而深究斯諾內心世界的人少，愛憎斯諾言行舉止的人多，在這種情形之下，要持平地瞭解和對待斯諾是極其不易的。由於他與中共第一代領導人的特殊淵源，他和他的妻子、報導作品，和傳奇事蹟不免被視為中、美關係上某種具有象徵意涵的指標。這點在斯諾的生前如此，身後亦然。因而斯諾的角色和理念特質也就迭遭忽視或誤解。

　　斯諾一生當中經歷過幾次轉折（一九二八年離美抵華，一九三六年赴陝北，一九四一年離華，一九五九年離美遷歐），每次轉折都似乎象徵他思想信仰上的再度昇華和角色扮演上的多重轉變。這段轉變歷程的背景，正如費正清教授所言，反映了美國「整整一代的」自由派人士對於中國的夢想與挫折。[2]這個夢想，也就是一種使命感，它是美國價值在中

1　Letter, Edgar Snow to Owen Lattimore, 5/19/70; Folder 77; KC:19/1/4, The Edgar Snow Papers; University of Missouri-Kansas City Archives.

2　費氏指出，中共自一九四〇年代以來，在中國似乎被當作救星的同時，卻逐漸被美國視為宿敵。他因此認為，中、美兩國漸行漸遠乃至相互對抗，其根源在於「國家利益、價值觀

國的投射——是一種異中趨同的過程。一旦異中無法求同，
挫折便接續而來。這種挫折可能出自美國當局的審查和「迫
害」，也可能出自中共政權不盡如人意的執政表現。斯諾在面
對這類挫折的時候，終究選擇樂觀以對。[3]亦即，如前章所論，
一九四九年中共建政後，斯諾作為一個「天命信差」的出發
點和使命感仍在，只是其內在邏輯和「理論基礎」已經發生
了妥協性的質變。

　　誠如漢密爾頓所言，中國太大了，斯諾不可能盡察當地
人民的困苦真相。[4]斯諾的中國經驗的確對他在中國問題的看
法上產生了關鍵性的影響。原來斯諾自美國抵華，先在中國
上海及北平各地待了八年之久，還見證過西北和內蒙的大災
荒，之後才到陝北蘇區去採訪中共。據愛潑斯坦回憶，這趟
西北之行「給斯諾的最初印象只是一個方面。後來在回顧這
件事的時候，斯諾的思想是不斷發展的，每次回顧，總是加

念和態度上根深蒂固的衝突」（the deep-seated conflict of
national interests, values, and attitudes.）；參見 John K.
Fairbank, "Edgar Snow in Red China," *The Atlantic Monthly*:
36; Folder 560; KC:19/1/4, The Edgar Snow Papers; University
of Missouri-Kansas City Archives. 該篇文章被密蘇里大學文
獻館歸檔為「日期不詳」（undated）的資料，但從內容上研
判，仍可看出至少為一九六二年以後所作。

3　John K. Fairbank, "Edgar Snow in Red China," *The Atlantic
　　Monthly* （undated）: 36; Folder 560; KC:19/1/4, The Edgar
　　Snow Papers; University of Missouri-Kansas City Archives.

4　John Maxwell Hamilton, *Edgar Snow: A Biography*
　　（Bloomington: Indiana University Press, 1988）271.

進了一些新的、更廣泛的內容。」[5]斯諾自己也承認，如果當時不是這樣，而是直接從美國到中國，然後直接到西北去採訪，恐怕他就不會如此同情中共黨人，甚至可能認為他們不符「美國的理想或原則」，應受撻伐。[6]

本文以為，這是斯諾的認知錯覺。一方面來講，相較於美國，中國固然殘破不堪，中共的處境則更加艱困；另一方面，整個中國已然充滿戰爭、罪惡、貪瀆和饑荒，中共身為獨立於國民政府之外的敵體，不免被寄予改良現狀的期望，儼然成為改革者的角色。這也就是為什麼當初斯諾願意冒險前往西北蘇區採訪這群可能符合美國價值的潛在盟友。雙方極可能在這種情形下「因誤會而結合」，各取所需。

二次大戰前後，受限於時空背景和國府、美國兩造領導當局（除羅斯福總統外）的見識，這位曾自比為「伊實瑪利」的美國記者始終未能被有效地爭取和善意地對待。[7]相反地，自一九三〇年代以來，中共便注意到這個來自太平洋彼岸的新聞界後起之秀，透過其地下黨人及同情中共的人士與他接觸頻頻。一九三七年，斯諾以數篇有關陝北蘇區和中共長征史蹟的報導（隔年攢積編寫成《紅星照耀中國》一書）聲名大躁於西方世界。在中國，小道坊間各種譯本亦陸續問世。

5　愛潑斯坦，〈斯諾——一個偉大的記者〉，《斯諾在內蒙古》，劉力群等編（呼和浩特：內蒙古人民出版社，一九八七年）頁二十一。

6　*Ibid.*, 15.

7　尹均生、安危，《斯諾》（北京：人民日報出版社，一九九七年）頁七十六。

世人第一次從他的作品當中見聞到這群在國府軍隊封鎖包圍下的「赤匪」實況，對於後來國共第二次合作，即抗日民族統一戰線的成形，起過推波助瀾的作用。寧謨曾對斯諾陝北之行的成果評論道：「中國的右翼與左翼勢力都相信他所說的每一件事。他享有完全的可信性。從這方面講，他的旅行成為中國歷史的一部分——幫助使輿論傾向抗日統一戰線。」[8]

資料顯示，斯諾並不信奉馬列共產思想，更非共產黨員，他是中共的「國際友人」。斯諾是否甘受中共利用，吾人或許不得而知，不過中共顯然在爭取像斯諾這類懷有強烈正義感和同情心的國際傳媒人士方面（如白修德、史沫特萊、斯特朗等）取得了先機，順利將斯諾的情感認同從蔣介石所領導的國民黨政府，轉向以毛澤東、周恩來等人為首的中國共產黨及其日後所成立的政權。

去年七月洛伊斯在美國波士頓接受筆者專訪時，針對中共「認為她態度不友善，並不能代表已故的斯諾及其精神」提出反駁。她認為自己並沒有變，是這一代（李鵬等）中共領導人變了，變得不再是斯諾筆下當年那批為革命理想和人民福祉奮鬥犧牲的熱血青年，她堅稱即使斯諾復生也會贊同她的作法。[9]洛伊斯自從為六四死難者籌募基金並親赴中國聲援為尋找六四失蹤者而奔走的中國人民大學哲學系副教授丁子霖（其子亦在六四事件中亡故）遭到中共攔阻後，與中共

---

[8] Helen Foster Snow, *My China Years: A Memoir by Helen Foster Snow*（London: Harrap, 1984）200.

[9] "An Interview with Mrs. Lois Wheeler Snow," conducted by Chi-yu Chang（July 20, 2000）at Harbor Towers, Boston.

的關係便急劇惡化。[10]洛伊斯固然無法代替斯諾發言。不過任誰也無法否認，她曾經是斯諾身邊最親密的人，也是最瞭解他的人。

　　一九二八年，斯諾以一股嘗試冒險的豪氣來到中國上海，開啟了他長達十三年在東方的記者生涯。未幾，發現國府治下的中國人民橫遭天災人禍而貧苦無告，開始注意並同情左派人士。三〇年代初期，結識了一群以魯迅（周樹人）為首的知識青年，不久，藉由一個偶然的採訪機緣認識了孫中山遺孀宋慶齡。讓他進而加深與中共黨人的交往，並得以於西安事變前夕利用東北軍（張學良）、西北軍（楊虎城）和國府中央的矛盾，越過封鎖線，順利訪得陝北紅軍的實況，與中共第一代領導人建立了患難情誼。直到一九四一年，斯諾因向外界披露新四軍事件（中共方面稱皖南事變），遭國府取消在中國的採訪特權，才返回美國。返國後，羅斯福總統深為他在中國所取得的成就（如支持發動一二・九抗日學運、發起「工業合作運動」，以及完成多篇成功的中國報導等等）所折服，曾三度加以召見，甚至一度考慮直接以物資援助中共，後因國務院幕僚大加反對而作罷。

　　一九四九年，中國江山易主。美國與中共的猜忌和疑懼

---

[10]　二〇〇〇年九月，在斯諾遺孀洛伊斯接受筆者訪談後兩個月，她對外界聲明，打算控告拍攝《毛澤東與斯諾》的中國大陸片商，因為他們事前未徵得她和斯諾兩名子女的許可，擅自抄襲《西行漫記》等相關作品的內容。她稱倘若官司打贏，將把賠償費用致送給六四受難家屬。無論如何，洛伊斯對於中國第一代領導人諸如毛、周、宋慶齡、黃華等在斯諾彌留之際所提供的「安寧照顧」一直感念在心。

趨向白熱化。接下來是五〇年代的韓戰和六〇年代的越戰。兩國彼此進行直接和間接的軍事、外交對壘，使得正常的交往成為一項不可能的任務。一方面中國大陸高唱反美反帝，另一方面美國朝野打壓「親共」人士。斯諾和其他親共左派作家一樣，亦遭受美國當局的審查和「騷擾」。在一九五九年麥卡錫反共浪潮中黯然離開美國，偕同妻兒遷居瑞士。一九六〇年和一九六四年，兩度造訪中國大陸。一九七〇年，為了深入探索文革的實況，斯諾最後一次踏上中國的土地，並當上第一個（與洛伊斯一起）在中共國慶日獲邀登上天安門城樓觀禮的外國貴賓。在歷次前述的採訪過程當中，斯諾均不忘與毛、周等領導人暢談國內外政經局勢。他始終主張中國應加入聯合國，並認為美國政府不應繼續排斥中共政權。就在中共順利取代中華民國在聯合國的席位之後，一九七二年尼克森總統步下專機，與毛、周等人把酒言歡的前夕，斯諾因癌症不治而離開了人世，未能親自探訪並見證他夢寐以求的歷史時刻。[11]

---

11 此後美、中關係持續發展。一九七九年，卡特政府與中共政權建立邦交，從此「關係正常化」。一九八一年，雷根政府上台初期，對華政策尚未明朗。中共方面在一九八二年盛大舉辦斯諾逝世十周年紀念活動，邀集斯諾生前的中、外友人發表多篇感言。這種作法或許反映出某種正面的訊息，即斯諾精神是值得效法的，中、美雙方是可以合作的。半年之後，美國與中共簽訂八一七公報，但旋即增加對台軍售。一九八四年，中共成立「中國三 S 研究會」。六四天安門事件固然使得兩國關係頓挫，但是雙方既競爭又合作的大方向則大抵不會改變。對中共而言，斯諾似乎一直是中美關係的「樣板」和兩國友誼的重要淵源。

　　有論者認為斯諾正是被毛澤東選中成為重新開啟中美關係以及促成尼克森總統訪華的媒介人物。[12]中國大陸有論者單方面認為尼克森和季辛吉均曾仔細地閱讀過斯諾的文章以作為與中共交往的決策參考。[13]然而筆者以為這種說法仍有待進一步證實。另一方面，毛澤東常會選擇性地與一些外國記者來往，斯諾算是少數與毛澤東來往的美國記者中最密切的。[14]斯諾對文革的瞭解有限，但是他總是嘗試以一種同情和諒解的態度去觀察（共產）中國。斯諾所作的新聞報導和「外交嘗試」顯然並未獲得美國官方重視。直到他過世之後，中共政權與美國的關係明顯出現好轉，他過去的努力才逐漸獲得美國朝野較多的肯定。

　　中國大陸的論者普遍認為斯諾在中國的報導是信實可靠的，同時他們也認為斯諾精準地預測了一些歷史發展的軌跡。[15]他被譽為能適時適所採訪中國的幸運兒，並且吸引了許多有雄心、富冒險性格的年輕人來踵事增華。[16]總之，斯諾與

---

[12] Israel Epstein, "Smedley, Strong, Snow--Bridge Builders from People to People," *Beijing Review* 28·28（1985）: 18.

[13] 蔣建農、曹志為，《走近毛澤東：一個外國人與新中國元首的交往》（北京：團結出版社，一九九〇年）頁二。

[14] 馬佑增，〈毛澤東與外國記者〉，《毛澤東外交思想研究》，裴堅章主編（北京：世界知識出版社，一九九四年）頁三一八。

[15] Wang Jian, *op .cit.*, 47.

[16] Edward L. Farmer, "Sifting Truth from Facts: The Reporter as Interpreter of China," *Voices of China: The Interplay of Politics and Journalism*, Ed. Chin-chuan Lee（New York: The Guilford Press, 1990）251-52.

中共的交遊對中、美兩國政府造成了一定程度的影響。一九
八二年二月，中國在北京及武漢相繼舉辦紀念斯諾逝世十周
年大會和學術會議；五月，密蘇里大學，也就是斯諾的母校，
追贈給斯諾新聞學博士的殊榮，由此可見中美兩國人民重視
斯諾貢獻及其影響力的程度。[17]總的來說，斯諾在中共建政以
後三次參訪中國大陸及從事相關報導，其意義在於：斯諾能
超脫意識型態，終身致力於促進中美兩國政府與人民之間良
性交往、溝通，足見他是一個提昇中美關係的宣導家，預言
家和見證者。[18]

斯諾的中國報導作品使他不失成為一具有遠見的預言
家。然而這種讚美之辭是站在美國和中國共同的立場和利益
才得以成立的。一旦主觀的價值涉入，事物的本質便往往容
易受到蒙蔽。作為一位新聞作家，斯諾的影響力不僅來自於
多年報導中國事務而累積的經驗與聲譽，而且來自於他中國
報導作品當中的技巧和公信力：一方面既追求平衡、獨立，
且具吸引力的報導，一方面又鼓吹民主、自由、正義等源自
西方及美國傳統的「普世價值」。職是之故，筆者假定，在斯
諾的背後，想必有一個文化動力作為他安身立命的基石。

斯諾其實不受任何一方政府節制，是個獨立性頗強的記
者。通說認為斯諾遺傳自父、母不同的宗教和政治信仰，既
有其父富於批判的懷疑精神，又有其母滿懷博愛的人道胸

---

[17] 尹均生、安危，前揭書，頁一○三。
[18] Yang Yuli, "Developing Friendship: The Spirit of Edgar Snow," *Beijing Review* 35（1992）36.

臆；然後將他的浪漫情懷等同作前者的批判和懷疑精神，又把他的正義情操等同作後者的博愛與人道胸臆。然而，歷來與斯諾生平行誼相近的人士何止一二，難道每個人都需要有一對父母分別持有不同的宗教信仰和政治立場？所以此說並不能完整解釋斯諾個人的心路歷程及其對中國的特殊情感。筆者以為，反映美國邊疆開拓精神餘緒的天命說（Manifest Destiny）反倒相當能夠詮釋（interpret）斯諾在中美關係所扮演的角色和身分。這點淺見或可作為通說的一項補充。

與其說斯諾在中國的所作所為是為了完成其自我實現，不如說是為了促進其夢想實現。看到中國（包括世界上其他任何弱勢民族）的人民自由富足，不僅是斯諾的一個理想或願景（a dream or a vision），同時也是他個人生命價值的一種昇華和體現。

縱觀十八世紀末以來，來華發展的美國人，無非對中國這塊土地懷有憧憬和夢想。然而這種憧憬和夢想經常混雜著理想與現實兩種層面。所謂天命說，一般而言包含兩種層次。一種是出於白種優越感作祟的導師心態，加上源自十九世紀以來美國向西開疆拓土、向海外擴展勢力的民族開創性。這種層次基於人的理性和自私傾向，可視為進步的象徵和競爭的動力。另一種層次則是彌賽亞（救世主）式的救贖使命，基於人的感性與利他情操。

誠如前述，天命二層次常是相互揉雜的。舉例來說，傳教士固然有博愛的想法和作為，例如設立醫院、開辦教育、抒解困災，但是其目的終歸在「傳播福音」。商人的貿易行為固然或有助於中國的經濟發展，但是其目的終歸在獲取經濟

上的利益。又，拳亂之後，美國老羅斯福（Theodore Roosevelt，任期一九〇一一一九〇九）政府把部分庚子賠款退還給中國，用來培育年輕的知識份子，[19]其目的不免也在求取一個較為長遠的政治利益。例如，中共建政二十年後，尼克森總統在訪問中國的前夕曾私下表示，雖然中共「比蘇聯更效忠共產主義」，但現實上卻必須促成並維持美、中之間的戰略夥伴關係——這種關係即如孟捷慕（James H. Mann）所言「被塗上羅曼史的綺想，其情愫可遠溯至早期通商船隻抵華、傳教士在中國宣教的舊時代。美國希望能再次相信，他們正在扭轉、改變中國。」[20]

至於斯諾到底是不是中國共產黨的傳聲筒或「代言人」？要回答這個問題，首先應該認識到：提出這個問題的一方是站在什麼樣的利益和立場？

中共固然十分欣賞斯諾等親共左翼作家所作的有利於中國的報導，並以「國際友人」稱呼他們。但誠如毛澤東所言，斯諾既不是共產黨徒，也不信奉馬列主義。斯諾這個中共口口聲聲的美國「朋友」，其實仍是個外人，一個統戰上可資利用的外國「友人」。

---

[19] 陳毓鈞，《戰爭與和平：解析美國對華政策》（台北：環宇出版社，一九九七年）頁十八至十九。

[20] James H. Mann, *About Face: A History of America's Curious Relationship with China, from Nixon to Clinton*（New York: Alfred A. Knopf, 1999）8. 孟捷慕（一九四六－）為《華盛頓郵報》、《洛杉磯時報》（*Los Angeles Times*）資深記者，曾派駐北京；一九九六至九七年間擔任「威爾遜（Woodrow Wilson）國際中心」客座學者。

　　斯諾自認一向秉持獨立客觀與平衡報導的態度來處理他
所採訪的事件。他早年由於受到鮑威爾等新聞界前輩的影
響，報導立場較傾向國民政府。後來因為採訪範圍偏及中國
各地貧苦地區及受難人民，遂逐漸改變其原先的報導立場，
與鮑威爾等人的理念漸行漸遠。不可諱言，斯諾往後的報導
文學的確為四九年中共建政和日後中美關係正常化起了正面
積極的文宣作用。這些報導作品有的忠實揭露了國府時期中
國政府的腐敗及其治下人民的苦難，有的鮮活描繪了中共領
袖及紅軍戰士的人格魅力與精神，也有的深入捕捉到共產中
國正面且進步的諸般事蹟。斯諾唯一沒有詳實捕捉到的是中
共文革前後所犯的錯誤和殺戮。關於這點，根據斯諾遺孀洛
伊斯的說法，在中國大陸當時詭譎的政治氣氛中，斯諾確實
已經盡了全力試圖報導中國內部的真相。吾人試想，一個外
者記者儘憑三次短期的訪華行程，欲一窺「新中國」的虛實，
縱有再強的專業本領，也是力有未逮。加上共產社會新聞自
由的程度遠遠不如西方民主社會，這更嚴重影響了斯諾六〇
年代以來中國報導的深度與廣度。

　　以一個記者或新聞作家來講，報導事實，披露真相，是
其應守的本分。如能進而取得獨家報導（scoop），則應更屬無
上的成就與榮耀。斯諾的爭議性在於，作為一個以獨立判斷
自詡的記者和新聞作家，他勇於爭取獨家，披露真相，不畏
艱險深入中國各地進行實地採訪，然而卻經常參與並涉入本
分以外的事務。[21]他不甘於只是做個消極中立的旁觀者，而要

---

[21]　Hugh Deane, "'Red Star Over China': The Author and His

當個有積極使命的行動家。[22]

　　他和第一任妻子寧謨以及紐西蘭左派作家艾黎（Rewi Alley）共同在中國發起的「工業合作運動」（通稱工合，宗旨在強化中國的工業體質以造福人民，抵禦外侮）便是一個顯例。這項計劃能夠取得國民政府與美國政府相當程度的支援是很特殊的。另一顯例是在燕大任教期間，斯諾對年輕知識份子的關注未曾間斷，並和當時的左翼文人交往密切。其具體的結果有二：一是他在一九三五年編譯了一本名為《活的中國》的短篇小說集，當中收錄了許多三〇年代作家的作品；[23]二是他鼓勵並支持學生發動「一二‧九」運動。像這些看似義務性質的舉措，如果斯諾的出發點和目的不是關乎個人現實利益，難道不是「天命」加個人理念昇華有以致之？這也就是屬於天命說的第二種層次。

　　斯諾一向認為，美國政府採取孤立中共的政策是錯誤的。他甚至主張中共應該被聯合國接受成為會員國。於是他返美之後只過了十年的風光生活，五〇年代起就在麥卡錫主

Critics," *Beijing Review* 31‧38（September 19, 1988）: 38.

[22] John K. Fairbank, *China Perceived: Images and Policies in Chinese-American Relations*（New York: Alfred A. Knopf, 1974）180.

[23] 《中國評論》（*The China Critic*）雜誌將此書評為「繼賽珍珠翻譯《水滸傳》之後」（since Pearl Buck's translation of *All Men Are Brothers*）的最佳譯作；參見 I.C.S., "Living China," *The China Critic* 16‧5（February 4, 1937）: 116; Box 24; Nym Wales Collection; Hoover Institution Archives.

義浪潮席捲下遭受美國各界對他親共立場的質疑。[24]四〇年代他尚能代表《星期六晚郵報》遠訪蘇聯和亞、歐各國，甚至得到羅斯福總統的接見。但是到了五〇年代後期，他除了寫作和講演之外，在生活及工作上並不順利。以致終於在一九五九年舉家遷往瑞士定居。

　　斯諾移居歐洲後仍舊寫作不輟，並於一九六〇年、六四年、七〇年三度訪問中國大陸，每次都見到了毛澤東、周恩來等中共領導人，暢談中國內政與國際局勢，無意間促進了中、美兩國政府彼此的瞭解。這種特殊的信差關係在中共一九七〇年國慶時，斯諾伉儷受邀登上天安門城樓而達到頂點。就在一九七二年美國尼克森總統打破二十來的僵局首度造訪中國前夕，與病魔奮戰多年的斯諾辭世了。一個多年關注中國問題、與中共交好的美國記者，不但未得及時見證他夢寐以求的歷史時刻，也未能享受到可能隨之而來的尊榮。

　　但是對於他在六〇年代至七〇年代初期有關文革「只揭不批」的報導手法，吾人根據天命之說又將作何解釋呢？許多論者以為，中共自建政以來，推動了一連串錯誤的政治運動及導致大量的人命損傷，早就違背了他們對人民的承諾，自然應該受到批判。當中共第一代領導人仍在位時，斯諾忖

---

[24] 和其他因親共而丟官的人士相較，斯諾或許算是受傷較輕的，不過當時他的再婚妻子洛伊斯卻自認其演藝生涯已遭受波及；參見 Barbara Cloud, "Season of High Adventure: Edgar Snow in China / From Vagabond to Journalist: Edgar Snow in Asia, 1928-1941," *Journalism History* 22．4（Winter 1997）: 170-71.

度自己與他們的特殊關係和淵源，自然不忍，不願，也不便
對他們加以苛責。於是他所能為中國做的，就是續續保持他
對中共的正向思考，兼以少許而含蓄的憂慮（即迂迴的批
評），並持續呼籲美國當局揚棄孤立中國的策略，而應改以積
極與中國交往的政策。他這種「知其不可為而為之」的浪漫
性格於此再度表露無遺。他的爭議性即在於，身為一個帶有
強烈浪漫性格的「天命信差」，其出發點本來是感性的，利他
的，宗教式的，因而他會親近那些懷抱「革命熱情」的人士
也不是什麼令人感到意外的事，可是他卻又大力鼓吹諸如民
主、自由、和平、正義等需要以理性來貫徹的抽象原則，甚
至期待一個本質上排斥政治民主的政權有朝一日能夠實行這
些原則。這種矛盾不僅帶給他痛苦，也使他成為二十世紀中
美關係史上一個具有爭議性的人物。

　　斯諾曾經嘗試以美式民主價值來評斷中國問題的作法或
許值得商榷，然而這常是文化衝激之下所難以避免的窘境。
長期以來，國民黨和共產黨又何嘗不是以各自的意識型態來
批評和詮釋斯諾的作為？就斯諾而言，縱使他對中國共產黨
的某些作為和對中國政治的看法有著過份樂觀的期待或預
判，也無損於他對於中共必將執政，和中、美關係必將改善
這類先知般的洞見。當然吾人也可以很容易地批判斯諾在五
○年代，尤其是六○年代親訪中國大陸之後「只揭不批」或
「隱惡揚善」的報導手法，甚至追溯到三○、四○年代間有
關他一系列有利中共的言論和所造成的「影響」。然而本研究
發現，斯諾的確懷抱著使命，一種誘使中國更民主、更開放
的使命，雖然這種「天命」不能立刻實現，但也不會令他放

棄希望。中共建政後，他或許因為受限於個人的經驗、認知、情感與事業，所以顯得有些寬縱中國（根據本文所推定的「天命」第一邏輯，斯諾是將中共政權與中國人民意志劃上等號的），但是他如果能夠像白禮博和孟儒（Ross H. Munro）所提示的那樣，[25]去和「那些較具世界觀，思想較自由的中國人民保持友好關係」，「讓中國生活中的那種成份占據上風」，並設法維持兩國之間的和平，或許這才是完成「天命」傳承，引導中國邁向現代化的正途。[26]

　　斯諾無疑在中、美外交關係史上扮演了積極而關鍵的角色。在二次世界大戰中國對日抗戰期間，他報導日軍的殘酷霸道，同情中國人民所受到壓迫欺凌，進而將這樣的情愫轉化成為對中國左派知識份子的同情以及對中國共產黨人的同情。雖然斯諾的報導立場和情感態度是傾向中共的，然而斯諾對於自身理念的假設與堅持顯然是另有所本的。總而言之，濟弱扶傾始終是斯諾終極關懷之所在，也正是影響斯諾報導立場與政治態度的關鍵因素。本研究將總結歸納成兩點：第一，斯諾自認報導立場中立，但經常加入主觀的詮釋，使得報導出來的內容和結果不甚客觀，這也是經常為論者所

---

[25] 孟儒為資深駐亞洲記者，歷任《時代》雜誌駐香港、曼谷和新德里分社主任，《全球郵政報》（*Globe and Mail*）駐北京特派員等職，現任華府亞洲中心主任（Center for Asian Studies）。

[26] Richard Bernstein and Ross H. Munro, *The Coming Conflict with China*（New York: Alfred A. Knopf, 1997）221. 兩位作者的觀念其實仍然是一種試圖影響異族的「天賦使命」（Manifest Destiny）心態。

批評的：第二，斯諾對待中共的態度乃源自於對勇者的欽佩、對弱者的同情、對人權的伸張，以及對真相的披露。

　　斯諾對美國立國以來的價值體系深信不疑。一些憲政主義（constitutionalism）的基本內涵他都奉行不輟。[27]例如他支持弱勢和反對強權的言行便反映了「人皆生而平等」的觀念；三〇和四〇年代間，他對新聞自由的堅持和對異議人士的同情，反映了人民「集會、結社及言論自由」的觀念；他對昔日國府官員貪污、腐敗現象的憎惡則多少反映了「有限政府」的觀念；他對貧苦無告的中國人民表示無比的痛心和同情，這表示他相信人民的福祉才是國家成立的最高依歸。雖然斯諾並未明示這些理念，不過從他歷來的言行研判，與其說斯諾是戴著親共（或親社會主義）的有色眼鏡去看待中國問題，不如說斯諾是從「美國價值」的立場出發去觀察中國的一點一滴。即使對斯諾推崇備至的中共，也不認為他是馬列主義的信徒；相反地，他們認為斯諾只是一個信奉民主主義的新聞記者。[28]

　　因此，斯諾安身立命的本源不是馬列思想或共產主義，

27　憲政主義狹義的來說，是指憲法對公民權及自由權的保障，它涉及法律程序的正當性、審判的公正性，以及言論、出版、集會、隱私等權利；廣義而言，它包括自洛克（John Locke）以降美國開國先賢的政治思想，包括分權（separation of powers）、代議（representation），以及政府必須經由人民的同意（consent）而成立等等之主張。質言之，憲政主義在本質上反對極權，崇尚民主。參見 Roger Scruton, *A Dictionary of Political Thought*（London: Pan Books, 1983）94.

28　蔣建農，前揭書，頁十四。

而是美國傳統的信條或價值（American Creed）。這和共產政權意識型態上所講究的階級專政以及它在實踐上所堅持的言論和政治之控制，根本上就是相互矛盾。白禮博和孟儒即指出，在中國領導人的眼中，中、美之間的問題根源在於：

> 美國人所支持的自由，權力有限的政府，不受約束的文化創造，法律統治，政治上的自由表達，開放的性關係，以及美國的音樂、舞蹈和電影，都會侵蝕中國政府的地位和合法性，畢竟中國政府和美國所代表的文化背道而馳——紀律而非自由；控制而非權利；傳統而非創新。對於藉由民族主義來鞏固權力的中國政府而言，美國尤其是一個很方便的當然敵人。[29]

這種說法用來解釋「訓政」時期以前的國府或許一樣適用。吾人有了有層認識，便可瞭解為何斯諾在和中共打交道的過程當中，始終採取樂觀以對的態度——這恐怕是他在情感上和現實上不得不然的抉擇。理智上，他一方面肯定民主的普世價值，另一方面不願見到自己被已在中國主政的中共政權排斥，因為「中國報導」畢竟是他賴以維生的新聞專業。情感上，他一方面尊重並包容中國人民的選擇，另一方面又不希望因直言批評而傷了他和中共領袖之間的私人情誼。面臨如此困境，在對方不可能因為自己而改變的現狀之下，他只有改變自己——不是轉而「斥共」，而是轉化自己「親共」的理由與邏輯，並持續投入對共產中國的關注——成為一名

---

[29] Bernstein and Munro, *op. cit.*, 35-36.

（只能）懷抱「天命」的「信差」，至少在表面上看起來已經不像個硬要拿自己國族的政治文化價值套在異族身上的沙文主義者。這種軟性作法當然不免會造成他個人的矛盾與焦慮。尤其他對「新中國」的善意報導和中共建政以來諸多為人所詬病內政亂象之間，落差甚大，加上他個與中共黨人過從甚密的經歷，因而不免遭到「麥卡錫主義」的波及。他在新聞報導公信力和名譽上的受損，已是不可彌補。但是作為一個具有爭議性的歷史人物，他的價值或許就在於他已經被視為中、美兩國人民如堅石般友誼的象徵——需要不斷地被回顧和傳頌。正如黃華所言：

> 斯諾早已離開了我們，但他所關心的中美這兩個國家人民之間的友好關係……卻具有越來越重要的意義，因為它關係到我們兩國人民根本利益，也關係到世界的和平、發展與繁榮。我們一定要不遺餘力地培植這棵友誼之樹，使它常青不衰。[30]

　　如今美國與中共政權的交往大門早已打開，而且兩國之間果真應驗了斯諾當年所主張的「競爭性共存」這樣的概念。如何能夠使這棵友誼之樹常青不衰，就看斯諾這個被中國大陸朝野拿來象徵中、美兩國人民友誼的圖騰如何被解讀了。

---

[30] 黃華，〈紀念斯諾，回顧中、美關係的發展〉，黃華會長在第九屆埃德加·斯諾研討會上的講話，二〇〇〇年十月十八日。

附錄　斯諾生平大事年表[1]

一九〇五年七月十九日

　　生出於美國密蘇里州堪薩斯城

一九二三年

　　畢業於堪薩斯城西港中學。

一九二三年－一九二五年

　　就讀於堪薩斯城二年制專科學校。

一九二六年－一九二七年

　　就讀於密蘇里大學新聞學院,任《堪薩斯星報》駐校記者。

一九二八年四月

　　在「雷德諾」號船上當水手,到達夏威夷。

一九二八年七月

　　乘「神與丸」偷渡到日本,然後從日本乘船抵達中國上海。

一九二八年九月－一九三〇年三月

　　在上海美國人創辦的《密勒氏評論報》擔任助理編輯、代理主編,兼任美國《芝加哥論壇報》駐遠東記者。

---

[1] 取材自劉力群主編,《紀念埃德加·斯諾》(北京:新華出版社,一九八四年)頁五一五至五一七;譚外元、郭六雲編,《斯諾》(瀋陽:遼海出版社,一九九八年)頁二〇六至二一一。

一九二八年底－一九二九年六月

　　在中國鐵路沿線（滬杭、滬寧、津浦、京滬、濱哈、京
　　綏等線）採訪。

一九三〇年七月－一九三三年

　　擔任美國「報業聯社」駐遠東旅遊記者、駐北平代表。

一九三〇年七月－一九三一年九月

　　在中國東南沿海、西南地區和東南亞、南亞旅行採訪。

一九三二年底

　　在日本東京美國大使館與寧謨結婚。

一九三三年春

　　和寧謨在北平安家。

一九三三年九月

　　第一部著作《遠東前線》在美國出版。

一九三三年－一九三五年

　　在燕京大學新聞系任講師，講授「新聞特寫」、「旅遊通
　　訊」等課程。

一九三三年

　　開始為《星期六晚郵報》撰稿。

一九三四年－一九三七年

　　擔任美國《紐約太陽報》特約記者。

一九三二年－一九四一年

　　擔任英國《每日先驅報》特約記者。

一九三五年十二月

積極支持北平「一二‧九」學生運動。

一九三六年七月

《活的中國》在英國出版。

一九三六年六月－十月

從北平到陝北蘇區參訪，會見了毛澤東、周恩來、彭德懷等中共領袖。

一九三七年一月

斯諾夫婦與燕京大學部分教授創辦的英文雜誌《民主》創刊號出版，先後發表了斯諾有關陝北蘇區的部分報導。

一九三七年十月

《紅星照耀中國》在英國出版。

一九三七年底

同路易‧艾黎和寧謨等人在上海發起中國「工業合作社運動」。

一九三八年－一九三九年

在武漢、重慶、成都一帶旅行採訪；在武漢會見周恩來夫婦、葉挺等。

一九三九年

到香港、菲律賓等地旅行，為「工合」運動募款。

一九三九年九月

以「工合」國際委員代表和記者身份到延安參訪。

一九四〇年

　　在菲律賓碧瑤從事寫作。

一九四一年

　　第四部著作《為亞洲而戰》在美國出版。

一九四一年二月

　　因揭露「皖南事變」真相，被迫離開中國返美。

一九四二年二月二十四日

　　首度受到美國總統羅斯福接見。

一九四二年三月－一九四六年

　　擔任美國《星期六晚郵報》戰地記者，離美赴印度、緬
　　甸、伊朗、伊拉克、蘇聯和中國等地採訪。

一九四二年春

　　在進入蘇聯之前到重慶作短暫停留。

一九四三年二月

　　在史達林格勒採訪蘇聯紅軍。

一九四三年－一九五一年

　　擔任美國《星期六晚郵報》副主編。

一九四三年中

　　從蘇聯返美途中在中國作短暫停留。

一九四四年

　　第五部著作《人民在我們一邊》出版。

一九四四年五月二十六日

　　第二度受羅斯福總統召見。

一九四四年六月

　　從美國再次到蘇聯採訪，後到波蘭、法國、奧地利、德
　　國進行採訪。

一九四五年

　　第六部著作《蘇維埃力量的格局》出版。

一九四五年三月三日

　　第三度受羅斯福總統召見。

一九四五年底到一九四六年初

　　到朝鮮進行採訪。

一九四七年

　　第七部著作《史達林需要和平》出版。

一九四七年底

　　再次到印度和東南亞進行採訪。

一九四九年

　　與寧謨離婚，並同洛伊斯結婚。

一九五一年

　　因不贊同《星期六晚郵報》追隨麥卡錫主義的編輯方針，
　　辭去副主編之職。

一九五七年

　　擔任哈佛大學「中國政治經濟研究會」特別顧問。

　　第八部著作《紅色中國雜記》出版。

一九五八年

第九部著作《復始之旅》出版。

一九五九年

全家遷居瑞士。

一九六〇年六月二十八日－十一月十五日

作為美國《展望》雜誌記者第一次訪問「新中國」，會見了毛澤東和周恩來。

一九六二年

第十部著作《大河彼岸》在美國出版。

一九六四年十月十八日－一九六五年一月十九日

作為法國《新直言》週刊記者，第二次訪問「新中國」，會見了毛澤東、周恩來、宋慶齡等中共政權領導人。

一九六八年

自費攝製完成紀錄片《四分之一人類》。

一九七〇年八月十四日－一九七一年二月

（偕同夫人洛伊斯）第三次訪問「新中國」。

一九七〇年十月

毛澤東、周恩來天安門城樓接見了斯諾夫婦。

同毛澤東進行訪談；毛表示歡迎美國總統尼克森來中國訪問。

一九七二年二月十五日

逝世於瑞士日內瓦郊區埃辛斯村。

一九七二年

　　最後一部未完成的著作《漫長的革命》由洛伊斯整理出
　　版。

一九七三年十月十九日

　　斯諾骨灰安葬儀式在北京大學未名湖畔舉行。

一九七四年五月十八日

　　斯諾另一半骨灰安葬於美國紐約州哈德孫河畔。

參考書目

I. 英文資料

A. Primary Sources

1. Interview
1.　"An Interview with Mrs. Lois Wheeler Snow." Conducted by Chi-yu Chang. Boston: July 20, 2000.

2. Books（依姓氏字母順序排列）
1.　Douglass, Bruce and Ross Terrill, eds. *China and Ourselves: Explorations and Revisions by A New Generation*. With a Preface by Edgar Snow. Boston: Beacon, 1970.
2.　Snow, Edgar. *The Battle for Asia*. New York: Random House, 1941.
3.　———. *Far Eastern Front*. New York: Harrison Smith and Robert Haas, 1933.
4.　———. *Journey to the Beginning*. New York: Random House, 1958.
5.　———. *Glory and Bondage*. London: Victor Gollancz, 1945.
6.　———, ed. *Living China: Modern Chinese Short Stories*. Westport, Connecticut: Hyperion Press, 1973.
7.　———. *The Long Revolution*. New York: Vintage Books, 1973.

8. ———. *The Pattern of Soviet Power*. New York: Random House, 1945.

9. ———. *Red China Today: The Other Side of the River*. Harmondsworth: Penguin Books, 1970.

10. ———. *Red Star Over China*. New York: Grove Press, 1968.

11. ———. *Stalin Must Have Peace*. New York: Random House, 1947.

12. Snow, Helen Foster. *Inside Red China*. New York: Da Capo Press, 1979.

13. ———. *My China Years: A Memoir by Helen Foster Snow*. London: Harrap, 1984.

14. ———. *Women in Modern China*. The Hague: Mouton & Co, 1967.

3. Periodicals by Edgar Snow（依時間先後排列）

1. "Lifting China Out of the Mud!" *The China Weekly Review* (October 10, 1928); Folder 359; KC:19/1/4, The Edgar Snow Papers; University of Missouri-Kansas City Archives.

2. "The Return to China of Madame Sun Yat-sen." *The China Weekly Review* (June 8, 1929); Folder 360; KC:19/1/4, The Edgar Snow Papers; University of Missouri-Kansas City Archives.

3. "The American College Boy Vagabond in the Far East." *The China Weekly Review* (July 13, 1929); Folder 360; KC:19/1/4, The Edgar Snow Papers; University of Missouri-Kansas City Archives.

4. "Saving 250,000 Lives." *The China Weekly Review* (August 3, 1929); Folder 360; KC:19/1/4, The Edgar Snow Papers; University of Missouri-Kansas City Archives.

5. "K.C. Youth Tells Eyewitness Story of Tragic Chinese Famine." *KC Journal-Post* (September 11, 1929); Folder 360; KC:19/1/4, The Edgar Snow Papers; University of Missouri-Kansas City Archives.

6. "In the Wake of China's Flood." *The China Weekly Review* (January 23, 1932): 245; Folder 363; KC:19/1/4, The Edgar Snow Papers; University of Missouri-Kansas City Archives.

7. "China Needs Healthier Leaders." *China Weekly Review* 64 · 9 (April 29, 1933) 338-39.

8. "Salute to Lu Hsun." *Democracy* 1 · 3 (June 8, 1937); Folder 369; KC:19/1/4, The Edgar Snow Papers; University of Missouri-Kansas City Archives.

9. "Indusco Pioneers of the Northwest," 12/23/39; Folder 94; KC:19/1/4, The Edgar Snow Papers; University of Missouri-Kansas City Archives.

10. "China's New Industrial Army," ca. 1938-40; Folder 93; KC:19/1/4, The Edgar Snow Papers; University of Missouri-Kansas City Archives.

11. "China's 'Guerrilla Industry,'" ca. 1938-1940; Folder 94; KC:19/1/4, The Edgar Snow Papers; University of Missouri-Kansas City Archives.

12. "The Generalissimo." *Asia* (December 1940); Folder 371; KC:19/1/4, The Edgar Snow Papers; University of Missouri-Kansas City Archives.

13. "The Political Battle of Asia." *Smash Hitler's International: The Strategy of a Political Offensive against the Axis.* By Edgar Snow, et. al. New York: The Greystone Press, 1941; Folder 372; KC:19/1/4, The Edgar Snow Papers; University of Missouri-Kansas City Archives.

14. "The Kuomintang and the Bureaucracy." *China Today* (April 1941); Folder 372; KC:19/1/4, The Edgar Snow Papers; University of Missouri-Kansas City Archives.

15. "Sixty Million Lost Allies." *Saturday Evening Post* (June 10,

1944): 44-46.

16. Book review of *China, The Land, and the People* by Gerald F. Winfield, 12/11/48; Folder 267; KC:19/1/4, The Edgar Snow Papers; University of Missouri-Kansas City Archives.

17. "In China the People Decided." *New Republic* (November 7, 1949); Folder 373; KC:19//1/4, The Edgar Snow Papers; University of Missouri-Kansas City Archives.

18. "Fragments from F.D.R.—Part I." *Monthly Review* (January 1957); Folder 375; KC:19/1/4, The Edgar Snow Papers; University of Missouri-Kansas City Archives.

19. "Fragments from F.D.R.—Part II." *Monthly Review* (March 1957); Folder 375; KC:19/1/4, The Edgar Snow Papers; University of Missouri-Kansas City Archives.

20. "From 'Brinkmanship' to Negotiation: The New Conditions of U.S. Foreign Policy." *United Asia* (April 1957); Folder 375; KC:19/1/4, The Edgar Snow Papers; University of Missouri-Kansas City Archives.

21. "One Fourth of Humanity." *Honnold Lecture* (April 26, 1966); Folder 377; KC:19/1/4, The Edgar Snow Papers; University of Missouri-Kansas City Archives.

22. "There Has Been a Revolutionary Seizure of Power: Mao and the New Mandate." *The New Republic* (May 10, 1969); Folder 324; KC:19/1/4, The Edgar Snow Papers, University of Missouri-Kansas City Archives.

23. "Mao Tse-tung and the Cost of Living: Aftermath of the Cultural Revolution." *The New Republic* (April 10, 1971): 19.

4. Interviews by Edgar Snow（依時間先後排列）

1. Interview with Minister Chen Li-fu, 7/26/38; Folder 180; KC:19/1/4, The Edgar Snow Papers; University of Missouri-Kansas City Archives.

2. Edgar Snow, "Conversations with Mao Tse-tung," *Tomorrow* (March 20, 1940); Folder 371; KC:19/1/4, The Edgar Snow Papers; University of Missouri-Kansas City Archives.

5. Interviews with Edgar Snow（依時間先後排列）

1. Leong Siong Yuen. "Interviewing Edgar Snow." *New China Review* (November 16, 1945); Folder 554; KC:19/1/4, The Edgar Snow Papers; University of Missouri-Kansas City Archives.

2. *The Armed Forces Radio Network: By Line* (January 29, 1946); This is the draft of a talk between Paul Freye and Edgar Snow; Folder 554; KC:19/1/4, The Edgar Snow Papers; University of Missouri-Kansas City Archives.

3. Interview with Edgar Snow, ca. 1966-1970; Folder 205; KC:19/1/4, The Edgar Snow Papers; University of Missouri-Kansas City Archives.

6. Diaries by Edgar Snow（依時間先後排列）

1. Diary #2, ca. April 1, 1929; Folder 112; KC:19/1/4, The Edgar Snow Papers; University of Missouri-Kansas City Archives.

2. Diary #13, July 9-26, 1936; Folder 122; KC:19/1/4, The Edgar Snow Papers; University of Missouri-Kansas City Archives.

3. Diary #14, July 1936; Folder 123; KC:19/1/4, The Edgar Snow Papers; University of Missouri-Kansas City Archives.

4. Diary #15, July 1936; Folder 124; KC:19/1/4, The Edgar Snow Papers; University of Missouri-Kansas City Archives.

7. Letters by Edgar Snow（依時間先後排列）

1. Edgar Snow to James E. Snow, 10/3/27; Folder 15; KC: 19/2/1, Claude Mackey Collection; University of Missouri-Kansas City Archives.
2. Edgar Snow to Anna Catherine Edelmannn, 12/2/27; Folder 15; KC: 19/2/1, Claude Mackey Collection; University of Missouri-Kansas City Archives.
3. Edgar Snow to the Snows, 2/17/28; Folder 16; KC: 19/2/1, Claude Mackey Collection; University of Missouri-Kansas City Archives.
4. Edgar Snow to the Snows, 7/9/28; Folder 17; KC:19/2/1, Claude Mackey Collection; University of Missouri-Kansas City Archives.
5. Edgar Snow to Anna Catherine Edelmann, 7/28/28; Folder 17; KC: 19/2/1, Claude Mackey Collection; University of Missouri-Kansas City.
6. Edgar Snow to James E. Snow, 8/1/28; Folder 17; KC:19/2/1, Claude Mackey Collection; University of Missouri-Kansas City Archives.
7. Edgar Snow to James E. Snow, 8/15/28; Folder 17; KC:19/2/1, Claude Mackey Collection; University of Missouri-Kansas City Archives.
8. Edgar Snow to the Snows, 9/2/28; Folder 17; KC:19/2/1, Claude Mackey Collection; University of Missouri-Kansas City Archives.
9. Edgar Snow to James E. Snow, 9/17/28; Folder 18; KC: 19/2/1, Claude Mackey Collection; University of Missouri-Kansas City Archives.
10. Edgar Snow to Howard Snow, 9/28/28; Folder 18; KC:

19/2/1, Claude Mackey Collection; University of Missouri-Kansas City Archives.

11. Edgar Snow to Anna Catherine Edelmann, 1/7/29; Folder 19; KC:19/2/1, Claude Mackey Collection; University of Missouri-Kansas City Archives.

12. Edgar Snow to James E. Snow, 3/21/29; Folder 19; KC:19/2/1, Claude Mackey Collection; University of Missouri-Kansas City Archives.

13. Edgar Snow to Anna Catherine Edelmann, 5/12/29; Folder 20; KC:19/2/1, Claude Mackey Collection; University of Missouri-Kansas City Archives.

14. Edgar Snow to the Snows, 9/6/29; Folder 21; KC:19/2/1, Claude Mackey Collection; University of Missouri-Kansas City Archives.

15. Edgar Snow to James E. Snow, 9/14/29; Folder 21; KC:19/2/1, Claude Mackey Collection; University of Missouri-Kansas City Archives.

16. Edgar Snow to Mildred Snow, 9/14/29; Folder 21; KC:19/2/1, Claude Mackey Collection; University of Missouri-Kansas City Archives.

17. Edgar Snow to En Kung, 9/28/29; Folder 360; KC:19/1/4, The Edgar Snow Papers; University of Missouri-Kansas City Archives.

18. Edgar Snow to James E. Snow, 11/3/29; Folder 22; KC:19/2/1, Claude Mackey Collection; University of Missouri-Kansas City Archives.

19. Edgar Snow to James E. Snow, 12/13/29; Folder 22; KC: 19/2/1, Claude Mackey Collection; University of Missouri-Kansas City Archives.

20. Edgar Snow to Anna Catherine Edelmann, 12/19/29; Folder 22; KC:19/2/1, Claude Mackey Collection; University of

Missouri-Kansas City Archives.

21. Edgar Snow to Horace Epes, 10/25/31; Folder 3; KC:19/1/4, The Edgar Snow Papers; University of Missouri-Kansas City Archvies.

22. Edgar Snow to Horace Epes, 11/22/31; Folder 3; KC:19/1/4, The Edgar Snow Papers; University of Missouri-Kansas City Archives.

23. Edgar Snow to Anna Catherine Edelmann, 12/7/31; Folder 3; KC:19/1/4, The Edgar Snow Papers; University of Missouri-Kansas City Archives.

24. Edgar Snow to Howard Snow, 12/7/31; Folder 3; KC:19/1/4, The Edgar Snow Papers; University of Missouri-Kansas City Archives.

25. Edgar Snow to Mrs. William Brown Meloney, 5/7/33; Folder 4; KC:19/1/4, The Edgar Snow Papers; University of Missouri-Kansas City Archives.

26. Edgar Snow to Soong Ching-ling, 5/13/33; Folder 6; KC:19/1/4, The Edgar Snow Papers; University of Missouri-Kansas City Archives.

27. Edgar Snow to Mrs. William Brown Meloney, 11/18/34; Folder 4; KC:19/1/4, The Edgar Snow Papers; University of Missouri-Kansas City Archives.

28. Edgar Snow to Howard Snow, 7/20/35; Folder 15; KC:19/3/1, Howard Snow Collection; University of Missouri-Kansas City Archives.

29. Edgar Snow to Lin Yu-tang, 12/23/35; Folder 9; KC:19/1/4, The Edgar Snow Papers; University of Missouri-Kansas City Archives.

30. Edgar Snow to Lin Yu-tang, 3/29/36; Folder 10; KC:19/1/4, The Edgar Snow Papers; University of Missouri-Kansas City

310

Archives.

31. Edgar Snow to L. M. MacBride, 12/29/36; Folder 10; KC:19/1/4, The Edgar Snow Papers; University of Missouri-Kansas City Archives.

32. Edgar Snow to L. M. MacBride, 1/5/37; Folder 11; KC:19/1/4, The Edgar Snow Papers; University of Missouri-Kansas City Archives.

33. Edgar Snow to Early Browder, 3/20/38; Folder 12; KC:19/1/4, The Edgar Snow Papers; University of Missouri-Kansas City Archives.

34. Edgar Snow to the *Kansas Star*, 6/23/38; Folder 12; KC:19/1/4, The Edgar Snow Papers; University of Missouri-Kansas City Archives.

35. Edgar Snow to Helen F. Snow, 7/12/38; Folder 12; KC:19/1/4, The Edgar Snow Papers; University of Missouri-Kansas City Archives.

36. Edgar Snow to Helen F. Snow, 8/12/38; Folder 12; KC:19/1/4, The Edgar Snow Papers; University of Missouri-Kansas City Archives.

37. Edgar Snow to J. B. Powell, 8/28/38; Folder 12; KC:19/1/4, The Edgar Snow Papers; University of Missouri-Kansas City Archives.

38. Edgar Snow to Soong Ching-ling, 11/27/38; Folder 12; KC:19/1/4, The Edgar Snow Papers; University of Missouri-Kansas City Archives.

39. Edgar Snow to Mao Tse-tung, 9/30/39; Folder 89; KC:19/1/4, The Edgar Snow Papers; University of Missouri-Kansas City Archives.

40. Edgar Snow to J. B. Powell, 2/25/40; Folder 16; KC:19/1/4, The Edgar Snow Papers; University of Missouri-Kansas City Archives.

41. Edgar Snow to James E. Snow, 3/5/40; Folder 16; KC:19/1/4, The Edgar Snow Papers; University of Missouri-Kansas City Archives.

42. Edgar Snow to Henriette Herz, 9/5/40; Folder 16; KC:19/1/4, The Edgar Snow Papers; University of Missouri-Kansas City Archives.

43. Edgar Snow to Henry Luce, 5/7/41; Folder 17; KC:19/1/4, The Edgar Snow Papers; University of Missouri-Kansas City Archives.

44. Edgar Snow to Franklin Folsom, 5/19/41; Folder 17; KC:19/1/4, The Edgar Snow Papers; University of Missouri-Kansas City Archives.

45. Edgar Snow to Franklin Folsom, 6/6/41; Folder 17; KC:19/1/4, Edgar Snow Papers; University of Missouri-Kansas City Archives.

46. Edgar Snow to Mildred Snow, 4/1/42; Folder 34; KC:19/2/1, Claude Mackey Collection; University of Missouri-Kansas City Archives.

47. Edgar Snow to Jack Belden, 1/26/52; Folder 26; KC:19/1/4, The Edgar Snow Papers; University of Missouri-Kansas City Archives.

48. Edgar Snow to Mildred Snow, 3/17/52; Folder 41; KC:19/2/1, Claude Mackey Collection; University of Missouri-Kansas City Archives.

49. Edgar Snow to Howard Snow, 10/2/52; Folder 15; KC:19/3/1, Howard Snow Collection; University of Missouri-Kansas City Archives.

50. Edgar Snow to Howard Snow, 10/27/52; Folder 15; KC:19/3/1, Howard Snow Collection; University of Missouri-Kansas City Archives.

51. Edgar Snow to Mildred Snow, 11/9/52; Folder 41; KC:19/2/1, Claude Mackey Collection; University of Missouri-Kansas City Archives.

52. Edgar Snow to Howard Snow, 12/22/52; Folder 15; KC:19/3/1, Howard Snow Collection; University of Missouri-Kansas City Archives.

53. Edgar Snow to Howard Snow, 5/1/53; Folder 15; KC:19/3/1, Howard Snow Collection; University of Missouri-Kansas City Archives.

54. Edgar Snow to Howard Snow, 5/17/53; Folder 15; KC:19/3/1, Howard Snow Collection; University of Missouri-Kansas City Archives.

55. Edgar Snow to Howard Snow, 5/25/53; Folder 15; KC:19/3/1, Howard Snow Collection; University of Missouri-Kansas City Archives.

56. Edgar Snow to Mrs. R. B. Shipley, 6/12/53; Folder 31; KC:19/1/4, The Edgar Snow Papers; University of Missouri-Kansas City Archives.

57. Edgar Snow to Howard Snow, 6/17/53; Folder 15; KC:19/3/1, Howard Snow Collection; University of Missouri-Kansas City Archives.

58. Edgar Snow to Senator Mundt, 6/24/53; Folder 42; KC:19/2/1, Claude Mackey Collection; University of Missouri-Kansas City Archives.

59. Edgar Snow to President Eisenhower, 6/30/53; Folder 42; KC:19/2/1, Claude Mackey Collection; University of Missouri-Kansas City Archives.

60. Edgar Snow to Mildred Snow, 8/8/53; Folder 42; KC:19/2/1, Claude Mackey Collection; University of Missouri-Kansas City Archives.

61. Edgar Snow to General Smith, 1/6/54; Folder 26; KC:19//1/4, The Edgar Snow Papers; University of Missouri-Kansas City Archives.

62. Edgar Snow to Gentlemen, Foreign Policy Association, 8/8/54; Folder 32; KC:19/1/4, The Edgar Snow Papers; University of Missouri-Kansas City Archives.

63. Edgar Snow to James E. Snow, 12/20/54; Folder 43; KC:19/2/1, Claude Mackey Collection; University of Missouri-Kansas City Archives.

64. Edgar Snow to Charles White, 12/27/54; Folder 1; KC:19/22/1, Charles White Collection; University of Missouri-Kansas City Archives.

65. Edgar Snow to Howard Snow, 6/1/55; Folder 16; KC:19/3/1, Howard Snow Collection; University of Missouri-Kansas City Archives.

66. Edgar Snow to Mao Tse-tung, 9/15/55; Folder 44; KC:19/2/1, Claude Mackey Collection; University of Missouri-Kansas City Archives.

67. Edgar Snow to Henry Luce, 3/23/56; Folder 35; KC:19/1/4, The Edgar Snow Papers; University of Missouri-Kansas City Archives.

68. Edgar Snow to Mildred Snow, 6/5/56; Folder 45; KC:19/2/1, Claude Mackey Collection; University of Missouri-Kansas City Archives.

69. Edgar Snow to Robert Welch, 7/21/56; Folder 17; KC:19/3/1, Howard Snow Collection; University of Missouri-Kansas City Archives.

70. Edgar Snow to James E. Snow, 11/21/56; Folder 45; KC:19/2/1, Claude Mackey Collection; University of Missouri-Kansas City Archives.

71. Edgar Snow to Mildred Snow, 2/5/61; Folder 18; KC:19/3/1, Howard Snow Collection; University of Missouri-Kansas City Archives.

72. Edgar Snow to Mao Tse-tung, 5/10/63; Folder 48; KC:19/1/4, The Edgar Snow Papers; University of Missouri-Kansas City Archives.

73. Edgar Snow to Ernest T. Nash, 6/10/63; Folder 48; KC:19/1/4, The Edgar Snow Papers; University of Missouri-Kansas City Archives.

74. Edgar Snow to Kung Peng, 9/21/63; Folder 49; KC:19/1/4, The Edgar Snow Papers; University of Missouri-Kansas City Archives.

75. Edgar Snow to Mr. Chen, 1/4/64; Folder 53; KC:19/1/4, The Edgar Snow Papers; University of Missouri-Kansas City Archives.

76. Edgar Snow to Mildred Snow, 3/8/64; Folder 53; KC:19/1/4, The Edgar Snow Papers; University of Missouri-Kansas City Archives.

77. Edgar Snow to Kung Peng, 9/5/64 Folder 54; KC:19/1/4, The Edgar Snow Papers; University of Missouri-Kansas City Archives.

78. Edgar Snow to Mildred Snow, 4/13/65; Folder 53; KC:19/2/1, Claude Mackey Collection; University of Missouri-Kansas City Archives.

79. Edgar Snow to Howard Snow, 4/13/65; Folder 18; KC:19/3/1, Howard Snow Collection; University of Missouri-Kansas City Archives.

80. Edgar Snow to Howard Snow, 5/22/69; Folder 18; KC:19/3/1, Howard Snow Collection; University of Missouri-Kansas City Archives.

81. Edgar Snow to Mao Tse-tung, 7/30/69; Folder 46; KC:19/1/4, The Edgar Snow Papers; University of Missouri-Kansas City Archives.

82. Edgar Snow to Kenneth Shewmaker, 9/26/69; Folder 74; KC:19/1/4, The Edgar Snow Papers; University of Missouri-Kansas City Archives.

83. Edgar Snow to Han Suyin, 12/24/69; Folder 46; KC:19/1/4, The Edgar Snow Papers; University of Missouri-Kansas City Archives.

84. Edgar Snow to Mildred Snow, 5/17/70; Folder 19; KC:19/3/1, Howard Snow Collection; University of Missouri-Kansas City Archives.

85. Edgar Snow to Owen Lattimore, 5/19/70; Folder 77; KC:19/1/4, The Edgar Snow Papers; University of Missouri-Kansas City Archives.

86. Edgar Snow to Howard Snow, 7/16/70; Folder 58; KC:19/2/1, Claude Mackey Collection; University of Missouri-Kansas City Archives.

87. Edgar Snow to Huang Hua, 7/20/70; Folder 78; KC:19/1/4,

The Edgar Snow Papers; University of Missouri-Kansas City Archives.

88. Edgar Snow to "Friends", 8/17/70; Folder 78; KC:19/1/4, The Edgar Snow Papers; University of Missouri-Kansas City Archives.

89. Edgar Snow to Huang Hua, 1/30/71; Folder 80; KC:19/1/4, The Edgar Snow Papers; University of Missouri-Kansas City Archives.

90. Edgar Snow to Chou En-lai, 3/17/71; Folder 80; KC:19/1/4, The Edgar Snow Papers; University of Missouri-Kansas City Archives.

91. Edgar Snow to the Editor of the *New York Herald-Tribune*, 4/18/71; Folder 81; KC: 19/1/4, The Edgar Snow Papers; University of Missouri-Kansas City Archives.

92. Edgar Snow to Chiao Kuan-hua, 5/15/71; Folder 81; KC:19/1/4, The Edgar Snow Papers; University of Missouri-Kansas City Archives.

93. Edgar Snow to Mao Tse-tung, 5/16/71; Folder 81; KC:19/1/4, The Edgar Snow Papers; University of Missouri-Kansas City Archives.

94. Edgar Snow to Huang Hua, 5/19/71; Folder 81; KC:19/1/4, The Edgar Snow Papers; University of Missouri-Kansas City Archives.

95. Edgar Snow to Birch Bayh, 6/16/71; Folder 82; KC:19/1/4, The Edgar Snow Papers, University of Missouri-Kansas City Archives.

96. Edgar Snow to Tang Ming-chao, 6/16/71; Folder 82; KC:19/1/4, The Edgar Snow Papers; University of Missouri-Kansas City Archives.

97. Edgar Snow to Chou En-lai, 6/16/71; Folder 82; KC:19/1/4, The Edgar Snow Papers; University of Missouri-Kansas City Archives.

98. Edgar Snow to H. E. Egal Allon, 8/7/71; Folder 82; KC:19/1/4, The Edgar Snow Papers; University of Missouri-Kansas City Archives.

99. Edgar Snow to Tchen Tsche-fang, 8/10/71; Folder 82; KC:19/1/4, The Edgar Snow Papers; University of

Missouri-Kansas City Archives.
100. Edgar Snow to Huang Hua, 10/20/71; Folder 83; KC:19/1/4, The Edgar Snow Papers; University of Missouri-Kansas City Archives.

8. Letters to Edgar Snow（依時間先後排列）

1. Helen M. Loomis to Mr. and Mrs. (Helen) Snow, 6/3/41; Box 1; Nym Wales Collection; Hoover Institution Archives.

2. Franklin Folsom to Edgar Snow, 6/4/41; Folder 17; KC:19/1/4, Edgar Snow Papers; University of Missouri-Kansas City Archives.

3. Chou En-lai to Edgar Snow, 5/18/42; Folder 18; KC:19/1/4, The Edgar Snow Papers; University of Missouri-Kansas City Archives.

4. Ben Hibbs to Edgar Snow, 6/16/53; Folder 30; KC:19//1/4, The Edgar Snow Papers; University of Missouri-Kansas City Archives.

5. John K. Fairbank to Edgar Snow, 2/7/69; Folder 73; KC:19/1/4, The Edgar Snow Papers; University of Missouri-Kansas City Archives.

6. J. William Fulbright to Edgar Snow, 5/12/71; Folder 81; KC:19/1/4, The Edgar Snow Papers; University of Missouri-Kansas City Archives.

7. John K. Fairbank to Edgar Snow, 5/25/71; Folder 81; KC:19/1/4, The Edgar Snow Papers; University of Missouri-Kansas City Archives.

9. Manuscripts by Edgar Snow（依時間先後排列）

1. "Communist Strength in China," 1930; later published as "The Strength of Communism in China," *Current History* (January 1931): 521-26; Folder 209; KC:19/1/4, The Edgar Snow Papers; University of Missouri-Kansas City Archives.

2. "Mme. Sun Yat-sen, Leader of China's Youth," 4/27/33;

Folder 211; KC:19/1/4, The Edgar Snow Papers; University of Missouri-Kansas City Archives.

3. "Censored Thought in China," 1935; Folder 219; KC:19/1/4, The Edgar Snow Papers; University of Missouri-Kansas City Archives.

4. "China's Fighting Generalissimo," ca. 1937; Folder 225; KC:19/1/4, The Edgar Snow Papers; University of Missouri-Kansas City Archives.

5. "War and Change in China," ca. 1939; Folder 238; KC:19/1/4, The Edgar Snow Papers; University of Missouri-Kansas City Archives.

6. "China's Precarious Unity," 11/1/39; later published in *The New Republic* (January 8, 1940): 44-45; Folder 234; KC:19/1/4, The Edgar Snow Papers, University of Missouri-Kansas City Archives.

7. "China's Guerrilla Industry," ca. 1939-1940; Folder 242; KC:19/1/4, The Edgar Snow Papers; University of Missouri-Kansas City Archives. 亦參見 Manuscript, "China's New Industrial Army," ca. 1939; Folder 241.

8. "Guerrilla China," 1939; Folder 237; KC:19/1/4, The Edgar Snow Papers; University of Missouri-Kansas City Archives.

9. "Asia in the Fight against Fascism," 10/18/41; Folder 252; KC:19/1/4, The Edgar Snow Papers; University of Missouri-Kansas City Archives.

10. "The Riddle of Communist China," 2/1/49; Folder 269; KC:19/1/4, The Edgar Snow Papers; University of Missouri-Kansas City Archives.

11. "McCarthyism: Its Death Grip on the Republican Party," June 1954; Folder 290; KC:19/1/4, The Edgar Snow Papers; University of Missouri-Kansas City Archives.

12. "Recognition of the Chinese People's Republic," July 1959; Folder 293; KC:19/1/4, The Edgar Snow Papers; University of Missouri-Kansas City Archives

13. "If China Intervenes in North Vietnam," 2/17/65; Folder 311; KC:19/1/4, The Edgar Snow Papers; University of Missouri-Kansas City Archives.

14. "China—And War and Peace", 1965; Folder 329; KC:19/1/4, The Edgar Snow Papers; University of Missouri-Kansas City Archives.

15. "China in Our Future," May 1966; Folder 316; KC:19/1/4, The Edgar Snow Papers; University of Missouri-Kansas City Archives.

16. "Lin Piao, The Helsman's First Mate," 9/26/66; Folder 318; KC:19/1/4, The Edgar Snow Papers; University of Missouri-Kansas City Archives.

17. "Who Is Mao Tse-tung?", ca. 1968; Folder 323; KC:19/1/4, The Edgar Snow Papers; University of Missouri-Kansas City Archives.

18. "The Challenge of China," ca. 1968; Folder 333; KC:19/1/4, The Edgar Snow Papers; University of Missouri-Kansas City Archives.

19. "Mao Tse-tung, From Red Bandit to Red God," 9/12/69; Folder 325; KC:19/1/4, The Edgar Snow Papers; University of Missouri-Kansas City Archives.

20. "China's 70'000 Communes—Success or Failure?", ca. 1970; Folder 339; KC:19/1/4, The Edgar Snow Papers; University of Missouri-Kansas City Archives.

21. "Nixon's Reach for the Forbidden City," 7/23/71; Folder 338; KC:19/1/4, The Edgar Snow Papers, University of Missouri-Kansas City Archives.

10. Speeches by Edgar Snow（依時間先後排列）

1. "China, American, and the World War," 1941; Folder 168; KC:19/1/4, The Edgar Snow Papers; University of Missouri-Kansas City Archives.

2.   "I Heard the Chinese People," 7/11/49; Folder 170; KC:19/1/4, The Edgar Snow Papers; University of Missouri-Kansas City Archives.
3.   "China and Its Impact on Us," ca. 1955; Folder 171; KC:19/1/4, The Edgar Snow Papers; University of Missouri-Kansas City Archives.
4.   "China and the World Crisis," 1956; Folder 168; KC:19/1/4, The Edgar Snow Papers; University of Missouri-Kansas City Archives.
5.   "Recognition of the Chinese People's Republic," July 1959; Folder 173; KC:19/1/4, The Edgar Snow Papers; University of Missouri-Kansas City Archives.

11. Unpublished Material by Helen Foster Snow
1.   Helen Snow, *Long Thoughts* (1985) 13; Box 56; Nym Wales Collection; Hoover Institution Archives.

12. Letter to Helen Foster Snow
1.   Yeh Ting to Helen Snow, 10/10/39; Box 1; Nym Wales Collection; Hoover Institution Archives.

13. Letter by Helen Foster Snow
1.   Helen F. Snow to Richard J. Walsh, 6/24/40; Box1; Nym Wales Collection; Hoover Institution Archives.

14. Speech by Lois Wheeler Snow
1.   "The China I Have Known," excerpts from Mrs. Snow's lecture for the Carolyn Benton Cockefair Chair (October 26, 1972); KC:19/1/4, The Edgar Snow Papers; University of Missouri-Kansas City Archives.

15. Letter by Lois Wheeler Snow
1.   Lois Wheeler Snow to Mildred Snow Mackey, 7/25/73; Folder 2; KC:19/3/1, Howard Snow Collection; University of Missouri-Kansas City Archives.

16. Letters by Others（依時間先後排列）

1. Howard Snow to Anna Catherine Edelmann, 7/12/29; Folder 20; KC:19/2/1, Claude Mackey Collection; University of Missouri-Kansas City Archives.
2. Howard Snow to Anna Catherine Edelmann, 11/12/29; Folder 22; KC:19/2/1, Claude Mackey Collection; University of Missouri-Kansas City Archives.
3. Helen F. Snow to James E. Snow, 9/27/33; Folder 6; KC:19/1/4, The Edgar Snow Papers; University of Missouri-Kansas City Archives.
4. Mao Tse-tung to Chen Han-seng, 9/25/39; Folder 89; KC:19/1/4, The Edgar Snow Papers; University of Missouri-Kansas City Archives.
5. Mildred Snow Mackey to Mr. Alexander, ca. 1958; Folder 47; KC:19/2/1, Claude Mackey Collection; University of Missouri-Kansas City Archives.

17. Government Publications（依時間先後排列）

1. Tydings Committee Hearings, Pt. 1, 4//25/50; Folder 31; KC:19/1/4, The Edgar Snow Papers; University of Missouri-Kansas City Archives.
2. McCarran Committee Hearings on IPR, Pt. 2, 8/23/51; Folder 31; KC:19/1/4, The Edgar Snow Papers; University of Missouri-Kansas City Archives.
3. Zinner, Paul E., ed. *Documents on American Foreign Relations 1955.* New York: Harper & Brothers, 1956.
4. ———, ed. *Documents on American Foreign Relations 1957.* New York: Harper & Brothers, 1958.
5. *Foreign Relations of the United States, 1958-1960: China.* Vol. 19. Washington: United States Government Printing Office, 1996.
6. *Foreign Relations of the United States, 1961-1963: Northeast Asia.* Vol. 22. Washington: United States Government

Printing Office, 1996.

7. Stebbins, Richard P., ed. *Documents on American Foreign Relations.* New York: Harper & Row, 1964.

8. Stebbins, Richard P. and Elaine P. Adam, eds. *American Foreign Relations 1971: A Documentary Record.* New York: New York University Press, 1976.

9. "Edgar Snow's Talks with Chou En-lai." *Congressional Record—Senate* (April 22, 1971): S5433-34.

10. Nixon, Richard. "Third Annual Report to the Congress on United States Foreign Policy." *Public Papers of the Presidents of the United States: Richard Nixon 1972.* Washington, D.C.: United States Government Printing Office, 1974.

B. Secondary sources

1. Interview

1. *"*An Interview with Dr. Robert M. Farnsworth." Conducted by Chi-yu Chang. Kansas City, Missouri: July 14, 2000.

2. Books

1. Alley, Rewi. *Six Americans in China.* Beijing: Intercul, 1985.

2. Billington, Ray Allen. *The American Frontier.* Washington, D.C.: AHA, 1971.

3. Bernstein, Richard and Ross H. Munro. *The Coming Conflict with China.* New York: Alfred A. Knopf, 1997.

4. Burr, William, ed. *The Kissinger Transcript: The Top Secret Talks with Beijing and Moscow.* New York: The New Press, 1998.

5. Chang, Tsan-Kuo. *The Press and China Policy: The Illusion of Sino-American Relations, 1950-1984.* Norwood, N.J.: Ablex Publishing Corporation, 1993.

6. Cohen, Paul A. and Merle Goldman, eds. *Fairbank Remembered.* Cambridge, Mass.: Harvard University Press, 1992.

7. Christopher, Jespersen, T. *American Images of China, 1931-1949.* Stanford, California: Stanford University Press, 1996.

8. Davids, Jules. *The United States in World Affairs.* New York: Harper & Row, 1965.

9. Deng, Peng. *China's Crisis and Revolution through American Lenses 1944-1949.* Lanham: University Press of America, 1994.

10. Emery, Michael and Edwin Emery. *The Press and America: An Interpretive History of the Mass Media.* 6th ed. Englewood Cliffs, N.J.: Prentice-Hall, 1988.

11. Evans, Paul M. *John Fairbank and the American Understanding of Modern China.* New York: Basil Blackwell, 1988.

12. Fairbank, John K. *China: A New History.* Cambridge, Mass.: Harvard University Press, 1992.

13. ———. *Chinabound: A Fifty-Year Memoir.* New York:

Harper & Row, 1982.

14. ———. *China Perceived: Images and Policies in Chinese-American Relations*. New York: Alfred A. Knopf, 1974.

15. ———. *China Watch.* Cambridge, Mass.: Harvard University Press, 1987.

16. ———. *The United States and China.* 4th ed. Cambridge, Mass.: Harvard University Press, 1979.

17. Farnsworth, Robert M. *Edgar Snow's Journey South of the Clouds.* Columbia: University of Missouri Press, 1991.

18. ———. *From Vagabond to Journalist: Edgar Snow in Asia, 1928-41.* Columbia: University of Missouri Press, 1996.

19. Foner, Eric and John A. Garraty, eds. *The Reader's Companion to American History.* Boston: Houghton Mifflin Company, 1991.

20. Glaser, Kurt. *A Philosophy of American Foreign Policy.* Taipei: Graduate Institute of American Studies at Tamkang University, 1990.

21. Hamilton, John Maxwell. *Edgar Snow: A Biography.* Bloomington: Indiana University Press, 1988.

22. Hersh, Seymour M. *The Price of Power: Kissinger in the Nixon White House.* New York: Summit Books, 1983.

23. Hester, Joseph P. *Encyclopedia of Values and ethics.* Santa Barbara, California: ABC-CLIO, 1996.

24. Isaacs, Harold R. *Scratches on Our Minds: American Images of China and India.* Westport, Connecticut: Greenwood Press, 1958.

25. Jehlen, Myra. *American Incarnation.* Cambridge, Mass.: Harvard University Press, 1986.

26. Kissinger, Henry. *Diplomacy.* New York: Simon & Schuster, 1994.

27. Kubek, Anthony. *How the Far East Was Lost: American Policy and the Creation of Communist China, 1941-1949.* Taipei: China Academy, 1979.

28. Lattimore, Owen. *China Memoirs: Chiang Kai-shek and the War against Japan.* Tokyo: University of Tokyo Press, 1990.

29. Lee, Chin-chuan, ed. *Voices of China: The Interplay of Politics and Journalism.* New York: The Guilford Press, 1990.

30. MacFarquhar, Roderick and John King Fairbank, eds. *The Cambridge History of China, 1949-1965.* Vol. 14. Cambridge: Cambridge University Press, 1987.

31. MacKinnon, Stephen R. and Oris Friesen. *China Reporting: An Oral History of American Journalism in the 1930s and 1940s.* Berkeley: University of California Press, 1987.

32. Mann, James H. *About Face: A History of America's Curious Relationship with China, from Nixon to Clinton.* New York: Alfred A. Knopf, 1999.

33. Mosher, Steven W. *China Misperceived.* New York: BasicBooks, 1990.

34. Nixon, Richard. *Leaders: Profiles and Reminiscences of Men Who Have Shaped the Modern World.* New York: Warner Books, 1982.

35. Oksenberg, Michel and Robert B. Oxnam, eds. *Dragon and Eagle: United States-China Relations: Past and Future.* New York: Basic Books, 1973.

36. Olson, Gregory A. *Mansfield and Vietnam: A Study in Rhetorical Adaptation.* East Lansing, Michigan: Michigan State University Press, 1995.

37. Pratt, Keith L. *Visitors to China: Eyewitness Accounts of Chinese History.* New York: Praeger Publishers, 1970.

38. Paterson, Thomas G., et. al. *American Foreign Policy: A History / to 1914.* 3rd ed. Lexington, Mass.: D. C. Heath and Company, 1988.

39. Powell, John B. *My Twenty-Five Years in China.* New York: Macmillan, 1945.

40. Rand, Peter. *China Hands: The Adventures and Ordeals of the American Journalists Who Joined the Great Chinese Revolution.* New York: Simon & Schuster, 1995.

41. Rivers, William L. *The Opinionmakers.* Boston: Beacon Press, 1965.

42. Robertson, James Oliver. *American Myth, American Reality.* New York: Hill & Wang, 1980.

43. Sabine, George H. and Thomas L. Thorson. *A History of Political Theory.* 4th ed. Fort Worth: Harcourt Brace College Publishers, 1973.

44. Schaller, Michael. *The United States and China in the Twentieth Century.* New York: Oxford University Press, 1979.

45. Scruton, Roger. *A Dictionary of Political Thought*. London: Pan Books, 1983.

46. Shao, Kuo-kang. *Zhou Enlai and the Foundations of Chinese Foreign Policy*. New York: St. Martin's Press, 1996.

47. Skidmore, Max J. *Legacy to the World: A Study of America's Political Ideas*. New York: Peter Lang, 1998.

48. Speake, Jennifer, ed. *A Dictionary of Philosophy*. London: Pan Books, 1979.

49. Terrill, Ross. *China in Our Time: The Epic Saga of the People's Republic from the Communist Victory to Tiananmen Square and Beyond*. New York: Simon & Schuster, 1992)

50. ———. *Mao: A Biography*. New York: Harper & Row, 1980.

51. Thomas, S. Bernard. *Season of High Adventure: Edgar Snow in China*. Berkeley: University of California Press, 1996.

52. Tsou, Tang. *America's Failure in China, 1941-50*. Vol. 1. Chicago: The University of Chicago Press, 1967.

53. Tucker, Nancy B. *Patterns in the Dust: Chinese-American Relations and the Recognition Controversy, 1949-1950*. New York: Columbia University Press, 1983.

54. Turner, Frederick Jackson. *Frontier and Section*. Englewood Cliffs: Prentice-Hall, 1961.

55. Patrick Tyler. *A Great Wall: Six Presidents and China*. New York: PublicAffairs, 1999.

56. Weinberg, Albert K. *Manifest Destiny: A Study of*

Nationalist Expansionism in American History. Chicago: Quadrangle Books, 1963.

57.   Wilhelm, Alfred D., Jr.   *The Chinese at the Negotiating Table: Style and Characteristics.*   Washington, D.C.: National Defense University Press, 1994.

3. Letter

1.   Yeh Ting to Philippine Anti-Enemy Association and Friends of the International Co-operative Center in Anhwei, 10/10/39; Folder 89; KC:19/1/4, The Edgar Snow Papers; University of Missouri-Kansas City Archives.

4. Unpublished Material

1.   Boorstin, Robert Olsan. "Edgar Snow and America's Search for a Better China: The Making of *Red Star Over China, 1928-38.*"   Thesis, Harvard University, 1981.

2.   Erickson, Bruce R.   "The Reporting of Edgar Snow." Thesis, University of Kansas, 1976.

3.   Hamilton, John Maxwell.   "Edgar Snow: A China Hand in Perspective."   Thesis, Boston University, 1974.

4.   Long, Kelly Ann.   "To the Yen-An Station: The Life and Writing of Helen Foster Snow."   Dissertation, University of Colorado, 1998.

5. Periodicals

1.   "Adventure-Paced Life of Edgar Snow."   *Mainichi Daily News* (August 6, 1996): 1.

2.   Alexander, Jan. "The Man Who Made Mao."   *Far Eastern*

Economic Review 159 · 8 (November 28, 1996): 62-63.

3. "Author Sees U.S.-Red China Talks." *The Honolulu Advertiser* (October 30, 1959); Folder 555; KC:19/1/4, The Edgar Snow Papers; University of Missouri-Kansas City Archives.

4. Buck, Pearl S. "Pearl Buck Suggests These Books on China." *Romeike Press Clippings* (October 11, 1942); Folder 554; KC:19/1/4, The Edgar Snow Papers; University of Missouri-Kansas City Archives.

5. Cerf, Bennett A. "A Matter of Timing." Publishers Weekly (February 12, 1938); Folder 553; KC:19/1/4, The Edgar Snow Papers; University of Missouri-Kansas City Archives.

6. Chou, En-lai. "Condolence: Chou En-lai to Lois Snow," (February 16, 1972); Folder 558; KC:19/1/4, The Edgar Snow Papers; University of Missouri-Kansas City Archives.

7. Cloud, Barbara. "Season of High Adventure: Edgar Snow in China / From Vagabond to Journalist: Edgar Snow in Asia, 1928-1941." *Journalism History* 22 · 4 (Winter 1997): 170-71.

8. Deane, Hugh. "'Red Star Over China': The Author and His Critics." *Beijing Review* 31 · 38 (September 1988): 32-38.

9. Dong, Leshan. "Edgar Snow and 'Red Star Over China.'" *China Reconstructs* 31 · 2 (February 1982); Folder 559; KC:19/1/4, The Edgar Snow Papers; University of Missouri-Kansas City Archives.

10. "Edgar Snow Sees China in UN within a Year." *Daily*

People's World, 3/14/55; Folder 34; KC:19/1/4, The Edgar Snow Papers; University of Missouri-Kansas City Archives.

11. Epstein, Israel. "Smedley, Strong, Snow—Bridge Builders from People to People." *Beijing Review* 28 • 28 (July 1985): 15-18, 23.

12. Fairbank, John K. "China's Foreign Policy in Historical Perspective." *Foreign Affairs: An American Quarterly Review* 47 • 3 (April 1969): 449-63.

13. ———. "Edgar Snow in Red China." *The Atlantic Monthly* (undated); Folder 560; KC:19/1/4, The Edgar Snow Papers; University of Missouri-Kansas City Archives.

14. Farmer, Edward L. "From Admiration to Confrontation: Six Decades of American Reporting about China." *Media Studies Journal* 13 • 1 (Winter 1999): 136-43.

15. Hamilton, John Maxwell. "Edgar Snow—Finally a Prophet in His Own Country." *China and US* 2 • 5 (September-October 1974); Folder 557; KC:19/1/4, The Edgar Snow Papers; University of Missouri-Kansas City Archives.

16. Heathcote, Mary. "Edgar Snow: 1905-1972." *University Review* (April 1972); Folder 557; KC:19/1/4, The Edgar Snow Papers; University of Missouri-Kansas City Archives.

17. Gao, Liang. "The Legacy of Edgar Snow." *Beijing Review* 33 • 45 (November 5, 1990): 30-33.

18. Garner, Karen. "Season of High Adventure: Edgar Snow in China." *Pacific Affairs* 71 • 1 (Spring 1998): 94-95.

19. I.C.S., "Living China." *The China Critic* 16 • 5 (February 4,

1937); Box 24; Nym Wales Collection; Hoover Institution Archives.

20. "Japan Should Be Neutral Power, Says Edgar Snow." *The Mainichi* (November 5, 1959); Folder 555; KC:19/1/4, The Edgar Snow Papers; University of Missouri-Kansas City Archives.

21. Judd, Walter H. "Vital Speeches: What Is the Truth about China?" 6/1/45; Vol. 11; MSS#122, Agnes Smedley Collection; Arizona State University Archives.

22. Lill, Elizabeth. "Journalist Snow Achieves Success: Son of Former Winfieldian Makes Mark In Orient." *Winfield Independent-Record* (1933); Folder 553; KC:19/1/4, The Edgar Snow Papers; University of Missouri-Kansas City Archives.

23. Ling, Yang. "Helen Snow: A Living Bridge." *Beijing Review* 35 • 7 (February 17-23, 1992): 33-36.

24. ———. "Snow's 'Red Star' Holds Lasting Appeal." *Beijing Review* 31 • 38 (September 19, 1988): 29-30.

25. Lobanov-Rostovsky, Mary. "U.S.-China Policies Called 'Out of Step,'" 4/8/58; Folder 555; KC:19/1/4, The Edgar Snow Papers; University of Missouri-Kansas City Archives.

26. "Mao's Columbus." *Time* (February 28, 1972): 31.

27. Mathews, Jay. "Edgar Snow Told You So: Why China's Great Leap Backward Should Come as No Surprise." *Washington Monthly* 21 • 6 (July-August 1989): 50-54.

28. Mirsky, Jonathan. "Message from Mao: *Edgar Snow: A Biography.*" *The New York Review* 36 (February 16, 1989): 15-17.

29. Nakao, T. "Today's Interview: Author of 'Red Star Over China.'" *The Mainichi* (November 19, 1959); Folder 555; KC:19/1/4, The Edgar Snow Papers; University of Missouri-Kansas City Archives.

30. Newman, Robert P. Newman. "Season of High Adventure: Edgar Snow in China." *The Journal of American History* 83 · 4 (March 1997): 1464-65.

31. "News about Mr. Edgar Snow." Tao Kung Pao (August 4, 1939); Folder 553; KC:19/1/4, The Edgar Snow Papers; University of Missouri-Kansas City Archives.

32. Nixon, Richard M. "Asia after Viet Nam." *Foreign Affairs: An American Quarterly Review* 46 · 1 (October 1967): 111-25.

33. Powell, John W. "Edgar Snow." *Bulletin of the Atomic Scientists* 45 · 5 (June 1989): 41-42.

34. Price, Ruth. "Agnes Smedley and Her Biography of Zhu De." *Beijing Review* 31 · 36 (September5-11 1988): 32-35.

35. "Red China Slated as No. 3 Power in Industry Field." *Lawrence-Journal* (March 8, 1962); Folder 556; KC:19/1/4, The Edgar Snow Papers; University of Missouri- Kansas City Archives.

36. Service, John. "Edgar Snow: Some Personal Reminiscences." *The China Quarterly* (April/June 1972): 213.

37. Silbes, Irwin. "800 million Chinese Can't Be Wrong," 10/19/68; Fold 531; KC:19/1/4, The Edgar Snow Papers;

University of Missouri-Kansas City Archives.

38. "Snow: China Press Not American Type." *University Daily Kansan* (March 8, 1962); Folder 556; KC:19/1/4, The Edgar Snow Papers; University of Missouri-Kansas City Archives.

39. "Snow Urges U.S. Beat Reds with Aid to Backward Lands." *The Independent Press Telegram* (March 6, 1955); Folder 34; KC:19/1/4, The Edgar Snow Papers; University of Missouri-Kansas City Archives.

40. Thumana, Maung. "Reporter of the World," ca. 1948; Folder 554; KC:19/1/4, The Edgar Snow Papers; University of Missouri-Kansas City Archives.

41. Topping, Seymour. "China's Best American Friend." *The New York Times Book Review* 94 (January 8, 1989): 13.

42. Wang, Fushi. "Red Star Over China: The First Chinese Edition." *Beijing Review* 31 • 34 (October 1988): 35-37.

43. Wang, Jian. "Edgar Snow and His Followers." *Beijing Review* 35 (October 1992): 47-48.

44. Yan, Liqun. "Journalist Traces Life of Edgar Snow." *Beijing Review* 31 • 40 (October 3, 1988): 36-38.

45. Yang, Yuli. "Developing Friendship: The Spirit of Edgar Snow." *Beijing Review* 35 (1992) 36.

46. Zagoria, Donald. "Significant Books of the Last 75 Years: Asia and the Pacific." *Foreign Affairs: An American Quarterly Review* (September / October 1997) 233-35.

II. 中文資料

A. 原始資料

1. 專書

1. 吳黎平譯。毛澤東自述。Edgar Snow 原著及整理。台北：地球出版社，一九九四年。

2. 劉炳章等譯。重返中國。Helen Foster Snow 原著。*Return to China*。北京：中國發展出版社，一九九五年。

2. 斯諾著作之中文譯本

1. 中國新聞出版社編譯。中國新女性。Helen Foster Snow 原著。*Women in Modern China*。北京：中國新聞出版社，一九八五年。

2. 宋久等譯。復始之旅。Edgar Snow 原著。*Journey to the Beginning*。重慶：新華出版社，一九八四年。

3. 李方准、梁民譯。紅星照耀中國。Edgar Snow 原著。*Red Star Over China*。石家莊：河北人民出版社，一九九二年。

4. 陳雲翩譯。漫長的革命。Edgar Snow 原著。*The Long Revolution*。香港：南粵出版社，一九七三年。

5. 華誼譯。旅華歲月——海倫·斯諾回憶錄。Helen Foster Snow 原著。*My China Years—A Memoir by Helen Foster Snow*。上海：上海人民出版社，一九九五年。

6. 陶宜、徐復譯。續西行漫紀。Helen Foster Snow 原著。*Inside Red China*。北京：三聯書店，一九九一年。

7. 新民譯。大河彼岸：今日紅色中國。Edgar Snow 原著。
Red China Today: The Other Side of the River。重慶：新華
出版社，一九八四年。

3. 研究斯諾著作之中文譯本

1. 吳乃華等譯。冒險的歲月——埃德加・斯諾在中國。S.
Bernard Thomas 原著。*Season of High Adventure*。北京：
世界知識出版社，一九九九年。

2. 吳心伯譯。蔣介石的美國顧問——歐文・拉鐵摩爾回憶
錄。Owen Lattimore 原著。*China Memoirs: Chiang Kai-shek
and the War against Japan*。上海：復旦大學出版社，一九
九六年。

3. 柯為民、蕭耀先譯。埃德加・斯諾傳。John Maxwell
Hamilton 原著。*Edgar Snow: A Biography*。瀋陽：遼寧大
學出版社，一九九〇年。

4. 徐存堯譯。在中國的六個美國人。Rewi Alley 原著。*Six
Americans in China*。北京：新華出版社，一九八五年。

5. 許綏南譯。即將到來的中美衝突。Richard Bernstein and
Ross H. Munro 原著。*The Coming Conflict with China*。台
北：麥田，一九九七年。

6. 張理京譯。美國與中國。第四版。John K. Fairbank 原著。
The United States and China。北京：世界知識出版社，二
〇〇〇年。

7. 陳同等譯。費正清看中國。Paul M. Evans 原著。*John
Fairbank and the American Understanding of Modern*

China。北京：世界知識出版社，一九八五年。

8.　陸惠勤等譯。費正清對華回憶錄。John K. Fairbank 原著。*Chinabound: A Fifty-Year Memoir*。上海：知識出版社，一九九一年。

9.　新中國出版社譯。遠東是怎樣失去的。Anthony Kubek 原著。*How the Far East Was Lost*。台北：新中國出版社，一九七○年。

4. 斯諾檔案

1.　〈施樂君論解放新聞〉，北平晨報（一九三六年二月九日）：第六版；Folder 553; KC:19/1/4, The Edgar Snow Papers; University of Missouri-Kansas City Archives.

B. 次要資料

1. 學術訪談

1.　張其羽。〈張注洪教授訪談〉。北京：二○○○年十一月七日和二○○一年二月十二日。

2.　———。〈裴克安教授訪談〉。北京：二○○一年二月十五日。

2. 專書

1.　方曉主編。中共黨史辨疑錄。太原：山西教育出版社，一九九一年。

2.　文林譯。長征。Harrison E. Salisbury 原著。*The Long March:*

the Untold Story。台北：麥田，一九九五年。

3.　王紹光。理性與瘋狂：文化大革命中的群眾。香港：牛津大學出版社，一九九三年。

4.　王維禮、高二音主編。蔣介石的文臣武將。孟津：河南人民出版社，一九八九年。

5.　尹均生主編。二十世紀永恒的紅星。武漢：華中師範大學出版社，一九九八年。

6.　───編。斯諾怎樣寫作。孝感：湖北人民出版社，一九八六年。

7.　───、安危。斯諾。北京：人民日報出版社，一九九七年。

8.　尹慶耀。中共外交與對外關係。台北：中華民國國際關係研究所，一九七三年。

9.　杜維運。史學方法論。第十三版。台北：三民書局，一九九五年。

10.　李本京。七十年中美關係評估：一九一三～一九八四。台北：黎明，一九八八年。

11.　李本京主編。「美國亞洲政策的制定──兼論保守主義與自由主義之歷史因素」。美國外交政策研究。台北：正中書局，一九八七年。

12.　李谷城。中國大陸政治術語。台北：淑馨出版社，一九九二年。

13.　肖玉編。周恩來：領袖交往實錄系列。成都：四川人民出版社，一九九二年。

14.　沈蘇儒譯。宋慶齡傳：從孫中山到毛澤東的革命之路（下

卷）。Israel Epstein 原著。*Woman in World History: Life and Times of Soong Ching Ling*。台北：日臻出版，一九九四年。

15. 宋一秀、楊梅葉編著。毛澤東的人際世界。北京：紅旗出版社，一九九二年。

16. 杜蒲、李玉玲譯。毛澤東的中國及後毛澤東的中國——人民共和國史。Maurice Meisner 原著。*Mao's China and after: A History of the People's Republic*。成都：四川人民出版社，一九九〇年。

17. 武際良。斯諾傳奇。北京：華藝出版社，一九九五年。

18. 尚明軒、唐寶林。宋慶齡傳。北京：北京出版社。一九九〇年。

19. 孫振皋譯。延安精神——戰時中美友好篇章。John G. Colling 原著。*The Spirit of Yanan*。北京：華藝出版社，一九九二年。

20. 孫文。三民主義。台北：中央文物供應社，一九八八年。

21. 徐隆德譯。中國人與美國人。許烺光原著。*Americans and Chinese*。台北：巨流圖書公司，一九八八年。

22. 徐學初、周永章。毛澤東眼中的美國。北京：中國文史出版社，一九九七年。

23. 宮力。毛澤東與美國。北京：世界知識出版社，一九九九年。

24. 張注洪。中國現代史論稿。北京：北京圖書館出版社，一九九七年。

25. 張彥。愛潑斯坦。北京：人民日報出版社，一九九六年。

26. 張連康譯。知識分子與中國革命，*1895－1980*。Jonathan D.

Spence 原著。*The Gate of Heavenly Peace: The Chinese and Their Revolution, 1895-1980*。台北：絲路出版社，一九九四年。

27. ———譯。周恩來與現代中國，一八九八～一九七六。韓素音原著。*Eldest Son: Zhou Enlai and the Making of Modern China, 1898-1976*。台北：絲路出版社，一九九五年。

28. 章建剛等譯。劍橋中華民國史（第二部）。John K. Fairbank 主編。*The Cambridge History of China: Republic of China, Part 2*。上海：上海人民出版社，一九九二年。

29. 馮嘉琳。史迪威將軍。北京：中國和平出版社，二〇〇〇年。

30. 陳一新。斷交後的中美關係，一九七九－一九九四。台北：五南，一九九五年。

31. 陳永發。中國共產革命七十年（上）。台北：聯經，一九九八年。

32. ———。中國共產革命七十年（下）。台北：聯經，一九九八年。

33. ———。延安的陰影。台北：中央研究院近代史研究所，一九九〇年。

34. 陳毓鈞。戰爭與和平：解析美國對華政策。台北：環宇出版社，一九九七年。

35. 郭廷以。近代中國史綱（下冊）。香港：香港中文大學，一九八六年。

36. 郭濟祖譯。美利堅在中國。Michael Schaller 原著。*The U.S.*

Crusade in China。台北：南方叢書出版社，一九八七年。

37. 陶文釗、梁碧瑩主編。美國與近現代中國。北京：中國社會科學出版社，一九九六年。

38. 傅虹霖。張學良與西安事變。台北：時報文化，一九八九年。

39. 黃枝連。替天行道之國——美式文明在亞太地區的移植。台北：人間出版社，一九九四年。

40. 裘克安編。斯諾在中國。北京：三聯書店，一九八二年。

41. 楊仁生。美蘇中（共）三角關係的「中蘇共關係」因素。台北：山遠出版社，一九九一年。

42. 楊玉聖。中國人的美國觀——一個歷史的考察。上海：復旦大學出版社，一九九六年。

43. 楊青譯。早晨的洪流。韓素音原著。*The Morning Deluge: Mao Tsetung and the Chinese Revolution, 1893-1954*。香港：南粵出版社，一九七四年。

44. 解力夫。毛澤東面對美國。北京：中央文獻出版社，二〇〇〇年。

45. 萬亞剛。國共鬥爭的見聞。台北：李敖出版社，一九九〇年。

46. 葉寄民譯。中國近現代史。小島晉治、丸山松幸原著。台北市：帕米爾書店，一九九二年。

47. 葉麗璪主編。來自異國的朋友——在中國有過特殊經歷的外國人。北京：解放軍出版社，一九九三年。

48. 裴堅章主編。毛澤東外交思想研究。北京：世界知識出版社，一九九四年。

49. 廖瑞銘主編。大不列顛百科全書。第六冊。台北：丹青圖書公司，一九八七年。

50. 廖朝陽、王鴻仁譯。歷史的教訓。Richard E. Neustadt and Ernest R. May 原著。*Thinking in Time: The Uses of History for Decision-makers*。台北：聯經，一九九一年。

51. 趙怡。美國新聞界對中國戡亂戰爭報導之研究。台北：黎明，一九八五年。

52. 趙無眠。百年功罪。香港：明鏡出版社，一九九九年。

53. 黎永泰。毛澤東與美國。昆明：雲南人民出版社，一九九三年。

54. 劉力群編。紀念埃德加‧斯諾。北京：新華出版社，一九八四年。

55. 劉力群等編。斯諾在內蒙古。呼和浩特：內蒙古人民出版社，一九八七年。

56. 蔣建農、王本前。斯諾與中國。哈爾濱：黑龍江人民出版社，一九九三年。

57. 蔣建農、曹志為。走近毛澤東：*一個外國人與新中國元首的交往*。北京：團結出版社，一九九〇年。

58. 鄧正來主編。布萊克維爾政治學百科全書。Vernon Bogdanor 原編。*The Blackwell Encyclopaedia of Political Thought*。北京：中國政法大學出版社，一九九二年。

59. 盧子健。一九四九年以後中共外交史。台北：風雲論壇出版社，一九九〇年。

60. 譚外元、郭六雲編著。斯諾。瀋陽：遼海出版社，一九九八年。

61. 競鴻、吳華編著。毛澤東生平實錄。長春：吉林人民出版社，一九九二年。

62. 嚴家其、高皋。文化大革命十年史（上）。台北：遠流，一九九○年。

3. 中文譯本

1. 于殿利、陸日宇譯。美國的中國形象。Harold R. Isaacs 原著。*Scratches on Our Minds: American Images of China*。北京：時事出版社，一九九九年。

2. 王寧、周先進譯。美國在中國的失敗。Tang Tsou 原著。*America's Failure in China, 1941-50*。上海：上海人民出版社，一九九七年。

3. 文林譯。毛澤東大傳：他的傳奇一生（上冊）。Ross Terrill 原著。*Mao: A Biography*。台北：麥田，一九九三年。

4. 尤颺譯。改變歷史的領袖。Richard M. Nixon 原著。*Leaders*。台北：貓頭鷹出版社，二○○○年。

5. 朱政惠等譯。費正清的中國世界：同時代人的回憶。Paul A. Cohen and Merle Goldman 主編。*Fairbank Remembered*。上海：東方出版中心，二○○○年。

6. 李輝、應紅譯。走進中國。Peter Rand 原著。*China Hands: The Adventures and Ordeals of the American Journalists Who Joined the Great Chinese Revolution*。北京：文化藝術出版社，二○○一年。

7. 林添貴譯。談判桌上的中國人。Alfred D. Wilhelm, Jr.原著。*The Chinese at the Negotiating Table*。台北：新新聞文

化，一九九五年。

8.　──譯。轉向：從尼克森到柯林頓美中關係揭密。James H. Mann 原著。*About Face: A History of America's Curious Relationship with China, from Nixon to Clinton*。台北：先覺，二○○○年。

9.　──、顧淑馨譯。大外交。Henry A. Kissinger 原著。*Diplomacy*。台北：智庫文化，一九九八年。

10.　賈秀東等譯。美國神話美國現實。James Oliver Robertson 原著。*American Myth, American Reality*。北京：中國社會科學出版社，一九九○年。

11.　聯合報編譯組譯。中美交鋒。Patrick Tyler 原著。*A Great Wall: Six Presidents and China*。台北：聯經，二○○○年。

4. 學術論文

1.　尹均生。〈西行漫記中文版出版前後──中國出版史上的一個範列〉。第九屆埃德加‧斯諾學術研討會論文。二○○○年十月十八日。頁一至四。

2.　李玫蓉。〈太平洋學會與美國對華政策〉。台灣師範大學碩士論文，一九九九年。

3.　林立樹。〈司徒雷登調解國共衝突之理念與實踐〉。淡江大學博士論文，一九九二年。

4.　周玉山。〈中國左翼作家聯盟研究〉。政治大學碩士論文，一九七五年。

5.　張崇仁。〈新聞報導者的預存立場與其報導新聞之關係〉。政治大學碩士論文，一九七九年。

6. 張寶芳。〈記者的認知形式與其報導新聞之關係〉。政治大學碩士論文，一九七六年。

7. 黃乃琦。〈國際主義的不同面貌：傅爾布萊特對中國政策理念演變之研究（一九四三至一九七四）〉。淡江大學博士論文，一九九九年。

8. 葉鳴朗。〈費正清對中國政策的理念及其對國共兩黨態度之研究〉。淡江大學博士論文，一九九九年。

5. 期刊、報紙

1. 王學珍、張注洪。〈斯諾對新中國的訪問與中美關係〉。北京大學學報。二〇〇一年第三十八卷第二期。頁一二二至一二五。

2. 石之瑜。〈歐美中國觀源起探略〉。美歐月刊。第十一卷第十一期。一九九六年十一月。頁一一六至一一七。

3. 玄默。〈從『三反外交』到『聯美制俄』〉。中共研究。第六卷第五期。一九七二年。頁五十二至六十四。

4. 〈宋慶齡副主席就埃德加・斯諾先生逝世致斯諾夫人的唁電〉。人民日報。一九七二年二月十七日。第二版。

5. 〈周恩來總理就埃德加・斯諾先生逝世致斯諾夫人的唁電〉。人民日報。一九七二年二月十七日。第二版。

6. 林博文。〈中國近代動亂目擊者臨終前獲北京封為『友好大使』：西行漫記作者斯諾前妻海倫病逝〉。中國時報。一九九七年一月十六日。第九版。

7. ───。〈中國最感懷的美國友人──斯諾其人其事〉。中國時報。二〇〇〇年四月五日。第十四版。

8. 姜濤。〈一年來中共的外交〉。中共研究。第六卷第三期。一九七二年。頁四至二十。

9. 孫同勛。〈心理學理論在美國史研究上的應用及其得失〉。美國研究。第十九卷第三期。一九八九年九月。頁一至二十九。

10. 張注洪。〈埃德加‧斯諾與中國革命〉。歷史檔案。一九八九年四月。頁九十二至九十九。

11. ───。〈斯諾訪問新中國與中美關係的發展〉。北京黨史。二〇〇一年第一期。頁四至八。

12. 陳勤。〈新聞小說研究〉。報學。第三卷第一期。一九六三年六月。頁三十三至四十一。

13. 黃華。〈紀念斯諾，回顧中、美關係的發展〉。黃華會長在第九屆埃德加‧斯諾研討會上的講話。二〇〇〇年十月十八日。

14. 愛潑斯坦。〈愛潑斯坦同志的發言〉。第九屆埃德加‧斯諾研討會上的講話。二〇〇〇年十月十八日。

15. 鄭漢良。〈斯諾遺孀欲會丁子霖遭阻攔〉。中國時報。二〇〇〇年四月二日。第十四版。

16. 錢詠虹。〈斯諾雕像在薩拉齊鎮落成〉。人民日報。一九九二年十一月二十八日。第四版。

17. 蕭乾。〈斯諾精神：紀念斯諾逝世二十周年〉。人民日報。一九九二年七月三日。第八版。

18. 羅麗達譯。〈西方對近代中國政治參與及政治體制的影響〉。Philip A. Kuhn 發表。新史學。第二卷第三期。一九九一年九月。頁一一七至一二七。

红星照耀斯诺

國家圖書館出版品預行編目

紅星照耀斯諾：從新聞作家到天命信差的跨文化轉變 /
張其羽著. --
臺北市：秀威資訊科技, 2005[民 94]
面； 公分. -- 參考書目：面
ISBN 978-986-7263-71-1(平裝)
1. 斯諾(Snow, Edgar, 1905-1972) - 傳記

785.28   94017669

史地傳記類　AC0003

紅星照耀斯諾
——從新聞作家到天命信差的跨文化轉變

作　　者 / 張其羽
發 行 人 / 宋政坤
執行編輯 / 李坤城
圖文排版 / 劉逸倩
封面設計 / 郭雅雯
數位轉譯 / 徐真玉　沈裕閔
圖書銷售 / 林怡君
網路服務 / 徐國晉
出版印製 / 秀威資訊科技股份有限公司
　　　　　台北市內湖區瑞光路 583 巷 25 號 1 樓
　　　　　電話：02-2657-9211　　　傳真：02-2657-9106
　　　　　E-mail：service@showwe.com.tw
經 銷 商 / 紅螞蟻圖書有限公司
　　　　　台北市內湖區舊宗路二段 121 巷 28、32 號 4 樓
　　　　　電話：02-2795-3656　　　傳真：02-2795-4100
　　　　　http://www.e-redant.com

2006 年 7 月 BOD 再刷
定價：420 元

讀　者　回　函　卡

感謝您購買本書，為提升服務品質，煩請填寫以下問卷，收到您的寶貴意見後，我們會仔細收藏記錄並回贈紀念品，謝謝！

1.您購買的書名：＿＿＿＿＿＿＿＿＿＿＿＿＿＿＿＿＿

2.您從何得知本書的消息？

　　□網路書店　□部落格　□資料庫搜尋　□書訊　□電子報　□書店

　　□平面媒體　□ 朋友推薦　□網站推薦 □其他＿＿＿＿＿

3.您對本書的評價：(請填代號　1.非常滿意 2.滿意 3.尚可 4.再改進)

　　封面設計＿＿　版面編排＿＿　內容＿＿　文/譯筆＿＿　價格＿＿

4.讀完書後您覺得：

　　□很有收獲　□有收獲　□收獲不多　□沒收獲

5.您會推薦本書給朋友嗎？

　　□會　□不會，為什麼？＿＿＿＿＿＿＿＿＿＿＿＿＿＿

6.其他寶貴的意見：＿＿＿＿＿＿＿＿＿＿＿＿＿＿＿＿

＿＿＿＿＿＿＿＿＿＿＿＿＿＿＿＿＿＿＿＿＿＿＿＿＿＿

＿＿＿＿＿＿＿＿＿＿＿＿＿＿＿＿＿＿＿＿＿＿＿＿＿＿

＿＿＿＿＿＿＿＿＿＿＿＿＿＿＿＿＿＿＿＿＿＿＿＿＿＿

讀者基本資料

姓名：＿＿＿＿＿＿＿＿＿ 年齡：＿＿＿ 性別：□女 □男

聯絡電話：＿＿＿＿＿＿＿ E-mail：＿＿＿＿＿＿＿＿＿

地址：＿＿＿＿＿＿＿＿＿＿＿＿＿＿＿＿＿＿＿＿

學歷：□高中(含)以下　　□高中　　□專科學校　　□大學

　　　□研究所(含)以上 □其他＿＿＿＿＿＿＿

職業：□製造業 □金融業 □資訊業 □軍警 □傳播業 □自由業

　　　□服務業 □公務員 □教職　□學生 □其他＿＿＿＿＿